혜빈궁일기

서울대학교 규장각한국학연구원 한국학자료총서 27

혜빈궁일기 惠嬪宮日記

현전 유일의 궁궐 여성처소 일지

초판 1쇄 발행 2020년 1월 10일

지은이 정병설
펴낸이 오세정
편집 정승아
디자인 최선아
인쇄 네오프린텍

펴낸곳 서울대학교출판문화원
주소 08826 서울 관악구 관악로 1
도서주문 02-889-4424, 02-880-7995
홈페이지 www.snupress.com
페이스북 @snupress1947
인스타그램 @snupress
출판등록 제15-3호

ISBN 978-89-521-2053-3 94810
978-89-521-1026-8 (세트)

서울대학교 규장각한국학연구원 한국학자료총서 27

혜빈궁일기 惠嬪宮日記

현전 유일의 궁궐 여성처소 일지

정병설 역주

서울대학교출판문화원

A Palace Journal of the Crown Princess Hyebin [Hyegyeong]

Jung, Byung Sul

Seoul National University Press

머리말

『혜빈궁일기』는 서울대학교 규장각한국학연구원에 소장된 필사본 자료이다. 혜빈궁은 사도세자의 부인인 혜경궁 홍씨의 또 다른 이름으로, 사람에게 붙은 이름인 동시에 궁궐 처소를 나타내는 말이다. 『혜빈궁일기』는 처소로서의 혜빈궁 일기인데, 현대의 일기처럼 개인사의 기록이 아니라 일지와 같은 공식 기록이다. 말하자면 『승정원일기』, 『동궁일기』처럼 혜빈궁이 머문 궁궐 처소의 공식 일지이다. 궁궐의 공식 일지로 여성 처소의 것은 이것이 유일하다.

『혜빈궁일기』는 혜빈궁 생애 전체에 걸쳐 기록되어 남아 있지는 않고, 1764년과 1765년의 2년 치 두 권만 남아 있다. 두 해의 기록에 불과하지만 유사한 다른 자료가 없다는 점에서, 궁중의 여성사와 풍속사 연구에 지고의 가치를 지닌다. 『혜빈궁일기』는 혜빈궁에서 어떤 일이 있었는지 알려주는데, 그 내용으로는 문안 인사와 제사 등 궁중 의식, 의식(衣食)과 관련된 기본 생활 정보, 또 내관, 내인, 궁비에 대한 관리 등이 있다. 구체적으로 보면 궁궐에서 간장이나 김치를 담그는 일, 옷감을 나누고 염색하는 것, 진상을 받거나 하사한 물건 등 다른 기록에서 좀처럼 보기 힘든 내용이 적지 않다.

나는 이 자료를 대학원 재학 시절 처음 만났다. 주로 행초서 한문으로 적힌 책이어서 읽기가 쉽지 않았는데, 중간에 몇 부분 한글로 기록된 곳을 볼 수 있었다. 비교적 길게 한글로 기록된 부분은 궁녀의 징벌에 대한 것이었는데, 이런 내용은 다른 어떤 자료에서도 보지 못한 것이어서 눈길이 갔다. 그로부터 20여 년이 지나 『한중록』

을 주석, 번역하면서 혜빈궁과 궁궐에 대해 잘 알게 되면서 이 자료를 다시 보자는 생각을 했다. 연구실 학생들과 함께 한 자 한 자 읽으며 모르는 것을 찾고 관련된 정보를 모았다. 『한중록』에 대해 공부한 것이 『혜빈궁일기』의 전후를 파악하는 데 큰 도움이 되었다.

이 작은 자료를 책으로 내기까지 근 10년이 걸렸다. 필자의 게으름 때문이기도 하지만, 공부가 미치지 못한 곳이 적지 않았기 때문이기도 하다. 아직도 뜻을 분명히 알지 못하는 부분이 있으니 오류 또한 없지 않을 것이다. 이 책이 만들어지기까지 서울대학교 규장각한국학연구원의 융숭한 연구 지원을 받았다. 규장각한국학연구원은 물론이고, 함께 자료를 읽은 연구실 학생들(김동욱, 고은임, 채윤미, 최어진, 유인선, 조혜진)에게 다시 감사를 표하고 출간의 기쁨을 함께 나누고자 한다.

2019년 12월

정병설 쓰다

차례

해설 차례

일러두기

1. 본문의 체제는 해설, 번역문, 원문 순으로 되어 있다. 해설은 필요한 경우에만 둔다.
2. 번역문은 가급적 이해가 쉽도록 옮겼다. 대가(大駕)는 임금의 가마를 뜻하지만 실제로 임금을 가리킨 경우 기휘하지 않고 그냥 '임금'이라고 옮겼고, 사묘(祠廟)라고 보통 명사로 되어 있는 것도 독자들이 알 수 있는 이름으로 구체적으로 '사도세자 사당'이라고 했다. 대궁자가(大宮自家)를 '선희궁'이라고 한 것도 같은 맥락이다.
3. 혜경궁 홍씨는 특별한 경우를 제외하고는 당시의 이름을 살려 혜빈궁이라고 했다.
4. 원문은 이두문과 한글로 되어 있으며, 제1권은 행초서로 되어 있고, 제2권은 해서로 되어 있다. 줄글로 띄어쓰기가 되어 있지 않은 것을 표점하였다.
5. 임금 등 상전을 높이기 위해 문장에 대두법과 격자가 있으나 그것은 모두 무시하고 옮겼다.
6. 원문 영인은 서울대학교 규장각한국학연구원 홈페이지에서 컬러 사진의 pdf 파일이 제공되고 있으므로 부록하지 않았다.

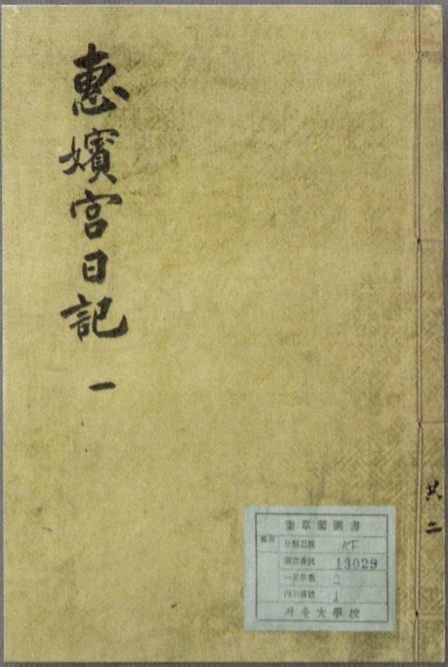

혜빈궁일기 1권

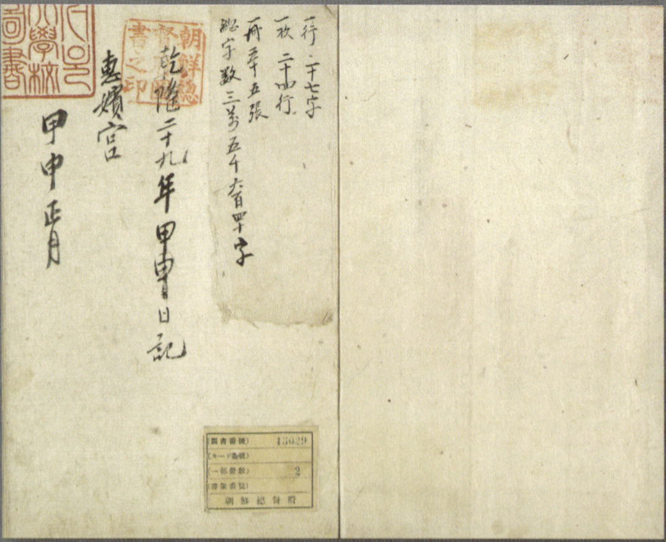

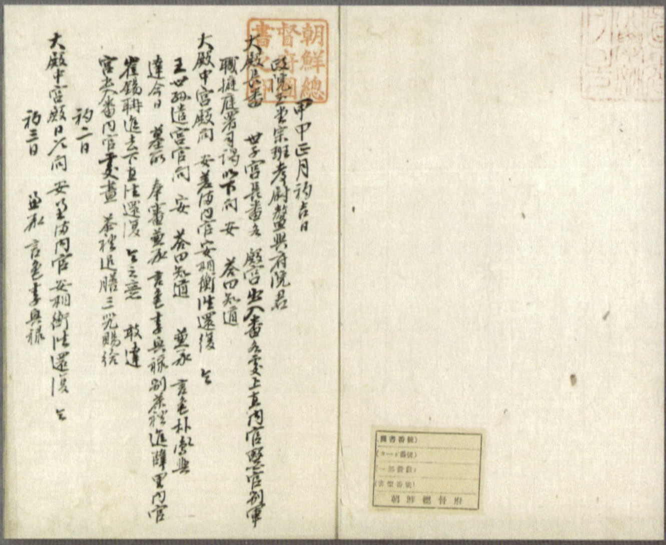

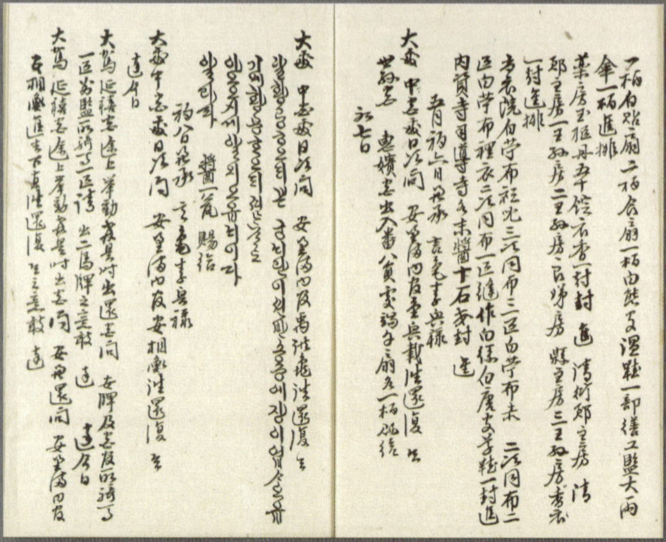

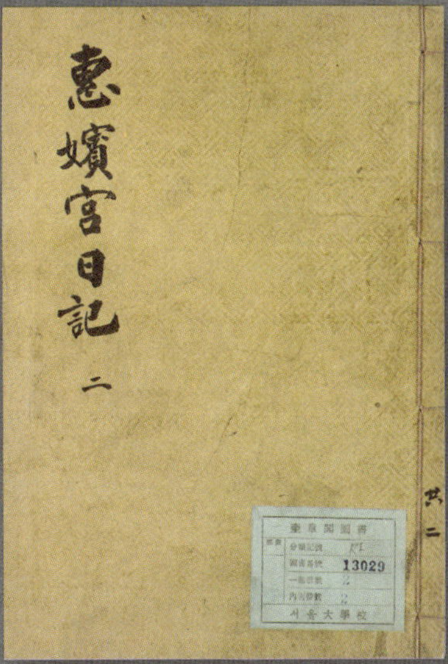

혜빈궁일기 2권

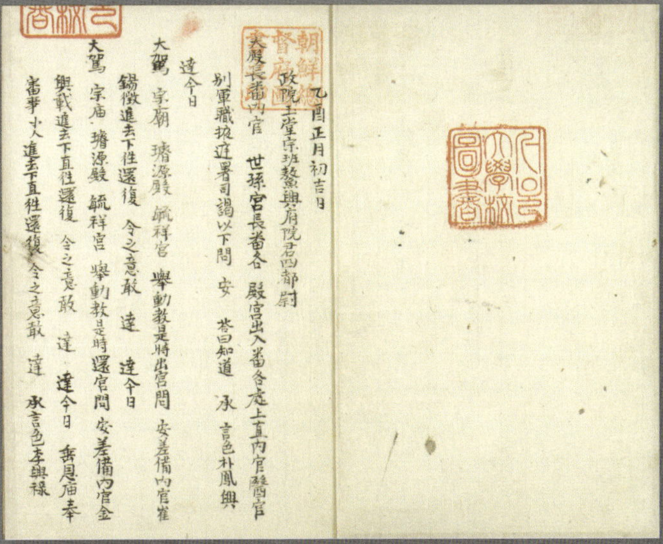

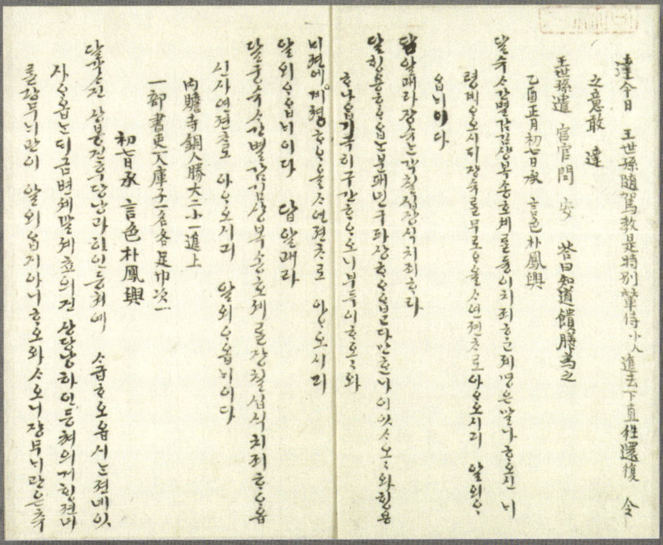

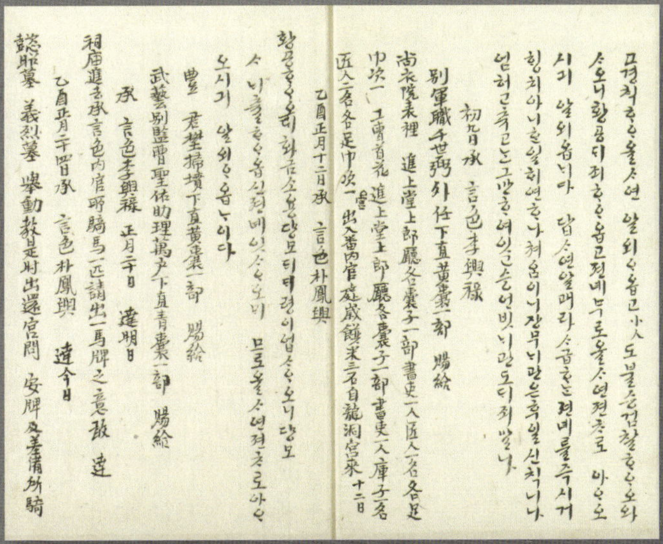

해제

『혜빈궁일기』와 궁궐 여성처소의 일상

1. 머리말

궁궐의 기록이야 무수히 많지만, 그중에서도 궁궐의 역사, 문화, 풍속을 가장 잘 보여 주는 것은 일기를 비롯한 편년체 자료이다. 그 대표적인 것으로 『승정원일기』를 들 수 있다. 『승정원일기』는 임금의 비서실 일지로, 임금의 공식적 언행은 물론 일거수일투족까지 낱낱이 기록되어 있어서, 임금의 취향과 감정, 사고방식까지 엿볼 수 있는 소중한 기록이다. 임금에게 『승정원일기』가 있다면 세자에게는 『동궁일기』가 있다.[1] 이 밖에 『조선왕조실록』이나 『비변사등록』과 같은 편년체 기록들에도 다른 자료에서 찾아볼 수 없는 중요한 정보가 가득 담겨 있다.

그런데 이들 기록에는 임금과 세자 등 남성 지존에 대해서는 어느 정도 정보가 있지만 대비, 왕비, 세자빈, 후궁 등 궁궐 여성의 삶은 거의 적혀 있지 않다. 『계축일기』, 『산성일기』, 『한중록』 등에 궁중 여성의 삶이 어느 정도 그려져 있으나, 정보량이 적을 뿐만 아니라 제한적이고 특수한 상황과 사람에 국한된 것이라서 일상의 삶은 찾아보기 어렵다. 이 밖에 여성 지존과 그들의 친정 식구들이 주고받은 편지도 중요한 자료가 될 수 있는데, 영조비 정순왕후, 순조비 순원왕후, 고종비 명성황후

1 서울대학교 규장각한국학연구원에는 소현세자부터 순종까지 36종 552책의 『동궁일기』가 소장되어 있으며, 현재 역주 작업이 진행 중이다.

등 남아 있는 자료의 양이 많지 않을 뿐만 아니라 그 내용도 문안 인사가 중심이고, 주요 관심 사항이 궁궐 밖의 문제라서 궁궐의 일상과 관련된 부분은 적다.[2] 『혜빈궁일기』와 같은 궁궐 여성처소의 일지는 궁궐 여성의 일상에 관한 정보를 보완할 수 있다는 점에서 중요한 가치가 있다.

조선시대에 궁궐이나 관청에서는 그날그날의 주요한 업무를 기록해서 '일기'라고 이름을 붙였으니 『승정원일기』, 『동궁일기』가 모두 그런 것이며, 『혜빈궁일기』도 근본적으로 이와 상통하는 기관의 업무 일지이다. 임금이나 동궁 처소의 일기와 같은 비중은 아니라도 대비, 왕비, 세자빈, 후궁이 사는 곳에도 구실아치들이 있었으니 그들의 업무를 기록한 것이 남아 있을 법하지만 현재 전하는 것은 『혜빈궁일기』뿐이다. 혜빈궁은 사도세자의 부인인 혜경궁 홍씨를 가리키는 다른 이름이니, 『혜빈궁일기』는 궁궐 여성 지존 처소의 일지이며, 이런 것으로는 확인된 유일한 것이다.

궁궐의 공식 일지로 '일기'라는 이름이 붙은 것 중에 여성과 관련된 것이 물론 없지는 않다. 한국학중앙연구원 도서관 등에 소장된 『효안전일기(孝安殿日記)』는 영조 계비인 정순왕후의 혼전(魂殿) 일기이다. 정순왕후가 죽은 뒤 종묘에 부묘(祔廟)되기까지 신주를 모신 집의 일기인 것이다. 또 같은 곳에 소장된 것으로 순종비 순정효황후의 처소 일지인 『내전일기(內殿日記)』가 있다.[3] 『효안전일기』는 사당의 일기라는 점에서 여성처소의 일기로 보기 어렵고, 『내전일기』는 단순히 입직한 내인의 명단을 기록한 것이어서 일기로서의 역할을 제대로 하지 못한 자료라 할 수 있다. 이 밖에 역시 순정효황후의 내전 일기라 할 수 있는 『낙선재일지(樂善齋日誌)』가 같은 곳에 소장되어 있는데, 1929년 3월부터 5월까지 불과 석 달만 기록되어 있을 뿐이다. 더욱이 여성처소 일기라고 할 수 있는 뒤의 두 종은 모두 근대 이후의 것이어서 조선 궁궐의 일지로 보기 어려운 부분이 있다. 따라서 『혜빈궁일기』는 조선시대 유일의 궁궐 여성처소 일지라고 해도 과언이 아니다.

---

2 최어진·박재연, 「정순왕후 한글편지의 내용과 가치」, 『열상고전연구』 44, 열상고전연구회, 2015; 이승희, 『순원왕후의 한글편지』, 푸른역사, 2010; 국립고궁박물관 편, 『명성황후 한글편지와 조선왕실의 시전지』, 2010.

3 같은 곳에 같은 이름의 자료가 두 종 더 있으나, 순종의 건강과 위생에 대한 기록이어서 본문에서 소개한 일기와는 내용상 차이가 있다.

혜빈궁은 사도세자가 죽은 직후 영조에게 '혜빈'이라는 호를 얻었으며, 정조가 즉위한 다음에는 아들 정조에 의해 '혜경궁'이라는 이름을 얻었다. 아쉽게도 『혜빈궁일기』는 혜빈궁 생애 전체의 기록이 아니라, 1764년과 1765년의 2년 치만 남아 있다. 두 해의, 두 권에 불과한 기록이지만, 유사한 다른 자료가 없다는 점에서 독보적인 가치를 지닌다.

이 자료에 대해서는 아직 본격적인 연구가 없으며 사전의 항목 기술과 소장기관의 해제 정도만 있다. 『한국민족문화대백과사전』에 의하면,[4] "전 세자빈 혜빈 홍씨가 거처하던 본궁 및 그 소속이던 용동궁(龍洞宮)의 업무일지를 대개 당번 내관이 기록하였다."고 하였고, "각 전궁(殿宮)에는 내외에서 각각 기록하는 일기가 있는데 이것은 남성이 기록한 외정(外廷)의 일기이다."라고도 하였다. 또한 "『혜빈궁일기』는 순전히 행정일기이기 때문에 문학성을 인정하기는 어렵다. 그러나 궁중생활의 풍속의 일면을 알 수 있고 궁중용어를 연구할 수 있는 좋은 자료로 평가된다."고 평하기도 했다. 여기서 용동궁의 업무일지라든지, 당번 내관이 기록했다든지, 남성이 기록한 외정의 일기라고 한 것은 자료 내에서 근거를 찾기 어렵다. 자료를 바탕으로 말하면, 용동궁의 업무일지로 볼 수 없고, 당번 내관이라는 당시 사용하지 않은 용어보다 승언빗내관이 작성했다고 하는 것이 옳으며, 내외정에 일기가 따로 있다는 것은 근거가 없다.

한편 자료를 소장한 서울대학교 규장각한국학연구원의 해제[5]에는 전체적으로 앞선 해제와 유사하게 기술하면서, "주로 객관적 사실의 기술은 한문으로, 대화는 국문으로 표기되는 경향이 발견된다."고 했다. 그러나 이 역시 정확한 서술이라고 말하기 어렵다. 일상적인 문안 사정에 관한 대화, 곧 품달과 답변은 한문으로 기록되어 있으며, 별감, 내관, 내인, 무수리 등의 근무 태도 같은 특수한 사건은 한글로 적었다고 하는 편이 정확하다. 이처럼 사전과 해제는 서지 사항에 대해서는 어느 정도 설명하고 있으나, 구체적인 부분에서는 설명이 적실하지 못하다.

---

4 『한국민족문화대백과사전』(네이버 제공 온라인판), 한국학진흥사업단(2017. 6. 8. 확인).

5 서울대학교 규장각한국학연구원 홈페이지의 『혜빈궁일기』 조 문학해제, 이경하 서술(2017. 6. 8. 확인).

앞선 해제에서 공히 지적한 것처럼 『혜빈궁일기』는 궁중 풍속이나 궁중어를 아는 데 도움이 적지 않은 자료이다. 궁중 풍속에 대해서는 앞서 언급한 편년 사료나 조선 왕실이 수명을 다한 후 궁중에 남은 궁녀와의 대담을 통해 얻은 정보를 바탕으로 하여 약간의 연구가 이루어졌을 뿐인데,[6] 종전의 편년체 자료에는 일상에 대한 것이 거의 없고, 구전은 20세기 이후의 상황을 반영한 것이어서 그 이전의 사정에 대해서는 부족함이 적지 않다. 이런 점에서 『혜빈궁일기』는 비록 단편적인 기록이라 할 수 있지만 꼼꼼히 검토될 가치가 있는 귀중한 자료이다.

2. 서지와 자료 성격

1) 서지

『혜빈궁일기』는 서울대학교 규장각한국학연구원에 소장된 총 2책의 한문한글필사본 자료이다. 한문한글필사본이란 '국한문혼용'이 아니라 거의 대부분은 한문, 더 정확히는 이두식 한문으로 기록되어 있고 부분적으로 한글로 기록되었다는 말이다. 일상적인 문안 인사 등은 한문으로 적었지만, "섬니내관 가라"처럼 혜빈궁의 명령을 그대로 옮기거나, 아랫사람의 잘못을 품달하여 그 판결을 듣는 내용 등 사안이 간단치 않은 경우는 대개 한글로 기록했다. 따라서 혜빈궁의 내관, 별감, 내인, 궁비(宮婢) 등의 행태를 아는 데는 한글 부분이 더욱 중요하다.

『혜빈궁일기』 제1권은 1764년의 기록이며, 제2권은 1765년의 것이다. 각각 55장과 33장이며, 크기는 가로 20cm에 세로 29cm이다. 특이한 점은 제1권과 제2권의 필체가 확연히 다르다는 것이다. 제1권은 행초의 달필로 기록되어 있으며, 제2권은 해서로 기록되어 있다. 그리고 제1권은 날에 따라 줄 바꿈이 분명한데 제2권은 한 줄 중간에 다음 날 일기가 기록되기도 하여, 마지막 구절이 앞의 날에 해당하는지 다음 날에 해당하는지 불명확한 경우도 있다. 제2권은 그날그날 일정하게 기록되지 않았을

6 김용숙, 『조선조 궁중풍속 연구』, 일지사, 1987; 임혜련, 「19세기 수렴청정 연구」, 숙명여자대학교 박사학위논문, 2008.

뿐만 아니라 일정 시간이 흐른 후 무성의하게 기록된 듯한 부분도 없지 않다.

2) 자료 성격

『혜빈궁일기』의 내용은 기본적으로 처소 또는 기관의 일지이다. 혜빈궁이라는 기관에서 그날그날 일어난 일을 적은 것이다. 그날그날의 일이란 대개 임금과 왕비에게 문안을 드리거나 아들인 왕세손 정조가 동궁의 문관인 궁관을 보내 문안을 받은 일, 사당이나 묘소를 찾아가서 봉심(奉審)하게 하거나 제사를 올리게 한 일, 어디로부터 진상품을 받거나 물건을 하사한 일이다. 문안은 본인이 직접 하는 일은 드물고 내관을 보내서 하게 했다. 기록된 내용은 거의 이 범주를 벗어나지 않지만, 간혹 처소 내의 세시(歲時)에 대한 기사가 있고, 또 내관, 별감, 내인 등의 근무 문제와 휴가 등 사건을 처리한 것이 있다.

『혜빈궁일기』는 일기이니 원칙적으로 매일 기록되어야 하나 실제로는 그렇지 못해서, 어떤 때는 빠짐없이 기록했지만 어떤 시기에는 거의 기록을 남기지 않았다. 『혜빈궁일기』의 기록 상황을 구체적으로 보이면 아래의 표와 같다.

『혜빈궁일기』 제1권 기록일

연도	월	기록 일수	비고
1764	1	30	전일 기록
	2	29	전일 기록
	3	30	전일 기록
	4	30	전일 기록
	5	29	전일 기록
	6	30	전일 기록
	7	28	하루(27일) 기록 없음
	8	12	
	9	16	
	10	1	1일자 하루만 기록
	11	0	기록 없음
	12	0	기록 없음

『혜빈궁일기』 제2권 기록일

연도	월	기록 일수	비고
1765	1	7	
	2	6	
	윤2	7	
	3	10	날짜가 표기되지 않은 날이 이틀 있음
	4	8	
	5	8	
	6	11	
	7	14	
	8	10	
	9	8	
	10	6	
	11	10	
	12	3	

위의 표를 보면, 1764년 7월까지는 거의 매일 기록되다가 7월 27일에 처음 기록이 빠졌다. 날이 바뀌면 새 종이에다 기록하는 것이 아니라 이어서 기록하는 방식이어서 27일 기록이 실수로 빠졌다고 볼 수는 없다. 26일 기록 뒤에 바로 28일 기록이 이어지기 때문이다. 더욱이 27일의 기록이 빠진 것을 단 하루의 실수로만 볼 수 없는 것이 그 뒤로 계속 기록이 부실하기 때문이다. 이후로는 기록이 한 달에 평균 열흘 내외에 불과하며, 이해 겨울은 아예 기록이 없다. 그리고 1765년에는 비교적 고르게 기록이 있으나 윤달까지 포함하여 총 열세 달의 평균 기록 일수가 한 달에 8일을 조금 넘는 정도이다. 기록이 일정치 않은 것이다.

『혜빈궁일기』 이외에는 궁궐 여성처소의 일기가 보이지 않는 점, 그나마 어떻게 하여 지금까지 전해진 『혜빈궁일기』도 2년 치의 기록밖에 없는 점, 그리고 남아 있는 기록도 온전치 않은 점 등을 고려할 때 이 자료의 성격을 어느 정도 짐작할 수 있다. 궁궐 여성처소에는 일기가 공식적으로 요구된 것이 아닐 수 있으며, 하지 않아도 될 일을 혜빈궁이나 다른 어떤 사람이 어떤 이유에서 시도했다가 중간에 포기했던 것 아닌가 한다. 혜빈궁이 기록을 시도한 것은 그가 『한중록』을 통해 보여 준 기록 정신에서 어느 정도 가능성을 찾을 수 있을 듯하지만, 단정을 내릴 근거는 찾을 수 없다. 그러나 기록이 중간에 흐지부지된 이유는 어느 정도 유추할 수 있는 단서가 있다.

기록이 급격히 달라진 1764년 7월에 무슨 일이 있었던 것일까? 『혜빈궁일기』의 기록이 갑자기 부실해지는 이유를 명백히 해명할 수 있는 관련 기록은 찾을 수 없지만, 그에 영향을 끼칠 만한 큰 사건은 이 시기에 있었다. 1764년 7월 26일 사도세자의 생모인 선희궁의 죽음이다. 선희궁은 왕실의 계통으로는 사도세자의 모후가 아니다. 사도세자의 모후는 영조의 초비인 정성왕후이다. 선희궁은 그저 사도세자를 낳은 생모에 불과하다. 사정이 이러니 선희궁은 공식적으로는 혜빈궁의 시어머니가 될 수 없다. 그러나 실제로나 정리(情理)로 보면 혜빈궁의 시어머니였으며, 신분이 낮은 선희궁은 혜빈궁이 편히 여기면서 기댈 수 있는 거의 유일한 궁중 어른이었다. 사도세자가 죽은 뒤에는 아들을 잃은 어머니와 남편을 잃은 부인으로 혜빈궁이 아픔을 나눌 수 있는 유일한 존재였다. 『한중록』에서 그렇게 적고 있다.[7]

선희궁은 영조에게 가서 아들을 죽이라고 권한 어머니이다. 그럴 수밖에 없는 사정이야 있었지만, 아들이 죽은 후 그의 슬픔은 어렵지 않게 짐작할 수 있다. 선희궁의 사인은 『영조실록』에는 병사로 되어 있고, 『한중록』에서는 마음의 슬픔이 몸의 병을 만들어 등창으로 갑자기 죽었다고 했지만, 7월 12일 아들 사도세자의 삼년상을 마치고 보름 만에 죽었다는 것이 공교롭다. 『혜빈궁일기』를 보면, 선희궁은 삼년상을 마치는 제사를 치르러 경희궁에서 창경궁까지 행차할 정도로 건강했는데 불과 보름 만에 갑자기 죽은 것이다. 그 보름 사이에 발병하여 병증이 악화되었다면 『혜빈궁일기』에 병문안 기록이라도 있을 것인데, 그런 것도 없다. 또 선희궁의 생일인 7월 18일에도 아무런 병증을 기록하지 않았다. 선희궁의 갑작스런 죽음은 사고사나 자살이 아니라면 생각하기 어려운 부분이 있다. 시점과 정황으로 볼 때 선희궁의 자살을 의심하지 않을 수 없다.

선희궁의 갑작스런 죽음 이후 혜빈궁은 큰 충격에 빠졌다. 사도세자의 삼년상을 끝내는 제사에 온 선희궁은 혜빈궁에게 "이 가을이 지나면 우리 고부 모여 서로 의지

7 선희궁에 대해서는 정병설, 『권력과 인간: 사도세자의 죽음과 조선왕실』, 문학동네, 2012, 제1부 선희궁 편 참조.

하며 지내자."라고 말했다고 한다.[8] 아들과 남편을 여읜 두 여인이 서로 슬픔을 달래며 살자고 약속했다는데, 그러던 선희궁이 훌쩍 떠나버린 것이다. 혜빈궁은 "선희궁까지 돌아가시니 기댈 곳 없고 마음이 텅 빈 듯 망극하니라."라고 했다.[9] 선희궁이 죽은 1764년 7월 26일 직후『혜빈궁일기』의 기록이 완정성을 잃어버렸으니, 궁주(宮主)가 제대로 경황을 차리지 못하는 상황이므로 기록을 챙길 여력이 없고, 관리가 소홀하니 일지 작성이 부실해지지 않았나 하는 것이다. 이런 추정을 뒷받침하는 것으로 선희궁 사망 이후 갑자기 기록이 줄었을 뿐만 아니라, 그 내용도 선희궁의 상장례(喪葬禮)와 관련된 것이 중심이고, 혜경궁이 상복을 벗는 10월 1일 기록에서 그해의 일기가 끝나고 만다는 사실을 들 수 있다.

『혜빈궁일기』는 공식 일지라고는 하지만 전범이 없는 여성처소의 것이라서 그런지 엄정성이라는 측면에서 보면『승정원일기』나『동궁일기』에 한참 못 미친다. 공식적 성격이 약한 것이다. 표현 매체를 보면 한문에 한글까지 섞여 있으며, 필체 또한 행초서에서 해서까지 제각각이어서 다채롭다 못해 혼란스럽기까지 하다. 서술 형식이 일정치 않을 뿐만 아니라 오기도 부지기수인 무성의한 기록이다. 공식 일지라고는 하지만 제대로 관리되지 못한 일지인 것이다.

『혜빈궁일기』의 기록자는 기본적으로 승언빗내관이다. 일지의 날짜 다음에 '승언빗 아무개'라고 적은 것은 기록자를 나타내는 것으로 볼 수 있다. 또 기록 중에 종종 '소인(小人)'이 어떻게 했다는 내용이 나오는데, 여기서 소인은 바로 앞에 있는 승언빗내관을 가리킨다. 1764년 7월 7일의 기록을 예로 들어 보면, "初七日. 承言色李興祿. 達, 小人及朴鳳興, 神輦侍衛, 進去下直往還復令之意, 敢達."로 되어 있다. 이흥록이 기록했고, 이흥록이 스스로를 '소인'이라 칭하면서 박봉흥과 사도세자 신주의 시위를 맡았음을 말했다. 이런 것을 볼 때 궁의 명령 출입을 담당하는 승언빗내관이 주로『혜빈궁일기』를 기록했음을 알 수 있다. 1764년과 1765년이 2년 동안 승언빗 박봉흥과 이흥록이 거의 교대로 기록했는데, 한글로 기록된 부분에도 승언빗의 이름이 표기된 것

---

8 혜경궁 홍씨 지음, 정병설 옮김,『한중록』, 문학동네, 2010, 149쪽. 이하『한중록』인용은 모두 이 책으로 하며 책명과 쪽수만 표시한다.

9 『한중록』, 215쪽.

으로 보아, 한글로 된 부분조차 승언빗내관의 기록으로 볼 수 있다.

이렇게 보면 『혜빈궁일기』의 한글 기록은 승언빗내관이 제대로 적을 수 없어서 한 것으로 볼 수도 있지만, 그것을 보고 관리하는 궁주인이 읽을 수 있도록 하기 위해서였을 수도 있다. 또한 1764년과 1765년의 기록은 필체가 전혀 다른데, 기록자의 이름이 바뀌지 않았는데도 필체가 바뀐 것은 궁주인의 요구 때문이거나, 대필의 가능성도 무시할 수 없다. 내관 중 최상위에 있는 승언빗내관 대신 다른 사람이 기록했을 수도 있는 것이다.

『혜빈궁일기』는 개인의 비망록보다 약간 나은 수준의 공식 기록으로 볼 수 있다. 잘 정비되지 않은 공식 기록이라고 할 수 있겠는데, 그럼에도 불구하고 이 자료 외에 궁궐 여성처소의 일지가 남아 있지 않은 현실을 감안할 때 그 가치는 독보적이다.

3. 혜빈궁의 위치와 그 안의 사람들

1) 혜빈궁의 위치

혜빈궁의 전 생애에 걸친 공식 처소라고 말할 수 있는 곳은 창경궁 경춘전이다. 경춘전은 1752년 정조를 낳은 곳이고 또 1815년 자신이 죽은 곳이기도 하다. 1762년 윤5월 사도세자가 뒤주에 갇히자 곧바로 궁 밖으로 나갔다가, 얼마 지나지 않아 궁궐로 돌아와 머문 곳이 가효당(嘉孝堂)인데, 그곳 역시 경춘전에 부속된 집이다. 가효당은 사도세자 죽음 이후 혜빈궁이 거려청(居廬廳)으로 삼은 곳으로, 사도세자가 죽은 뒤 영조를 처음 만났을 때 혜빈궁이 오히려 영조의 마음을 위로하니, 효성이 아름답다 하여 영조가 가효당이라는 현판을 내려주었다고 한다.

『혜빈궁일기』 1764년 2월 5일 조에는 혜빈궁의 친정아버지인 영의정 홍봉한이 가효당에서 딸을 만났다는 기사가 있다. 이때는 아직 사도세자의 삼년상 중이며, 영조가 정조를 생부 사도세자가 아니라 효장세자의 아들로 만드는 처분을 하기 전이다. 이로부터 보름 후인 같은 달 20일에 영조는 정조의 공식적인 아버지를 바꾸라는 명령을 내렸다. 아버지가 바뀌게 되면서 자연스레 정조는 아버지의 삼년상을 끝내야 했을 것이고, 혜빈궁도 가효당에서 경춘전으로 옮겨 갔을 것이다. 그리고 반년 후인 이해

7월 사도세자의 삼년상이 완전히 끝나는 시점에 바로 사도세자의 생모인 선희궁이 죽었는데, 이때 혜빈궁은 선희궁을 위해 3개월 동안 복상(服喪)을 하며 시마복(緦麻服)을 입었으니(『영조실록』 1764년 7월 26일 조), 이 무렵에도 얼마간 가효당에 머물렀을 수도 있다. 어쨌든 1764년 혜빈궁의 주요한 거처는 가효당을 포함한 경춘전 경내였다고 말할 수 있다.

그런데 정조 즉위 직후인 1776년 4월 26일 조의 『일성록』을 보면, 사도세자가 죽고 얼마 후 혜빈궁이 경희궁 양덕당(養德堂)을 거처로 삼았음을 밝히고 있다.[10] 또 『승정원일기』 1764년 12월 22일 조를 보면 이달 26일 혜빈궁이 경희궁으로 거처를 옮긴다고 했고, 『혜빈궁일기』 1765년 7월 11일 조를 보면 "宮詣義烈宮敎是時, 自廣智門外乘輦, 由興明門, 出延光門."이라고 했다. 선희궁의 사당으로 행차하는데, 광지문 밖에서 가마를 타고 홍명문을 거쳐 연광문으로 나간다고 했다. 이 문들은 모두 경희궁에 있는 것들이니 당시 혜빈궁이 경희궁에 살았음을 알 수 있다. 이런 사실을 종합해 보면 혜빈궁은 1764년은 창경궁 경춘전과 그 주변에 머물렀고, 1765년은 경희궁 양덕당에 머물렀다고 볼 수 있다.

2) 내관, 내인, 별감

혜빈궁에는 적지 않은 사람들이 살았다. 혜빈궁은 물론이요, 가까이서 혜빈궁을 보좌하는 내인들이 있었고, 혜빈궁과 궁 밖의 연락 업무 등을 담당하는 내관이 있었다. 또 궁을 호위하는 별감, 사약이 있으며, 내인들의 궁궐 살림을 돕는 무수리 외에 각종 궁비(宮婢)가 있었다. 『혜빈궁일기』는 궁내의 살림살이보다는 문안 인사를 주로 기록했기에 내관과 관련된 기록이 많은데, 내관에 대해서는 장희홍의 「조선시대 환관 연구」나 홍순민의 「조선왕조 내시부의 구성과 내시 수효의 변천」과 같은 성과가 있으나,[11] 임금의 대전 내시에 대한 법제적 설명 외에 궁궐 기타 처소의 실제 인원 구성이나 활동에 대해서는 설명이 미치지 못하고 있다.

---

10 "往在十餘年前, 時予沖歲, 壽賢以長番內官, 給使於本宮. 興祿, 以慈宮承言色, 隨行壽賢. 每奏予曰, 與興祿有同奏之事矣. 當予進詣養德堂時, 此輩隨來養德堂, 卽慈宮所御之堂也."(『일성록』 1776년 4월 26일 조)

11 장희홍, 「조선시대 환관 연구」, 동국대학교 박사학위논문, 2003; 홍순민, 「조선왕조 내시부의 구성과 내시 수효의 변천」, 『역사와 현실』 52, 한국역사연구회, 2004.

여기서는 우선 기록이 완전한 1764년 1월에서 6월까지 반년간의 기록을 통해 혜빈궁에 어떤 내관이 있었는지부터 살펴보기로 한다. 해당 기간 내에 혜빈궁에는 내관들 가운데 수석(首席)에 해당하며 명령의 전달을 맡은 일종의 비서관인 승언빗내관이 2명 있었고, 승언빗 다음의 위계로서 주로 음식 재료의 검수 등을 담당한 섬니내관이 2명 있었으며, 문안 인사 등 각종 잡역을 담당한 자비내관이 4명으로 총 8명의 내관이 근무했다. 정조 때 간행된 법전인 『대전통편』에도 세자빈궁 내관의 정원이 8명으로 기록되어 있다.

1765년 11월 10일 동짓날의 기록을 보면 "本處承言色以下"에게 팥죽을 내린 기록이 있는데, 여기서 승언빗이 수석 내관임을 보여 준다. 또 승언빗이 병이 나서 일을 맡기 어려우면 반드시 섬니내관에게 승언빗의 일을 겸하게 하는데, 여기서 섬니내관이 승언빗의 차석임을 알 수 있다. 그런데 박봉홍의 경우에는 겸승언빗으로 있으면서 자비내관으로 문안도 가는데, 자비내관이 승언빗의 직임을 맡기도 하는 것을 보면 내관 사이의 위계가 아주 엄격하지는 않았던 듯하다.

그리고 섬니내관의 차석으로는 장무내관(掌務內官)이 있는데, 이 역시 섬니내관의 결석 시에 겸임하는 직위이다. 그런데 장무내관은 자비내관처럼 공식적인 것은 아닌 듯하며, "侍女馬差備掌務內官李景潤(시녀가 타는 말을 맡은 자비장무내관 이경윤)"처럼 자비내관과 종종 겸하는 것으로 보인다. 직위에 대한 것이라기보다 특정한 임무에 대해 붙이는 이름으로 주로 사용되는 것을 볼 수 있다.

『혜빈궁일기』에 "宮出入番內官八員"에 선물을 내렸다는 기사가 여러 차례 나오는데, 이것을 통해 혜빈궁 내관의 실제 정원이 8명임을 다시 확인할 수 있지만, 1764년 5월 21일과 24일에는 "宮出入番內官十員"이라고 나오기도 하고, 또 "宮出入番內官八員"이라고 하면서 별도로 승언빗내관 2명을 적은 것을 보면(1765년 5월 5일 조), 실제로 혜빈궁에서는 8명에서 10명 정도의 내관을 운용했던 것으로 보인다. 법에 기초를 두고 있지만 실제 운영 면에서 약간 차이가 있는 것이다.

또한 근무 형태로 볼 때, 내관은 장번내관과 출입번내관으로 나눌 수 있는데, 임금의 대전과 세자, 세손의 동궁에만 장번내관을 두었고, 다른 궁에는 모두 출퇴근을 하는 출입번내관을 두었다. 그리고 공주나 후궁 등 급이 낮거나 어린 사람이 주인인 경우에 상직내관(上直內官)을 두었음을 볼 수 있는데, 상직내관은 상직소환(上直小宦)으로 부르는 어리고 지위가 낮은 내관이다. 세자빈궁 등 여성처소에는 숙직을 하는 장번내관은 없고 출입번내관만 있다. 『한중록』을 보면 "궁중법이 십 세 넘은 남자는 궐내에서 잘 수 없는 법"이라고 하니,[12] 아무리 내관이라고 해도 여성처소에 쉬 자지 못했다고 하는데, 다만 특별한 날에는 궁궐 주인의 명령을 받아 자기도 했던 듯하다(1764년 1월 23일 조 참조). 장번내관과 출입번내관은 근무 형태에 따른 구분이지만, 위계는 장번내관이 높다. 대전과 동궁이라는 실질적인 최고 권력 옆에서 숙식을 함께 하는 내관이 높은 지위를 차지하는 것은 어쩌면 당연한 일이다.

승언빗내관은 '承言色內官'으로 적는데, '담당'을 뜻하는 '色'을 이두식으로 '빗'으로 읽는 것이다. '差備內官' 역시 '차비내관'이 아니라 '자비내관'으로 읽는데, 『혜빈궁일기』에 'ᄌᆞ비' 또는 '지비'로 쓴 곳도 있으나 『혜빈궁일기』와 여러 문헌을 참고할 때 '자비'로 읽는 것을 표준으로 삼을 수 있다. 섬니내관은 한자로는 '薛里內官'으로 쓰는데, 선행 연구들은 모두 '설리내관'으로 읽지만 '섬니내관'으로 읽는 것이 옳다. 『혜빈궁일기』는 모두 '셤니내관'으로 적고 있고, 또 황윤석의 『이재유고(頤齋遺藁)』에서도 '薛'을 '셥'으로 읽는다고 했으니,[13] 결국 '셥리', 곧 '셤니(섬니)'로 불렸음을 알 수 있다. 본서에서는 '셤니'의 복모음을 단모음으로 바꾸어 '섬니'로 통일하였다.

박봉홍은 1764년 5월 21일 이후, 이홍록은 동년 5월 13일 이후 더 이상 겸승언빗으로 불리지 않았다. 겸직의 딱지를 떼고 승진을 한 것이다. 한편 박봉홍의 경우에는 5월 19일과 22일 두 차례에 걸쳐 예외적으로 자비내관의 역할을 하기도 했다. 명령을 전하는 승언빗의 성격 때문인지 높은 지위로 인함인지, 혜빈궁의 내관 8명 가운데 승언빗내관 둘만은 모두 외부 사건과 연루되어 처벌을 받았다. 『일성록』 1777년 1월의 여러 조를 보면 박봉홍은 내관 이경담의 아들로서[14] 가짜 윤음을 퍼뜨린 혐의를 받아 유배를 갔고, 『영조실록』 1771년 2월 1일 조에는 이홍록이 은언군과 가까웠다는 이유로 심문을 받다가 죽었다고 했다.

『혜빈궁일기』는 내인 또는 궁궐의 여종들과 관련된 내용도 흥미롭다. 내인은 '나

12 『한중록』, 263쪽.

13 "又今京人呼內官管御膳者爲薛里. 而薛音셥. 如涉聲."(『이재유고』「화음방언자의해(華音方言字義解)」)

14 내관의 족보인 『양세계보(養世系譜)』(국립중앙도서관 소장)에도 박봉홍의 부자 관계가 기록되어 있다.

인'으로 읽는 경우가 많으나, 『혜빈궁일기』와 『한중록』 모두 '내인'으로 적고 있다. 내인을 '나인'으로 부르는 것은 초기 연구자들이 만난 일부 궁녀들의 서울식 발음을 궁중어로 오인한 탓으로 보인다. 내인에는 내명부에 속하는 상궁과 시녀가 포함되는데, 혜빈궁에는 정식 내인 외에 내인의 여종 또한 적지 않다.

1764년 2월 10일 메주를 나누어줄 때와 6월 15일 가을겨울 옷 명세에 나오는 혜빈궁의 내인과 궁비를 보면 다음과 같다.

> 상궁(尙宮), 시녀(侍女), 수사(水賜), 수모(水母), 파비(巴婢), 방자(房子) (2월 10일)

> 오품 상궁, 육품 시녀, 수사, 수모, 방자, 배비(陪婢), 파지(巴只), 아지(阿之),
> 별도로 차출한 오품 상궁, 육품 시녀, 수사, 수모, 파지, 방자 (6월 15일)

상궁과 시녀는 품계가 있는 내인이며, 다른 사람들은 궁궐의 여종이다. 상궁은 오품이며, 시녀는 육품이다. 이들의 숫자는 분명하지 않지만, 큰 행차에 혜빈궁 승언빗 내관이 요청하는 말의 숫자를 보면, 선행내인(先行內人)이 일곱 마리이고, 시녀는 스무 마리이다. 선행내인은 상궁을 가리킨다고 보면, 궁중에 남아 있을 내인들까지 어림잡아 계산하면 대략 30~40명의 상궁과 시녀 등 궁녀가 혜빈궁에 있었던 것으로 짐작된다. 2월 10일의 메주 명세에 나오는 상궁과 시녀 뒤에 붙은 숫자가 각각 17과 21인데, 6월 15일 옷 명세에 나오는 상궁과 시녀도 별도로 차출한 상궁과 시녀까지 합치면 역시 17과 21이다. 이 두 기록에 나오는 숫자가 정확히 어떤 것을 가리키는 단위인지 알 수 없으나, 숫자가 일치하는 것으로 보아 궁녀의 숫자일 가능성이 높다. 나이 많은 상궁은 행차에 동원되지 않기에 행차 시에는 7명만 나갔다고 볼 수 있고, 이렇게 보면 혜빈궁에는 대략 40명 정도의 내인이 있었던 것으로 추정된다.

위의 메주와 옷 명세에 나오는 숫자를 모두 사람 수로 보면, 메주 진상 시 혜빈궁의 궁비는 43명이 된다. 위의 명단에서 상궁과 시녀를 뺀 궁비로 수사, 수모, 방자, 배비, 파지, 아지, 유모, 보모, 각씨가 있는데, 육아를 담당하는 아지와 유모, 교육을 맡은 보모 외에 유모의 육아를 돕는 사람으로 각씨가 있고, 내인을 보조하는 방자와 왕실 여자아이의 몸종이 되는 배비 외에, 수모는 주로 세수간을 맡은 것으로 알려져 있으며, 수사와 파지는 허드렛일을 하는 궁비라고 할 수 있다.

수모는 『세종실록』(1423년 2월 10일 조)에 '세수간수모(洗水間水母)'라고 한 것으로 보아 세수간과 관련이 깊은 듯하다. 또한 『한중록』에 혜빈궁이 회갑 때 쓴 기록의 맨 마지막에 자신의 여종들에 대한 기사가 있는데, 여기에 따르면 혜빈궁은 간택될 때 친정에서 '희례'와 '복례' 외에 여종 하나를 데리고 들어왔고, 입궁 후에 자기 유모인 '아지'를 궁으로 불러 왔다고 한다. 『혜빈궁일기』에 나온 아지는 혜빈궁의 유모인 아지를 가리킨다고 할 수 있고, 다른 유모들은 각각 해당 처소의 유모를 가리키는 것으로 볼 수 있다. 복례는 데리고 와서 생것방내인을 시켰는데, 나중에 정조가 열심히 일한 공이 크다고 해서 시녀로 올리고 다시 상궁을 만들어 복이 넘치게 하였다고 한다.[15]

내관과 내인 및 궁비 외에 혜빈궁의 일원으로 사약과 별감이 있다. '본궁 사약' 또는 '본궁의 좌우번 사약'으로 불린 사람으로 차달운과 한두추가 있다. 궁궐의 하례(下隷)들을 맡아보는 기관인 액정서(掖庭署)에는 6품 벼슬로 사알과 사약이 있고 그 아래로 7품 이하에 사안(司案), 사포(司鋪), 사소(司掃) 등이 있는데 7품 이하를 통칭 '별감'이라고 한다. 좌우번 사약은 별감의 상급자인 셈이다. 1765년 10월 12일 조의 『혜빈궁일기』에 '본궁 별감'이라고 하면서 전성대, 이동복, 박중겸, 김대흥의 이름이 올라 있는데, 이들 중에 이동복과 박중겸은 1760년 사도세자가 온양온천으로 거둥할 때 따라간 사람의 명단에 보인다. 이들 혜빈궁 하례의 숫자는 최소 6명 이상이라 할 수 있다.

1765년 8월 15일 조에는 '본궁 별감' 조순득의 사건을 기록하고 있는데, 조순득의 무리가 술을 마시고 행패를 부렸다는 것이다. 포도대장이 친히 순찰을 도는 밤에 통금을 범했고, 술을 마시고 발각되자 빈궁의 편지를 전한다고 속였으며, 포도대장이 친히 심문하려고 포졸에게 맡겨 두었더니 위력을 행사하여 빠져나왔다고 한다. 이 사건은 『승정원일기』에도 다음 날인 8월 16일 조에 실려 있는데, 우포도청의 계문을 소개하면서 금주령을 어기고 술을 빚은 죄인 귀매와 술을 마신 죄인 조순득 등을 형조로 보내라는 말이 있다. 『승정원일기』에는 다른 죄보다 금주령을 범한 죄에 초점을 맞추었다. 형조에서는 결국 임금의 명령에 따라 조순득에게 한 차례 엄형을 가한 후 평해로 유배를 보냈다. 이 밖에 1765년 1월 7일 조에는 '궁수사간 별감' 김상복과 송호

15 『한중록』, 285~287쪽.

세를 거명하고 있는데, 이는 혜빈궁 수사간에 딸린 두 별감을 뜻한다. 한편 같은 달 12일에는 무예별감 조성우에게 선물을 준 기사가 있다. 조성우는 소속이 분명하지 않아서 단정할 수 없지만, 2년 동안 혜빈궁 소속의 사약, 별감으로 거론된 사람만 모두 9명이다.

이 밖에 혜빈궁과 긴밀히 연관된 직임인 별군직으로 박경신, 안경국, 이책, 이훈, 천세필, 김수필, 전창우, 이성묵, 정광채, 박상충, 박상복, 박사검, 전득우 등의 이름이 보인다. 별군직은 혜빈궁에 문안 또는 하직 인사를 온 사람들 중에 가장 비중이 높은 직임에 속한다. 별군직은 심양에서 돌아온 효종이 자신의 호위부대로 창설한 것인데, 정원이 따로 정해져 있지 않아서 후대로 갈수록 규모가 커졌다. 임금의 호위 역할을 맡고 있으나 혜빈궁 등 부속 궁의 경호도 맡았던 듯한데, 이들은 전보 시에 혜빈궁에게 인사를 왔다. 그만큼 혜빈궁과 긴밀했음을 알 수 있으니, 그 업무와 긴밀성을 볼 때 반 이상은 부속되었다고 볼 수 있지 않을까 한다.

혜빈궁에는 딸린 사람이 많은 만큼 문제와 사고도 적지 않았다. 병들어 일을 더 이상 못하게 된 사람은 물론, 위의 조순득처럼 밖에서 사고를 일으킨 사람도 있고, 안에서 문제를 만든 사람도 있다. 1765년 2월 17일 조에는 김도홍이 딸 사비(私婢) 한매가 죽어서 궁 밖으로 내보냈다고 속여 처벌을 받은 일이 기록되어 있다. 김도홍 역시 별감인 듯한데, 딸을 궁중에 그것도 사비로 넣게 되어 불만이 있었던 모양이다. 그래서 죽었다고 하여 몰래 궁 밖으로 보냈다는 것이다.[16] 한매와 김도홍은 각각 장 삼십 대와 육십 대를 맞았는데, 판결의 마지막에 사계절 치장이나 때맞추어 잘하라고 말하고 있다. 이는 궁비가 입는 옷을 궁에서 대는 것이 아니라 본가에서 대는 규례를 보여주는데, 1764년 9월 1일 기사에 용동궁 서원 김성경이 내인인 딸의 치장을 잘 차려주지 않았다 하여 처벌을 받는 장면을 통해서도 확인할 수 있다. 궁녀의 치장을 친정에서 챙기는 일은 『궁녀사(宮女詞)』와 같은 한글 가사에서도 찾아볼 수 있다. 이 밖에 1765년 7월 17일과 19일에는 불결한 제사 음식을 올렸다고 처벌을 받은 사약 차달운

16 별감이나 궁궐 서리의 딸을 내인으로 넣는 경우는 『한중록』에서도 볼 수 있으니, 경우에 따라서는 별감들이 딸을 내인으로 넣지 않으려고 요로에 청탁을 하는 등 온갖 노력을 다했다(『한중록』, 78쪽). 그럭저럭 먹고 살 만한 별감들은 딸을 음양의 도리도 모르는 궁궐의 불쌍한 여자로 만들고 싶지 않았던 듯하다.

과 수모 작은년의 일도 볼 수 있다.

그리 크지 않은 혜빈궁에 상주하는 궁녀만 40명이 넘고, 수사, 수모, 방자, 파지, 배비 등 각종 궁비들이 또 40명 남짓이고, 10명 정도의 내관과 10명 내외의 별감이 있었던 것으로 추정된다. 이런저런 가능성을 다 따질 때 혜빈궁은 상주 인원이 적게 잡아도 50명 이상이고, 많이 보면 백 명이 넘는 큰 조직이었을 것이다. 여기에다 부속된 처소의 인원은 물론 호위를 맡은 별군직 등까지 합치면 훨씬 많은 사람들이 들락거리는 복잡한 곳이 된다. 대략 백 명 내외의 대인원이 혜빈궁 울타리 안에 들어와 있었으니, 혜빈궁은 작은 도시라고 말할 수 있는 궁궐 속에 또 하나의 작은 마을을 이루었다.

4. 혜빈궁의 일상

1) 문안과 선물

『혜빈궁일기』에서 가장 높은 비중을 차지하는 내용은 문안 인사이다. 그 가운데도 날마다 또는 정해진 날에 임금과 왕비에게 올리는 축일문안(逐日問安)과 일차문안(日次問安)이 많다. 혜빈궁은 매일 내관을 보내 궁궐의 두 어른인 임금과 왕비에게 문안 인사를 드렸다. 시부모에게 거의 매일 문안 인사를 드린 것이다.

이렇게 거처로 가서 문안을 드리는 것 외에 임금이 궁 밖으로 나갈 때 출궁문안을 드리고, 또 기우제를 올리는 곳, 또는 신위(神位)나 어진(御眞)을 모신 사당이나 능원에 거둥하여 밤을 지내게 되면 오후 문안으로 신시(申時, 오후 3시에서 5시 사이)문안을 드리고 한밤중에 다시 경야문안(經夜問安)을 드렸다. 물론 환궁 시에도 문안을 드렸다.[17] 임금이 궁궐 밖으로 거둥하거나 큰 행사에 참여했을 때는 다음 날 익일문안(翌日問安)을 드리기도 했다. 혜빈궁은 늘 임금의 동정을 파악하여 문안 인사가 빠지지 않도록 주의했는데, 대궁(大宮)이라고 불린 사도세자의 생모 선희궁에게는 정기적으로 문안 인사를 드리지는 않았다.

혜빈궁에게 문안 등 인사를 올리는 사람도 적지 않았는데, 대표적인 사람은 아들

---

17 승정원의 실무 규정집과도 같은 『은대조례(銀臺條例)』에서 '문안' 규정을 살필 수 있다.

정조이다. 당시 세손이던 정조는 닷새에 한 번 정도 궁관을 보내 문안을 드렸다. 『한중록』에 의하면 정조는 매일 새벽 어머니에게 편지를 보냈다고 하는데, 사람을 시켜 문안을 드리는 일을 날마다 하지는 않았던 것이다. 그 밖에 혜빈궁에게 인사를 드리러 오는 사람은 친정 식구이거나 가까운 왕실 척족 또는 종실, 그리고 궁궐의 실무자들이었다. 당시 영의정이었던 아버지 홍봉한이 혜빈궁을 찾아온 것은 1764년에는 1월에 한 번, 2월에 한 번 그리고 10월에 한 번뿐이다. 1764년 후반기에는 기록이 일정치 않으니 더 찾아왔으나 기록되지 않았을 수 있지만, 1764년 전반기의 기록으로 보아도 친정아버지가 궐내의 딸을 만나는 일은 그리 많지 않았던 것으로 보인다. 공연한 오해를 피하기 위해서였을 것이다.

왕실의 친인척으로는 정조의 서제인 은언군과 은신군이 관례를 드리고 문안을 왔고, 영조와 후궁 문씨 사이에서 난 딸인 화길옹주의 남편 능성위 구민화가 혼인한 뒤 인사를 왔다. 그리고 1764년 4월 화완옹주의 양자 정후겸이 첫 벼슬로 장원서 봉사가 되어 인사를 왔고, 1765년 윤2월에는 과거에 급제하여 인사를 왔는데 이때 혜빈궁의 동생 홍낙임도 같이 급제하여 함께 왔다. 정후겸과 홍낙임은 함께 급제한 것이 인연이 되어 나중에 정치적으로 결탁했는데, 이것이 후일 혜빈궁 친정이 몰락의 길로 들어서는 데 중요한 역할을 했다. 혜빈궁은 그렇게 생각했다. 또한 혜빈궁과 동년생인 작은아버지 홍용한이 과거에 급제했을 때도 인사를 왔다.

또 선희궁 조카의 아들인 별군직 이성묵이 과거에 급제했을 때와 부모를 뵈러 돌아가기 전에 찾아왔을 때도 만났다. 종실 인사들도 문안 인사를 드리러 왔는데 동지정사(冬至正使)로 북경에 가기 전에 순의군이 혜빈궁에게 인사를 왔다. 그리고 임금의 호위 무관인 별군직이나 궁성 호위 등 갖가지 실무를 담당하는 무예별감 등이 현감 등의 벼슬을 받아 하직할 때나 소분(掃墳)차 또는 근친(覲親)차 하직할 때도 인사를 왔다. 정월 초하루와 혜빈궁 생일인 6월 18일, 그리고 '작은설'로도 불리는 동짓날(1765년은 11월 10일)에는 승정원, 홍문관, 종실, 부마, 부원군, 대전(大殿)의 장번내관, 세손궁 장번내관, 각 전궁(殿宮)의 출입번내관, 각 처소의 상직내관, 의관, 별군직, 액정서 사알(司謁) 이하의 별감 등 대규모 문안단이 혜빈궁을 찾아왔다.

사람들의 문안과 인사에 혜빈궁은 답례를 잊지 않았다. 답례품은 크게 음식, 주머니, 비단으로 나눌 수 있다. 정조의 동궁에서 궁관을 보내오면 궁관들에게는 거의 음식을 먹였는데, 구체적으로는 '궤선(饋饍)', '궤다(饋茶)', '궤다담(饋茶啖)'이라고 적었다. 그리고 특별한 관계가 없는 아랫사람들에게는 주머니를 내렸는데, 낭자(囊子)라고도 하고 구체적으로 황낭, 청낭과 같이 색을 나타내기도 했다. 대체로 높은 지위에 있는 사람에게는 황낭을 내렸다. 별군직, 무예별감 등과 별로 비중이 높지 않은 종실에게는 주머니 하나를 내렸고, 왕자나 부마, 가까운 일가친척이나 왕실 척족, 비중 있는 위치에 있는 종실에게는 비단을 내렸다. 비단은 여러 가지가 있는데, 크게 정주(鼎紬), 토주(吐紬), 색주(色紬)로 나눌 수 있다. 정주에는 백정주(白鼎紬)와 번홍정주(繙紅鼎紬)가 있고, 토주에는 백토주(白吐紬)와 색토주(色吐紬)가 있으며, 색토주에는 다시 초록토주(草綠吐紬)와 자지토주(紫的土紬, 紫赤吐紬)가 있다. 색주에는 분홍주(粉紅紬, 繙紅紬, 翻紅紬)가 있다. 『한중록』을 보면 영조가 김종수에게 녹주(綠紬)를 하사한 일에 대해 자세히 기록하고 있는데 녹주, 곧 초록 비단의 하사는 신하에게는 평생 또는 대대로 기억할 만한 각별한 은혜가 된다. 김종수는 이에 대해 특별히 글을 써서 영광을 전하고 있다.[18]

2) 세시와 살림

작은 마을이라 할 수 있는 혜빈궁에는 늘 크고 작은 일이 벌어진다. 1765년 4월에는 혜빈궁의 딸 청연군주의 결혼식이 있었는데 사위는 광은부위 김두성이었다. 또 1765년 6월에는 정조의 이복형제인 은언군과 은신군의 관례가 있었다. 이들은 1767년 12월에 혼례를 올렸다. 이런 예식 외에 철마다 그에 맞는 행사가 기록되어 있는데, 기본적인 의식주와 관련된 것이거나, 각종 의례와 관련된 것들이 중심이다. 그것을 월별로 정리하면 아래와 같다.

1월: 정월 초하루에는 승정원, 홍문관, 부마, 궁궐 각 처소 내관, 별감 등 대규모 문안단이 혜빈궁으로 인사를 왔다. 인일(人日)이라고 하는 초이렛날은 궁궐에서 머리장식품인 동인승(銅人勝)을 나누어주는데, 혜빈궁에는 내섬시(內贍寺)에서 동인승 큰 것 두 개와 작은 것 한 개가 왔다.

18 『한중록』, 396쪽; 김종수, 『몽오집(夢梧集)』, 「사록주어필첩발(賜綠紬御筆帖跋)」.

1764년 1월 10일과 1765년 1월 9일에는 용동궁에서 세찬미 세 섬을 진상했다. 1765년에는 세찬미 세 섬을 혜빈궁의 출입번내관에게 내렸다고 했다. 용동궁은 사도세자의 속궁인데, 사도세자 사후에도 여전히 세자빈에게 진상했던 것이다. 1764년 3월 2일과 1765년 윤2월 30일에는 용동궁에서 점심미를 진상했다.

한편 정월 대보름도 큰 절기인데, 『혜빈궁일기』에 특별한 기사가 없다는 점이 관심을 끈다. 세손인 정조는 1764년 1월 18일 어머니가 계신 창덕궁으로 와서 2월 7일 경희궁으로 돌아갔고, 선희궁은 1월 21일에 와서 23일에 돌아갔다. 1월 21일이 사도세자의 생일이니 그것 때문에 왔던 것으로 보인다.

2월: 1764년과 1765년 두 해에 걸쳐 2월 10일은 메주를 나누어주는 날이다. "장은 주로 정월부터 삼월까지 좋은 날을 가려 담그는데 이월 장이 가장 좋다."[19]고 하니, 이 날 메주를 나누어주는 것이 이해가 된다. 『만기요람』도 그렇고, 『승정원일기』에도 각 궁의 공상 품목 가운데 메주와 김치만은 따로 적고 있는데, 이는 그만큼 중요한 물품임을 뜻한다. 또 『혜빈궁일기』에는 메주를 나누어주는 곳을 구체적으로 적고 있어서 혜빈궁에 속해 있는 집들을 알 수 있다. 동궁인 정조만 빼고 군주, 왕손, 현주 등 사도세자의 자녀는 물론 사도세자의 후궁인 양제(良娣)까지 다 혜빈궁에서 관리하고 있음을 볼 수 있다.

5월: 5일 단오절을 전후하여 6월까지 많은 물품이 진상되었고 이것들은 다시 내관 등에게 하사되었다. 진상품에는 쑥, 마, 창포, 메주, 젓갈, 소금, 밴댕이, 부채, 우산, 신발, 옥추단, 의향(衣香), 부적, 대방전(大方甎), 장독 등이 있다. 이 가운데 부채와 옥추단은 단오절을 대표하는 물품이다.

6월: 6일 유두일을 전후하여 내자시에서 화소첩(畵梳貼)을 올렸으며, 6월 15일에는 가을겨울 옷의 명세를 작성했고, 또 이 무렵 남염(藍染)을 했다(1764년 6월 22일과 1765년 6월 10일). 6월 18일은 혜빈궁의 생일이라 정월 초하루처럼 여러 사람들이 문안 인사를 왔다.

---

19 백두현, 「한글 음식조리서에 나타난 조리법의 비교: 장 담는 법」, 『ᄒᆞᆫ맛ᄒᆞᆫ얼』 3-1, 한국식품연구원, 2010, 40쪽.

7월: 18일은 선희궁의 생일이다. 선희궁은 1764년 7월 26일 죽었는데, 이 바람에 『혜빈궁일기』의 7월 기록은 거의 선희궁과 연관되어 있다.

8월: 10일에 김치용 재료를 공급했다. 그런데 추석 전이니 김장을 하기에는 아직 이른 시기여서, 이것은 배추김치가 아닌 무청이나 다른 재료로 담근 김치가 아닐까 추정된다.

9월: 9일 중양절에는 장원서(掌苑署)에서 국화를 올렸다. 1764년은 9월 21일에, 그리고 1765년에는 10월 12일에 김치 담글 소금이 각각 사재감과 내수사에서 올라왔는데, 이때 김장을 했을 것으로 짐작된다. 9월 22일은 동궁인 정조의 생일이다.

10월: 1일 내의원에서 육향고(六香膏)를 진상하고, 상의원에서 당돈피(唐獤皮)를 올리는 등 겨울을 준비하는 모습을 보여 준다.

11월: 1765년 11월 10일 동짓날에 아랫사람들에게 팥죽을 내려주었고 전약(煎藥), 달력, 옷감 등을 진상받았다. 숯과 땔나무 등을 내관들에게 내려주기도 했다.

12월: 1765년 12월 5일에 납약(臘藥)을 진상받았고, 다음해 봄여름 옷의 명세를 작성했다.

5. 맺음말

궁궐은 정치와 행정은 물론이고 문화적으로도 조선의 중심에 있었다. 그런 궁궐에서 가려진 곳이 있으니 바로 여성처소이다. 남성만큼이나 여성이 많았던 궁궐이지만 궁궐에서 여성이 어떻게 살아갔는지에 대해서는 알려진 것이 매우 적다. 이런 상황에서 궁궐 여성처소의 일지는 중요한 의미를 지닌다. 『혜빈궁일기』는 사도세자의 부인인 혜빈궁 홍씨가 머물렀던 처소의 공식 일지이다. 아쉽게도 이 일기는 1764년과 1765년 2년 치만 남아 있다. 지금까지 이 중요한 자료는 이두식 한문에 행초로 필사된 부분이 많고 거기에다 한글 필사체까지 섞여 있어서 판독이 어려워 제대로 활용되지 못했다.

한문과 한글 필체뿐 아니라 초서와 공문서 투식까지 알아야 읽을 수 있으며, 내용이 짧기 때문에 당대 궁궐의 정치적·역사적 배경까지 알아야 어느 정도 이해가 된다.

이 자료는 혜빈궁에서 어떤 일이 있었는지 알려주는데, 첫 번째는 문안 인사와 제사 등 궁중 의식이고, 두 번째는 의식주와 관련된 기본 생활 정보이며, 세 번째는 담당 내관, 내인, 여종 및 별감 등에 대한 인사 관리이다. 구체적으로 보면 간장과 김치를 담그는 일, 옷감을 나누고 염색을 하는 것 등에 대한 것과 단오, 유두, 중양절에 진상하고 하사한 물건 등 흥미로운 내용이 적지 않다. 특히 내관과 내인이 어떻게 근무했고 어떻게 살았는지 등은 다른 기록에서는 좀처럼 볼 수 없는 내용이다. 『혜빈궁일기』는 궁중풍속사, 특히 여성풍속사 연구에서 매우 중요한 가치를 가진 자료이다.

혜빈궁일기 1권
1764년

❁ '혜빈(惠嬪)'이라는 이름

혜빈은 곧 사도세자의 부인인 혜경궁 홍씨이다. '혜빈'이라는 궁호는 1762년 윤5월 21일 사도세자의 죽음을 공식적으로 확인한 날, 사도세자라는 시호를 정함과 아울러 내려진 것이다. 시법(諡法)에 '관유자인왈혜(寬裕慈仁曰惠)'라고 했으니, 영조가 혜빈궁을 어떻게 보았는지 짐작할 수 있다. '너그럽고 인자하다'고 본 것이다. 한편 '사도(思悼)'라는 시호는 일반인들의 생각과 달리 부정적인 뜻을 가지고 있다. 보통은 그 한자 뜻만 생각하여 '생각할 사' '슬퍼할 도'로 읽고, 영조가 자식을 죽인 안타까움에 '생각하고 슬퍼하노라'의 뜻으로 그런 시호를 내린 것으로 알지만, 이는 실상과 다르다. 시법을 보면 '추회전과왈사(追悔前過曰思)'요, '연중조요왈도(年中早夭曰悼)'라고 했다. 이전의 잘못을 후회하는 것을 '사(思)'라고 하고, 이른 나이에 죽은 것을 '도(悼)'라고 한 것이다. 시호는 그것을 받은 사람의 특징을 나타내는 것이니, 사도세자를 이전의 잘못을 후회하고 이른 나이에 죽은 사람으로 규정한 셈이다. '사'나 '도' 모두 부정적인 의미가 강한 악시(惡諡)이니, 이로써 영조가 아들 사도세자를 얼마나 미워했는지 알 수 있다. 『한중록』에서도 혜빈궁은 영조가 며느리인 자기는 사랑했지만 아들인 사도세자는 미워했다고 했다.

1월

1월 1일

❁ 기록 시점의 혜빈궁 상황

『혜빈궁일기』가 기록된 1764년은 혜빈궁의 나이 서른 살 때로, 남편 사도세자가 죽은 지 일 년 반이 좀 지난 무렵이다. 삼년상이 끝나지 않은 상중(喪中)이었다. 이해 정월 초하루 혜빈궁은 위로 영조와 정순왕후에게 문안을 드렸고, 아래로 아들 정조 등의 문안을 받았다. 그리고 아랫사람을 시켜 서울 동대문 밖 현재 삼육보건대학교 자리에 있었던 사도세자의 묘소를 찾아가 제사를 지내게도 했다.

승정원, 홍문관, 종반(宗班)[1], 부마도위(駙馬都尉)[2], 오흥부원군(鰲興府院君)[3], 대전(大殿) 장번내관(長番內官)[4], 세자궁[5] 장번내관, 각 전궁(殿宮)[6]의 출입번내관[7], 각 처소[8]의 상직내관(上直內官)[9], 의관(醫官), 별군직(別軍職)[10], 액정서(掖庭署) 사알(司謁)[11] 이하가

---

1 종반: 왕실 친척 중에 품계(品階)가 있는 자. 여기서는 혜빈궁의 아버지 홍봉한을 포함한 친정 식구를 가리키는 것으로 보인다. 뒤에 혜빈궁 생일 등 문안 인사에 '종반'이라는 말 대신 홍봉한의 이름이 보인다.

2 부마도위: 임금의 사위. 『혜빈궁일기』 1765년 1월 1일 조에 나오는 사도위(四都尉)는 영조의 네 부마인 박명원, 구민화, 심능건, 황인점을 가리킨다.

3 오흥부원군: 영조의 계비인 정순왕후의 아버지 김한구.

4 장번내관: 내관 곧 내시들은 원래 교대 근무를 하는데, 이것을 번(番)이라고 한다. 장번내관은 궁중에 유숙하며 교대 없이 근무하는 내시를 말한다. 법전에 의하면 장번내관은 대전과 세자궁에만 있고, 중궁전과 세자빈궁에는 두지 않았다. 아무리 내시라도 남자를 여성 처소에 재우지 않았음을 보여 준다.

5 세자궁: 세자궁은 사도세자의 궁으로 봐야 할 것이나, 이미 사도세자가 죽었을 뿐만 아니라 뒤에서도 유사한 부분에 '세손궁 장번내관'으로 나오는 것으로 볼 때, '세손궁'을 잘못 쓴 것으로 보는 편이 옳을 듯하다.

6 각 전궁: 여기서는 중궁전을 비롯하여 세손빈궁 등을 가리킨다.

7 출입번내관: 장번내관과 달리 교대로 궁궐을 출입하며 일하는 내관.

8 각 처소: 여기서 각 처소는 공주, 옹주, 군주, 현주 등 왕가의 여아들과 양제, 왕손 등 사도세자의 첩과 그 자식의 처소를 가리킨다고 볼 수 있다.

9 상직내관: 『대전통편』에는 '각처 상직 소환(小宦)'으로 나와 있다. 출입번과 같은 직임을 맡으나 급이 낮은 젊은 내관을 가리키는 것으로 보인다.

문안을 드렸다.

혜빈궁이 답하셨다. "알았다."

대전과 중궁전(中宮殿)에 문안을 드렸다. 자비내관(差備內官)[12] 안상형(安相衡)이 갔다가 돌아와 복명하였다.

왕세손(王世孫)이 궁관(宮官)[13]을 보내 문안을 드렸다.

혜빈궁이 답하셨다. "알았다."

겸승언빗(兼承言色)[14] 박봉흥(朴鳳興)[15].

"달(達)[16], 오늘 사도세자 묘소를 살펴보았는데 겸승언빗 이흥록(李興祿)[17]이 별다례(別茶禮)[18]를 드렸습니다. 섬니내관(薛里內官)[19] 최석담(崔錫聃)이 나가며 하직하고 돌

---

10 별군직: 1656년 효종이 병자호란 때 자신을 호위하고 심양에서 돌아온 박배원 등 8명의 군관을 우대하고자 만든 관직. 국왕 호위 등의 일을 맡았다. 정원이 따로 정해져 있지 않아서 후대로 갈수록 인원이 늘어났다. 별군직청을 두었는데 이것의 이명(異名)이 감대청(感戴廳)이다. 서울대학교 규장각한국학연구원에 소장된 『별군직선생안(別軍職先生案)』, 『감대청선생안(感戴廳先生案)』 등에서 그 명단과 형편을 볼 수 있다.

11 사알: 임금의 명령 전달 등을 맡아본 액정서에 속한 정육품의 잡직(雜職). 액정서의 하위직을 통칭하여 별감이라고 한다.

12 자비내관: 궁궐 주인 곁에서 명령을 받드는 내관. 한자 원음은 '차비내관'이나 궁중 관습에 따라 '자비내관'으로 읽는다. 『혜빈궁일기』에는 '직비' 또는 '지비'로 된 것도 있으나 '자비'를 표준으로 삼을 수 있다. '자비'는 '준비'를 뜻하기도 한다. 한편 '자비문'은 임금이나 세자가 평상시에 거처하는 편전(便殿)의 앞문을 가리킨다. 의원이나 화원 가운데 '자비대령'을 하는 자들이 있는데 직속 또는 전속을 의미한다.

13 궁관: 세자 동궁에 소속된 관리.

14 겸승언빗: 한자음은 '승언색'이나 당대의 관행적 발음에 따라 '승언빗'이라고 했다. 『혜빈궁일기』 한글 부분에서도 '승언빗'이라고 했다. 내관 직역의 하나로, 동궁 등에 소속되어 궁주인의 말을 전하는 일을 맡았다. '겸(兼)'은 겸직을 뜻한다. 임금의 대전에 소속되어 같은 일을 하는 내시는 승전빗(承傳色)이라고 한다.

15 박봉흥: 『일성록』 1777년 1월의 여러 조를 보면, 박봉흥은 내관 이경담(李景聃)의 아들로, 아버지가 가짜 윤음을 퍼뜨린 혐의로 심문을 받다 죽자 이에 연루되어 유배를 갔다. 이경담은 내관의 족보인 『양세계보(養世系譜)』(국립중앙도서관 소장)에도 박봉흥의 아버지로 기록되어 있는데, 이경담은 "숭록대부로 죄를 입어 죽었다가 우리 임금 갑자년에 신원되었다(崇祿罪斃當宁甲子伸冤)."로 적혀 있고, 박봉흥은 "후손이 없다. 가선대부이다(无后嘉善大夫)."라고만 적혀 있다.

16 달: 아뢰는 말을 이끌 때 쓰는 상투어. 임금에게는 '계(啓)'를 쓰고 세자에게는 '달(達)'을 썼다.

17 이흥록: 『영조실록』 1771년 2월 1일 조를 보면, 이흥록이 사도세자의 서자인 은언군과 가깝다는 혐의로 심문을 받다가 죽었다는 기록이 있다. 『영조실록』에는 아들로 이효원(李孝元)과 이충언(李忠彦) 두 사람이 있다고 했다.

18 별다례: 매달 초하루와 보름, 그리고 명절에 지내는 다례(茶禮).

19 섬니내관: 한자 원음은 '설리내관'이나 『혜빈궁일기』에 모두 '섬니내관'으로 쓰고 있다. 황윤석의 『이재유고(頤齋遺藁)』에서는 '설(薛)'을 '섬'으로 읽는다고 했으니, 실제로 '섬니'로 읽음을 알 수 있다. "설리는 원래 몽골어로서 중국어로는 '돕는다'는 뜻으로 궁궐의 대전과 왕비전 또는 세자궁 등에 배치되어 이런저런 관리 업무를 맡은 내시"(홍순민, 「조선왕조 내시부의 구성과 내시 수효의 변천」, 『역사와 현실』 52, 한국역사

아와 복명함으로 아뢰나이다."

우리 궁의 출입번내관에게 주다례(晝茶禮)[20]에서 물린 음식 세 그릇을 내리셨다.

甲申正月初吉日.

政院, 玉堂, 宗班, 都尉, 鰲興府院君, 大殿長番, 世子宮長番, 各殿宮出入番, 各處上直內官, 醫官, 別軍職, 掖庭署司謁以下, 問安.

答曰, 知道.

大殿中宮殿, 問安. 差備內官安相衡, 往還復令[21].

王世孫, 遣宮官問安.

答曰, 知道.

兼承言色朴鳳興.

達, 今日墓所奉審, 兼承言色李興祿別茶禮進. 薛里內官崔錫聃, 進去下直[22]往還復令之意, 敢達.

宮出入番內官處, 晝茶禮退膳三器, 賜給.

연구회, 2004, 231쪽)라고 하는데, 주로 임금에게 올리는 음식을 검사하는 일을 했다. 본서에서는 현대어로 고쳐 '셤니'를 '섬니'로 통일했다.

20 주다례: 낮에 지내는 다례.

21 令: 이 책에서 혜빈궁의 명령은 '내령(內令)'이라고 했다. 『영조실록』 1761년 10월 22일 조에는 영조의 다음 말을 볼 수 있다. "자전(慈殿)에는 자교(慈教)가 있고, 내전(內殿)에는 내교(內教)라 일컬으며, 빈궁(嬪宮)에는 내령(內令)이라 일컫는다. 이에 만약 도서(圖署)하게 되면 세손빈도 마땅히 그 표시가 있어야 하니, '내음(內音)'이라고 하여 체제를 백자(白字)와 같게 하고, 궤짝과 흑통(黑筒)을 갖추되 승정원에서 만들어 들이게 하라." 세자빈궁의 명령을 '내령'이라고 한 것이다. 『통감절요』「당무덕사년」 조의 주석에 보면, "교(教)는 운서(韻書)에 조명(詔命)이니, 제왈조(帝曰詔)요, 왕급후비왈교(王及后妃曰教)요, 태자왈령(太子曰令)이라." 했다.

22 進去下直: '진거'는 어떤 일을 맡아 어디로 간다는 뜻이다. '하직'에는 두 가지 의미가 있는데, 단순히 떠나간다는 뜻도 있지만 숙직, 일직 등의 임무를 끝내고 나간다는 뜻도 있다. 『혜빈궁일기』의 '진거하직'은 거의 어떤 일을 맡아서 떠난다는 뜻으로 쓰이고 있다. 한국고전번역원의 고전데이터베이스를 검색해 보면, '진거하직'은 보이지 않고 '하직진거'만 『은대조례(銀臺條例)』에 나오는데, 두 용어는 같은 뜻으로 볼 수 있다.

1월 2일

❁ 문안(問安)의 종류

혜빈궁의 주요 일과는 문안이다. 드리기도 하고 받기도 하는데, 날마다 드리는 문안을 일차문안(日次問安), 축일문안(逐日問安) 또는 추일문안(推日問安)이라고 한다. 그리고 임금이 궁궐을 나서서 어디를 다녀올 때는 출궁문안과 환궁문안을 드렸고, 친경(親耕)이라든지 활쏘기 등의 행사가 있으면 별문안(別問安)과 아울러 행사 다음 날에 익일문안(翌日問安)을 드렸다. 또 어디로 행차하여 가게 되면, 오후 4시경에는 신시문안(申時問安)을 드리고, 저녁에는 드물게 저녁문안[夕問安], 다시 한밤에는 경야문안(經夜問安)을 드리기도 했다.

대전과 중궁전에 일차문안을 드렸다. 자비내관 안상형이 갔다가 돌아와 복명하였다.

初二日.
大殿中宮殿, 日次問安. 差備內官安相衡, 往還復命.

1월 3일

❁ 혜빈궁 내관의 정수와 임무

정조 때 편찬된 법전인 『대전통편』에 따르면 세자빈궁의 내관 곧 내시의 정원은 8인이다. 장번내관은 없고 모두 출입번내관이다. 승진과 전보 등 이동을 고려해 1764년 상반기에 한정해서 살피면, 『혜빈궁일기』에는 총 10인의 내관이 보인다. 승언빗내관 박봉흥, 승언빗내관 이홍록, 자비내관 안상형, 자비내관 임봉휴, 자비내관 우홍귀, 자비내관 김홍재, 섬니내관 최석담, 섬니내관 임한장, 자비내관 김홍록, 자비내관 김상형이다. 그런데 5월 10일에는 출입번내관이 8인이라고 했다가, 다시 5월 24일 일기에는 10인이라고 말하고 있다. 단 한 번씩만 등장하는 자비내관 김흥록(金興祿)과 자비내관 김상형(金相衡)이 각각 김흥재(金興載)와 안상형(安相衡)의 오기일 수도 있다. 마지막 둘을 빼고 보면 정수라고 할 수 있는 총 8인의 내관은 승언빗내관 2인, 자비내관 4인, 섬니내관 2인으로 구성되어 있다. 1765년 5월 5일 기사를 보면, 승언빗내관 2인과 출입번내관 8인에게 선물을 하사하는데, 이로써 혜빈궁에는 8~10인의 내관이 있었음을 알 수 있다.

1764년 상반기 이후 내관의 교체로 인해 5인의 이름이 더 보이는데, 자비내관 최석징, 자비내관 김응서, 자비내관 정덕해, 섬니내관 김중윤, 장무내관 이경윤이다. 이 밖에 다른 궁 내관의 이름도 보이는데 참고로 제시하면 다음과 같다. 수은묘(垂恩廟) 수궁내관(守宮內官) 김겸희(金謙禧), 대전 별련시 장번내관 오준겸(吳俊謙), 중궁전 별련시 승언빗내관 김경고(金景祜), 세손궁 장번내관 차덕중(車德中), 양산장무내관(陽傘掌務內官) 황응서(黃應瑞), 대전 안부내관 연수장(延壽長), 중궁전 안부내관 윤흥좌(尹興佐), 빈궁(嬪宮) 문안내관 박준항(朴峻恒)이다. 자기 궁의 내관은 정확한 직명을 적었지만, 다른 궁 내관들은 임무에 따라 기록한 경우가 많다. 별련시, 양산장무, 안부, 문안 등의 직임을 적은 것은 다른 궁 내관의 경우 지위보다 직임이 더 중요했기 때문인 것으로 보인다.

겸승언빗 이홍록.[23]

대전과 중궁전에 일차문안을 드렸다. 자비내관 임봉휴가 갔다가 돌아와 복명하였다.

"대전이 종묘(宗廟)에 전알(展謁)하는 거둥을 하실 때, 선원전(璿源殿), 대보단(大報壇)[24], 육상궁(毓祥宮)[25]에도 거둥하시니, 출환궁문안패(問安牌)[26]와 자비내관이 탈 말

23 보통은 날짜를 적고 줄을 바꾸는데 이 부분은 날짜 바로 아래에 기록하였다. 이는 일지의 기록자를 표기한 것일 가능성이 높다. 이런 식의 표기가 며칠 건너 한 번씩 나타나는데, 그때그때 기록 담당자를 표기한 것으로 보인다. 『혜빈궁일기』가 한문 중심으로 기록된 것으로 보아 그 기록자는 기본적으로 혜빈궁의 내관으로 추정되며, 기록된 내용이 혜빈궁의 명령이 중심임을 볼 때 명령 출입을 담당하는 승언빗내관일 가능성이 높다. 다만 1764년의 기록과 1765년의 기록은 글씨가 행초서와 해서로 크게 달라질 뿐만 아니라 필체가 다른 데도 동일 이름이 등장하는 것으로 보아 일지의 담당자와 실제 기록자가 다를 가능성도 있다.

24 대보단: 조선시대에 명나라 태조(太祖), 신종(神宗), 의종(毅宗)의 제사를 지낸 장소. 임진왜란 때 원군을 보낸 신종의 은의(恩義)를 기리기 위해 1704년 창덕궁 후원에 설치하였다.

25 육상궁: 숙종의 후궁이며 영조의 생모인 숙빈 최씨(淑嬪崔氏)의 신주(神主)를 모신 사당. 청와대 서쪽 편에 있다.

두 마리를 별도로 내주시고, 말 두서너 마리의 마패를 내주십사 아뢰나이다."

"달, 오늘 임금이 종묘에 거둥하실 때, 출궁문안 자비내관 안상형과 육상궁 문안 겸 환궁문안 자비내관 임봉휴가 갔다가 돌아와 복명함으로 아뢰나이다."

初三日.

兼承言色李興祿.

大殿中宮殿, 日次問安. 差備內官林鳳休, 往還復令.

大殿太廟展謁擧動敎是時[27], 璿源殿大報壇毓祥宮亦擧動故, 出還宮問安牌, 及差備內官所騎二匹別給, 騎馬二三四馬牌, 請出之意, 敢達.

達, 今日大駕[28]太廟擧動敎是時, 出宮問安差備內官安相衡, 兼令[29]毓祥宮問安兼還宮問安差備內官林鳳休, 往還復令之意, 敢達.

1월 4일

❁ 영조와 혜빈궁의 거처 위치

당시 영조는 경희궁에 머물렀고 혜빈궁은 창경궁에 있었다. 『승정원일기』를 보면 이 날 혜빈궁이 경희궁에 와서 승정원을 통해 문안을 드린 것으로 되어 있는데, 새해 인사를 하러 간 것으로 볼 수 있다.

대전과 중궁전에 축일문안을 드렸다. "자비내관 안상형이 갔다가 돌아와 복명함으로 아뢰나이다."

"오늘 혜빈궁이 경희궁에 가실 때, 별련시[30] 섬니내관이 탈 말 한 마리의 마패를 내주십사 아뢰나이다."

---

26 문안패: 각 궁전에 문안을 드릴 때 가지고 간 나무로 된 둥근 모양의 출입허가증.

27 敎是時: '敎是'는 이두로 '이시, 께서, 께옵서', '이신, 이옵신', '하신, 하옵신, 하옵실'의 뜻을 지닌다. 여기서 敎是時는 '하신 때' 또는 '하실 때'의 뜻으로 쓰였다.

28 大駕: 임금이 타는 가마, 곧 임금을 뜻한다.

29 '令'은 잘못 들어간 글자인 듯하다.

30 별련시: 가마를 호위하는 사람.

"달, 오늘 혜빈궁이 경희궁에 가실 때, 별련시 섬니내관 최석담이 나가며 하직하고 돌아와 복명함으로 아뢰나이다."

初四日.
大殿中宮殿, 逐日問安. 差備內官安相衡, 往還復令之意, 敢達.
今日嬪宮詣慶熙宮敎是時, 別輦侍薛里內官所騎馬一匹, 請出馬牌之意, 敢達.
達, 今日嬪宮詣慶熙宮敎是時, 別輦侍薛里內官崔錫聃, 進去下直往還復令之意, 敢達.

1월 5일

혜빈궁은 어디에?

1764년과 1765년 사이에 혜빈궁은 창덕궁 경춘전(景春殿)과 경희궁 양덕당(養德堂)에 있었던 것으로 보인다. 결론부터 말하면 1764년에는 거의 경춘전에 있었고, 1765년에는 양덕당에 있었다.

『한중록』에서 "닉 거려(居廬)ᄒᆞ는 집이 경츈뎐 남편(南便) ᄂᆞ즌 집이러니 올라간 째의 그 집 일홈을 가효당(嘉孝堂)이라 ᄒᆞ오시고 친(親)히 쓰오셔 현판(懸板)ᄒᆞ야 둘게 ᄒᆞ오시고 '네 효심(孝心)을 오늘날 갑하 뼈 주노라.' ᄒᆞ오시니 닉 눈물을 드리워 밧줍고 감히 당치 못ᄒᆞ야 불안ᄒᆞ야 ᄒᆞ더니"라고 했는데, 사도세자가 죽고 혜빈궁이 경희궁에 가서 영조를 만났을 때 영조가 혜빈궁에게 자신의 마음을 잘 헤아려 처신한 효도가 있다며 효성을 아름답게 여기는 집이라는 의미에서 '가효당'이라는 현판을 주어 경춘전 남쪽에 있는 집에 달았다고 했다. 경춘전은 1752년 혜빈궁이 정조를 낳은 집이고, 1762년 이후 혜빈궁이 거려한 곳이기도 하다. 가효당은 경춘전의 부속 건물이라고 할 수 있으므로 이 시기에 혜빈궁은 경춘전에 머물렀다고 할 수 있다. 『혜빈궁일기』 1764년 2월 5일 조에도 혜빈궁의 친정아버지인 영의정 홍봉한이 가효당에서 혜빈궁을 만났다는 기사가 있다. 그런데 정조 즉위 직후인 1776년 4월 26일 조의 『일성록』을 보면, 사도세자가 죽고 얼마 후 혜빈궁이 경희궁 양덕당을 거처로 삼았음을 밝히고 있다. 또 『승정원일기』 1764년 12월 22일 조에는 이달 26일 혜빈궁이 경희궁으로 거처를 옮긴다고 했다. 이런 사실을 보면 혜빈궁은 1764년 연말까지는 창경궁 경춘전에 머물렀고, 1765년부터는 경희궁 양덕당을 중심 거처로 삼았음을 짐작할 수 있다.

겸승언빗 박봉흥.

대전과 중궁전에 축일문안을 드렸다. 자비내관 안상형이 갔다가 돌아와 복명하였다.

初五日.

兼[31]言色朴鳳興.

大殿中宮殿, 逐日問安. 差備內官安相衡, 往還復令.

1월 6일

❁ 세자와 세자빈에게 쓴 궁중 용어

궁궐은 극도로 예법을 중시하는 곳으로 예법의 기본은 계급적 질서를 아는 것이다. 임금과 신하는 기본적으로 주인과 종의 관계라서 하늘과 땅의 관계처럼 절대적 차이가 있지만, 왕실 내에서도 차별은 엄격하다. 그리고 이는 용어에서부터 분명하게 드러난다. 『혜빈궁일기』에서 매일 문안 인사에 나오는 말이 '복령(復令)'인데, 번역은 '복명(復命)'으로 했지만 사실 그것은 예법에 맞지 않는 것이다. 임금의 명령은 '교(教)'라고 하고 세자의 명령은 '영(令)'이라고 하며, 또 임금의 '교명(教命)'이라는 말처럼 '명(命)' 역시 임금에 해당하는 말이므로 '복령'으로 두는 것이 맞다. 왕비나 세자빈은 남편과 같은 급의 용어를 쓰기 때문이다. 여성은 안에 머문다고 하여 '내(內)'를 접두어로 붙이는데, 『혜빈궁일기』에서 '내령(內令)'은 빈궁의 명령, 곧 혜빈궁의 명령을 뜻한다. 또 임금에게 올리는 말은 '계(啓)'라고 하고 세자에게 올리는 말은 '달(達)'이라고 하며, 임금이 내리는 말은 '전(傳)'이라고 하고 세자가 내리는 말은 '언(言)'이라고 한다. 그래서 임금의 말을 전하는 사람은 승전빗이라고 하고, 세자의 말을 전하는 사람은 승언빗이라고 한다. 또 종들이 임금을 모시고 가는 것은 시위(侍衛)라고 하고, 세자를 모시고 가는 것은 배위(陪衛)라고 하며, 기타 사람을 수행하는 것은 배행(陪行)이라고 한다.

31 '兼' 다음에 '承' 사가 빠졌다.

대전과 중궁전에 축일문안을 드렸다. 자비내관 우홍귀[32]가 갔다가 돌아와 복명하였다.

세손동궁이 궁관을 보내 문안을 드렸다. 영의정 홍봉한이 덕성합에 와서 곡림(哭臨)[33]하니, 혜빈궁이 영의정을 불러 만났다.

初六日.
大殿中宮殿, 逐日問安. 差備內官禹洪龜, 往還復命.
世孫東宮, 遣宮官問安. 領議政洪[34], 德成[35]哭臨, 聽閤入現.

1월 7일

❁ 인일(人日)

음력 1월 7일을 인일이라고 하는데, 『경도잡지(京都雜志)』에 따르면 이날 임금이 각신(閣臣)들에게 동인승(銅人勝)을 나누어 준다. 동인승은 머리에 꽂는 장식품으로, 둥글고 작은 거울 모양이며 손잡이 자루에 신선 등을 새겨 넣는다. 인일과 3월 3일(삼짇날), 7월 7일(칠석), 9월 9일(중양절)에 과거를 보는데, 이를 절제(節製) 또는 절일제(節日製)라고 한다.

대전과 중궁전에 축일문안을 드렸다. 자비내관 임봉휴가 갔다가 돌아와 복명하였다.

내섬시(內贍寺)[36]에서 인일(人日)이라 하여 동인승(銅人勝) 큰 것 두 개와 작은 것 한 개를 올렸다. 양제방(良娣房)[37]에 동인승 작은 것 한 개를 보냈다.

---

32 우홍귀: 『양세계보』(국립중앙도서관 소장, 제12장)에 이름이 보인다. "字睿徵, 本丹陽, 鄕醴泉, 通訓大夫. 英祖戊申, 策奮武原從二等勳, 正祖庚子九月十五日卒, 墓鶻峴亥坐, 配淑人完山李氏, 壬辰二月初二日卒, 合窆." 1728년 이인좌의 난에서 공훈을 세웠고 1780년에 죽었다.

33 곡림: 왕이나 왕비의 초상 때 여러 사람이 한곳에 모여 곡하는 예식. 여기서는 사도세자의 위패를 모신 혼궁에 와서 곡을 한 것으로 보인다.

34 領議政洪: 당시 영의정은 홍봉한이다. 뒤에도 홍봉한은 '영의정홍(領議政洪)' 또는 '홍영상(洪領相)'으로 표현된다.

35 德成: 덕성합(德成閤)을 가리키는 것으로 짐작된다.

36 내섬시: 각 궁(宮)에 필요한 물자를 관리하는 기관.

初七日.
大殿中宮殿, 逐日問安. 差備內官林鳳休, 往還復命.
內贍寺人日銅人勝, 大二小一, 進上. 良娣房銅人勝, 小一.

1월 8일

대전과 중궁전에 축일문안을 드렸다. 자비내관 안상형이 갔다가 돌아와 복명하였다.

初八日.
大殿中宮殿, 逐日問安. 差備內官安相衡, 往還復命.

1월 9일

대전과 중궁전에 축일문안을 드렸다. 자비내관 우홍귀가 갔다가 돌아와 복명하였다.

初九日.
大殿中宮殿, 逐日問安. 差備內官禹洪龜, 往還復命.

1월 10일

대전과 중궁전에 축일문안을 드렸다. 자비내관 임봉휴가 갔다가 돌아와 복명하였다.
왕세손이 궁관을 보내 문안을 드리니, 답하셨다. "알았다."
용동궁(龍洞宮)에서 세찬미(歲饌米)[38] 세 섬이 왔다.

十日.
大殿中宮殿, 逐日問安. 差備內官林鳳休, 往還復命.

---

37 양제방: 양제가 머무는 곳. 양제는 세자궁에 속한 종이품 내명부의 품계로, 여기서는 사도세자의 후궁 숙빈 임씨(肅嬪林氏)를 가리킨다. 은언군과 은신군의 생모이다.

38 세찬미: 설을 쇠는 데 쓸 수 있도록 12월이나 1월에 시급하는 쌀.

王世孫, 遣宮官問安. 答曰, 知道.
歲饌米參石, 自龍宮[39]來.

1월 11일

대전과 중궁전에 축일문안을 드렸다. 자비내관 임봉휴가 갔다가 돌아와 복명하였다.

十一日.
大殿中宮殿, 逐日問安. 差備內官林鳳休, 往還復命.

1월 12일

대전과 중궁전에 일차문안을 드렸다. 자비내관 우홍귀가 갔다가 돌아와 복명하였다.

十二日.
大殿中宮殿, 日次問安. 差備內官禹洪龜, 往還復命.

1월 13일

대전과 중궁전에 일차문안을 드렸다. 자비내관 임봉휴가 갔다가 돌아와 복명하였다.

十三日.
大殿中宮殿, 日次問安. 差備內官林鳳休, 往還復命.

---

39 龍宮: 다른 날짜의 기록을 볼 때 용동궁(龍洞宮)을 가리키는 말로 짐작된다. 용동궁은 명종의 아들 순회세자(順懷世子)의 궁으로 알려져 있으며, 이후 주로 세자에 속한 궁이 되었다. 『한중록』을 보면 사도세자가 죽었을 때 처음에는 용동궁을 빈궁(殯宮)으로 쓰고자 했다. 서울시 종로구 수송동, 즉 현재 광화문 근처 미국대사관과 일본대사관 사이에 있었다. 명례궁(明禮宮), 어의궁(於義宮), 수진궁(壽進宮)과 함께 4궁이라 하였다.

1월 14일

겸승언빗 이홍록.

대전과 중궁전에 일차문안을 드렸다. 자비내관 임봉휴가 갔다가 돌아와 복명하였다.

十四日.
兼承言色李興祿.
大殿中宮殿, 日次問安. 差備內官林鳳休, 往還復令.

1월 15일

대전과 중궁전에 일차문안을 드렸다. 자비내관 우홍귀가 갔다가 돌아와 복명하였다.

十五日.
大殿中宮殿, 日次問安. 差備內官禹洪龜, 往還復令.

1월 16일

승언빗 박봉흥.

대전과 중궁전에 일차문안을 드렸다. 자비내관 임봉휴가 갔다가 돌아와 복명하였다.

왕세손이 궁관을 보내 혜빈궁께 문안을 드렸다.

十六日.
承言色朴鳳興.
大殿中宮殿, 日次問安. 差備內官林鳳休, 往還復令.
王世孫, 遣宮官問安.

1월 17일

대전과 중궁전에 일차문안을 드렸다. 자비내관 김흥재가 갔다가 돌아와 복명하였다.

十七日.
大殿中宮殿, 日次問安. 差備內官金興載, 往還復令.

1월 18일

> **❁ 세손 정조의 휴가**
>
> 당시 세손이며 동궁인 정조는 혜빈궁의 청에 의해 할아버지 영조가 있던 경희궁으로 올라가서 공부했다. 『한중록』에 따르면 혜빈궁은 동궁이 임금의 눈에서 멀어져 있으면 사랑을 얻지 못하고 그러다 보면 정이 없게 되어 냉대와 미움을 받을 수 있다고 생각했다. 영조의 사랑을 얻지 못한 남편이 결국 처벌을 받아 죽었으니 아들은 그렇게 되지 않게 하려고 유학을 보낸 셈인데, 결과적으로는 어머니와 거리가 생기고 말았다. 그것이 혜빈궁의 늦은 후회였다. 이날은 13세의 어린 동궁 부부가 어머니를 뵈러 온 날이다. 2월 7일 돌아간 기록이 있으니, 20일을 어머니와 함께 보낸 셈이다. 1월 21일에 있는 아버지의 생신 제사를 모시기 위해서 온 것으로 보인다.

대전과 중궁전에 일차문안을 드렸다. 자비내관 우홍귀가 갔다가 돌아와 복명하였다.

"달, 오늘 세손동궁과 세손빈이 창덕궁에 오실 때 별련시로 어느 내관을 보낼지 아뢰나이다."

답하셨다. "동궁 별련시는 섬니내관이 가고, 빈궁 별련시는 장번내관이 가게 하라."

"달, 오늘 동궁과 빈궁이 창덕궁에 가실 때, 별련시가 탈 말 두 마리의 마패를 내주십사 아뢰나이다."

"달, 오늘 동궁과 빈궁이 창덕궁에 가실 때, 별련시내관 임한장과 자비내관 우홍귀가 나가며 하직하고 돌아와 복명함으로 아뢰나이다."

十八日.

大殿中宮殿, 日次問安. 差備內官禹洪龜, 往還復令.

達, 今日世孫東宮嬪宮, 詣昌德宮教是時, 別輦侍, 何內官進去乎, 敢達.

答, 동궁 별년시란 셤니ᄂᆡ관 가고 빈궁 별년시란 장번ᄂᆡ관 가게 ᄒᆞ여라.

達, 今日東宮嬪宮, 詣昌德宮教是時, 別輦侍所騎馬二匹, 請出二馬牌之意, 敢達.

達, 今日東宮嬪宮, 詣昌德宮教是時, 別輦侍內官林翰章, 差備內官禹洪龜, 進去下直往還復令之意, 敢達.

1월 19일

대전과 중궁전에 일차문안을 드렸다. 자비내관 김흥재가 갔다가 돌아와 복명하였다.

"달, 내일 임금이 영희전(永禧殿)[40], 저경궁(儲慶宮)[41], 영수각(靈壽閣)[42]에 거둥하실 때, 출환궁문안패와 자비내관이 탈 말 두 마리, 별감이 탈 말 두 마리의 마패를 내주십사 아뢰나이다."

十九日.

大殿中宮殿, 日次問安. 差備內官金興載, 往還復令.

達, 明日大駕永禧殿儲慶宮靈壽閣擧動教是時, 出還宮問安牌, 及差備內官所騎馬二匹, 別監所騎馬二匹, 牌請出之意, 敢達.

---

40 영희전: 태조, 세조, 원종, 숙종 등의 영정을 모시던 전각. 남별전(南別殿)을 중건한 것이다.

41 저경궁: 인조가 임금이 되기 전에 거처하던 집. 원래 이름은 송현궁(松峴宮)이었으나, 영조 때 인조의 생조모인 인빈 김씨(仁嬪金氏)의 신위를 봉안하고 제사를 지내면서 이 이름으로 고쳤다.

42 영수각: 1719년 숙종 환갑 때 기로소(耆老所)에 만들어 놓은 누각. 어첩(御帖)을 보관하는 장소로 쓰였다.

1월 20일

겸승언빗 이흥록.

대전과 중궁전에 일차문안을 드렸다. 자비내관 안상형이 갔다가 돌아와 복명하였다.

"달, 내일 사도세자 묘소를 살필 때, 승언빗내관이 탈 말 한 마리와 별감이 탈 말 한 마리, 별다례를 올릴 섬니내관이 탈 말 한 마리, 모두 세 마리 말의 마패를 내주십사 아뢰나이다."

"달, 오늘 임금이 영희전에 거둥하실 때, 출궁문안 자비내관 임봉휴가 나가며 하직하고 돌아와 복명함으로 아뢰나이다."

"달, 오늘 임금이 저경궁과 영수각에 거둥하실 때, 환궁문안 자비내관 안상형이 나가며 하직하고 돌아와 복명함으로 아뢰나이다."

"달, 내일 선희궁이 창덕궁에 가실 때, 배행에 어느 내관을 보낼지 아뢰나이다."

답하셨다. "자비내관으로 가게 하라."

"달, 내일 선희궁이 창덕궁에 가실 때, 배행내관이 탈 말 한 마리의 마패를 내주십사 아뢰나이다."

二十日.

兼承言色李興祿.

大殿中宮殿, 日次問安. 差備內官安相衡, 往還復令.

達, 明日墓所奉審, 承言色內官所騎馬一匹, 別監所騎馬一匹, 別茶禮陪進薛里內官所騎馬一匹, 請出三馬牌之意, 敢達.

達, 今日大駕永禧殿擧動教是時, 出宮問安差備內官林鳳休, 進去下直往還復令之意, 敢達.

達, 今日大駕儲慶宮靈壽閣擧動教是時, 還宮問安差備內官安相衡, 進去下直往還復令之意, 敢達.

達, 明日大宮自家[43]出就昌德宮時, 陪行何內官進去乎, 敢達.

답, ᄌᆞ비ᄂᆡ관으로 가게 ᄒᆞ라.

達, 明日自家出就昌德宮時, 陪行內官所騎馬一匹, 一馬牌請出之意, 敢達.

43 大宮自家: '大宮'은 큰 궁이니 곧 사도세자의 생모 선희궁 영빈 이씨(暎嬪李氏)를 가리킨다. 혜빈궁은 작은 궁이고 선희궁이 큰 궁인 셈이다. '自家'는 『한중록』에서 'ᄌᆞ갸'로 읽고 여기서는 'ᄌᆞ가'로 읽는다. 한자로는 '慈駕'라고도 한다. 이 말의 일차적인 의미는 '저' 또는 '자기'이다. '공주자가'처럼 공주, 옹주, 후궁의 존칭으로도 사용되었다.

1월 21일

❁ 사도세자의 생일

1월 21일은 사도세자의 생일이다. 그래서 경희궁에 있던 사도세자의 생모 선희궁 영빈 이씨가 사도세자의 혼궁이 있는 창덕궁으로 왔을 것이다. 선희궁은 아들이 죽은 다음 경희궁에서 손자 정조를 돌보며 살았다. 『한중록』에 의하면 각기 남편과 자식을 잃은 혜빈궁과 선희궁은 서로 많이 의지했다고 한다. 이날은 오랜만에 고부가 다시 만나는 날이었다. 1월 25일 경희궁으로 돌아갔으니 창덕궁에는 닷새를 머물렀다.

겸승언빗 이흥록.

대전과 중궁전에 축일문안을 드렸다. 자비내관 안상형이 갔다가 돌아와 복명하였다.

"달, 오늘 사도세자 묘소를 살핀 승언빗내관 박봉흥, 별다례를 올린 섬니내관 임한장이 나가며 하직하고 돌아와 복명함으로 아뢰나이다."

"선희궁이 창덕궁으로 출궁하실 때, 배행한 자비내관 임봉휴가 나가며 하직하고 돌아와 복명함으로 아뢰나이다."

우리 궁의 출입번내관에게 남은 음식 세 그릇을 내리셨다.

二十一日.

兼承言色李興祿.

大殿中宮殿, 逐日問安. 差備內官安相衡, 往還復令.

達, 今日墓所奉審, 承言色內官朴鳳興, 別茶禮陪進薛里內官林翰章, 進去下直往還復令之意, 敢達.

大宮自家出昌德宮時, 陪行差備內官林鳳休, 進去下直往還復令之意, 敢達.

宮出入番內官處, 退膳三器, 賜給.

1월 22일

대전과 중궁전에 축일문안을 드렸다. 자비내관 임봉휴가 갔다가 돌아와 복명하였다.

二十二日.
大殿中宮殿, 逐日問安. 差備內官林鳳休, 往還復命.

1월 23일

❁ 금남의 공간 궁궐

『한중록』에 혜경궁이 자신의 친정 동생들을 소개하는 장면에서, 사도세자가 어릴 때 궁궐에 사내아이가 드물어 동생들을 더욱 귀히 여겼다고 하면서, 동생들이 궁궐에 들어오면 한시도 못 떠나게 하고 매번 좌우에 끼고 다니며 사랑했다고 했다. 그런 동생들이 열 살이 넘어서는 궁궐에서 자지 않았다고 하는데, 궁궐은 꼭 필요한 남성을 성불구의 환관으로 만들어서 일하게 할 정도로 남성의 접근을 막은 금남의 공간이었다. 특히 여성처소에는 환관조차도 늘 자지는 못했는데, 궁궐에서 기식하는 장번내관도 대전과 동궁전에만 있었고, 중궁전과 빈전에는 출입번내관만 있었다. 그런데 이날은 특명을 받아서 배행내관이 혜빈궁에서 잤다.

대전과 중궁전에 축일문안을 드렸다. 자비내관 김흥재가 갔다가 돌아와 복명하였다.

"달, 오늘 선희궁이 출궁하실 때, 배행내관이 탈 말 한 마리의 마패를 내주십사 아뢰나이다."

"달, 오늘 선희궁이 출궁하실 때 배행한 섬니내관 최석담이 나가며 하직하고 돌아와 복명함으로 아뢰나이다."

배행내관이 명령을 받들어 궁에서 머물러 잤다.

二十三日.
大殿中宮殿, 逐日問安. 差備內官金興載, 往還復命.
達, 今日大宮自家出宮時, 陪行內官所騎馬一匹, 請馬牌之意, 敢達.

達, 今日大宮自家出宮時, 陪行薛里內官崔錫聃, 進去下直往還復令之意, 敢達.
陪行內官奉令, 仍留宿于宮.

1월 24일

대전과 중궁전에 축일문안을 드렸다. 자비내관 임봉휴가 갔다가 돌아와 복명하였다. 혜빈궁의 명령에 따라 축일문안 후 대궁께 문안을 드렸다.

二十四日.
大殿中宮殿, 逐日問安. 差備內官林鳳休, 往還復令.
因內令, 逐日問安後, 仍往大宮, 問安爲之.

1월 25일

대전과 중궁전에 축일문안을 드렸다. 자비내관 김흥재가 갔다가 돌아와 복명하였다. 대궁께 문안을 드렸다.

"달, 오늘 선희궁이 혜빈궁에서 경희궁으로 돌아가실 때 배행한 섬니내관 최석담이 복명함으로 아뢰나이다."

二十五日.
大殿中宮殿, 逐日問安. 差備內官金興載, 往還復令. 大宮問安.
達, 今日大宮自家, 自宮入慶熙宮時, 陪行薛里內官崔錫聃, 復令之意, 敢達.

1월 26일

대전과 중궁전에 축일문안을 드렸다. 자비내관 안상형이 갔다가 돌아와 복명하였다.

二十六日.
大殿中宮殿, 逐日問安. 差備內官安相衡, 往還復令.

1월 27일

대전과 중궁전에 축일문안을 드렸다. 자비내관 우홍귀가 갔다가 돌아와 복명하였다.

二十七日.
大殿中宮殿, 逐日問安. 差備內官禹洪龜, 往還復令.

1월 28일

대전과 중궁전에 축일문안을 드렸다. 자비내관 안상형이 갔다가 돌아와 복명하였다.

二十八日.
大殿中宮殿, 逐日問安. 差備內官安相衡, 往還復令.

1월 29일

겸승언빗 박봉흥.
대전과 중궁전에 축일문안을 드렸다. 자비내관 김홍재가 갔다가 돌아와 복명하였다.

二十九日.
兼承言色朴鳳興.
大殿中宮殿, 逐日問安. 差備內官金興載, 往還復令.

1월 30일

대전과 중궁전에 축일문안을 드렸다. 자비내관 임봉휴가 갔다가 돌아와 복명하였다.

三十日.
大殿中宮殿, 逐日問安. 差備內官林鳳休, 往還復令.

2월

2월 1일

대전과 중궁전에 축일문안을 드렸다. 자비내관 김흥재가 갔다가 돌아와 복명하였다.

二月初一日.
大殿中宮殿, 逐日問安. 差備內官金興載, 往還復令.

2월 2일

대전과 중궁전에 축일문안을 드렸다. 자비내관 김흥재가 갔다가 돌아와 복명하였다.

初二日.
大殿中宮殿, 逐日問安. 差備內官金興載, 往還復令.

2월 3일

대전과 중궁전에 축일문안을 드렸다. 자비내관 임봉휴가 갔다가 돌아와 복명하였다.

初三日.
大殿中宮殿, 逐日問安. 差備內官林鳳休, 往還復令.

2월 4일

대전과 중궁전에 축일문안을 드렸다. 자비내관 임봉휴가 갔다가 돌아와 복명하였다.

初四日.
大殿中宮殿, 逐日問安. 差備內官林鳳休, 往還復令.

2월 5일

겸승언빗 이홍록.

대전과 중궁전에 축일문안을 드렸다. 자비내관 김흥재가 갔다가 돌아와 복명하였다.

영의정 홍봉한이 가효당(嘉孝堂)[44]에 들어가 혜빈궁을 뵈었다.

初五日.
兼承言色李興祿.
大殿中宮殿, 逐日問安. 差備內官金興載, 往還復令.
領議政洪, 嘉孝堂入現爲之.

2월 6일

대전과 중궁전에 축일문안을 드렸다. 자비내관 임봉휴가 갔다가 돌아와 복명하였다.

初六日.
大殿中宮殿, 逐日問安. 差備內官林鳳休, 往還復令.

2월 7일

대전과 중궁전에 축일문안을 드렸다. 자비내관 김흥재가 갔다가 돌아와 복명하였다.

겸승언빗 이홍록.

"달, 오늘 세손동궁이 경희궁에 가실 때, 별련시는 어느 내관으로 보낼지 아뢰나이다."

답하셨다. "섬니내관으로 가게 하라."

"달, 오늘 세손동궁이 경희궁에 가실 때, 별련시내관이 탈 말 한 마리의 마패를 내주십사 아뢰나이다."

44 가효당: 사도세자 사후에 영조가 혜빈궁이 거려(居廬)하던 집에 내려준 당호. 창경궁 경춘전에 부속된 집이다.

"달, 오늘 세손동궁이 경희궁에 가실 때, 별련시 섬니내관 최석담이 나가며 하직하고 돌아와 복명함으로 아뢰나이다."

初七日.
大殿中宮殿, 逐日問安. 差備內官金興載, 往還復令.
兼承言色李興祿.
達, 今日世孫東宮, 詣慶熙宮敎是時, 別輦侍何內官進去乎, 敢達.
答, 셤니닉관 가게 ᄒᆞ라.
達, 今日世孫東宮, 詣慶熙宮敎是時, 別輦侍內官所騎馬一匹, 請出一馬牌之意, 敢達.
達, 今日世孫東宮, 詣慶熙宮敎是時, 別輦侍薛里內官崔錫聃, 進去下直往還復令之意, 敢達.

2월 8일

겸승언빗 이흥록.

"달, 오늘 대전과 중궁전에 축일문안을 드렸습니다. 자비내관 안상형이 갔다가 돌아와 복명함으로 아뢰나이다."

"달, 내일 대전과 중궁전에 축일문안을 드리겠습니다. 자비내관 안상형이 갔다가 돌아와 복명할 것으로 아뢰나이다."

"달, 내일 임금이 친경(親耕)[45]차 거둥하실 때, 출환궁문안패와 자비내관이 탈 말 두 마리, 별감이 탈 말 두 마리, 모두 네 마리 말의 마패를 내주십사 아뢰나이다."

세손동궁이 궁관을 보내 문안을 드렸다.

初八日.
兼承言色李興祿.
達, 今日大殿中宮殿, 逐日問安. 差備內官安相衡, 往還復令.
達, 明日大殿中宮殿, 逐日問安. 差備內官安相衡, 往還復令.
達, 明日大駕親耕擧動敎是時, 出還宮問安牌, 及差備內官所騎馬二匹, 別監所騎馬二匹, 請出四馬牌之意, 敢達.
世孫東宮, 遣宮官問安.

45 친경: 임금이 농업을 장려하기 위하여 직접 정해 둔 논밭에 나와 농사를 살피는 일.

2월 9일

겸승언빗 박봉흥.

대전과 중궁전에 축일문안을 드렸다. 자비내관 안상형이 갔다가 돌아와 복명하였다.

"달, 오늘 임금이 선원전에서 숙종의 어진에 참배하신 후 친경 거둥하실 때 문안과 출궁문안을 드린 자비내관 우홍귀가 나가며 하직하고 돌아와 복명함으로 아뢰나이다."

"달, 오늘 임금이 친경하실 때 별문안(別問安)과 어의본궁(於義本宮)[46]에 들르시고 훈련원에서 팔장사(八壯士)[47] 자손의 활쏘기를 보실 때 문안과 환궁문안을 드린 자비내관 안상형이 나가며 하직하고 돌아와 복명함으로 아뢰나이다."

初九日.

兼承言色朴鳳興.

大殿中宮殿, 逐日問安. 差備內官安相衡, 往還復令.

達, 今日大駕璿源殿展拜後, 親耕擧動教是時問安, 兼出宮問安, 差備內官禹洪龜, 進去下直往還復令之意, 敢達.

達, 今日大駕親耕教是時別問安, 兼歷臨於義本宮, 訓鍊院八壯士子孫觀射教是時問安, 兼還宮問安, 差備內官安相衡, 進去下直往還復令之意, 敢達.

---

46 어의본궁: 창경궁 남쪽 어의동(於義洞)에 있던 효종의 잠저(潛邸). 왕실의 혼례에 자주 사용되었다.

47 팔장사: 병자호란 후 봉림대군이 볼모로 청나라에 갈 적에 심양까지 따라간 여덟 사람. 김지웅(金志雄), 박기성(朴起星), 박배원(朴培元), 신진익(申晉翼), 오효성(吳孝誠), 장사민(張士敏), 장애성(張愛聲), 조양(趙壤)을 말한다.

2월 10일

❁ 메주로 간장 담그는 날

2월 10일은 간장을 담글 메주를 나누어 주는 날이다. 1765년 같은 날에도 메주를 나누어 주었다. 『만기요람』을 보면 해마다 각 궁에 지급하는 정례가 기록되어 있는데, 임금, 왕비, 왕대비 외에는 혜빈궁과 가순궁(嘉順宮)만 기록되어 있다(혜빈궁에 공상되는 연례 메주는 20섬임). 이 책은 순조 대의 것이므로 임금의 어머니 가순궁과 할머니 혜빈궁까지 특별히 기록했는데, 일정 기간(날, 달, 넉 달, 해)마다 공상하는 물품 외에 간장과 김치[沈醬沈菹]는 별도로 적었다. 『승정원일기』 1824년 2월 26일 조를 보면, 혜빈궁이 죽은 다음 그 궁궐에 공상하던 것을 줄이는 기사가 있는데, 거기서도 매일 바치는 것 외에 간장과 김치는 따로 기록했다. 그만큼 한국인의 식생활에서 빼놓을 수 없는 것이 간장과 김치이다. 『만기요람』의 '간장과 김치' 조에는 삿자리, 대방전(大方甎) 등 온갖 물품이 적혀 있는데, 이것이 『혜빈궁일기』에서 말하는 '필요한 잡물'인 듯하다. 『만기요람』에는 메주 한 섬의 값을 12냥으로 적고 있다.

『혜빈궁일기』에서 메주는 2월 10일, 김치 담글 재료는 8월 10일에 공상하니, 메주와 김치 재료를 봄, 가을에 나누어 공상함을 볼 수 있다. 메주는 5월 단오 때와 5월 말일에도 들어오며, 김치 담글 소금을 1764년 9월 21일과 1765년 10월 12일에 들여오기도 했다. 이로 미루어 보아 음력 9월 말, 10월 초에 김장을 했을 것으로 추정된다. 홍만선의 『산림경제』에는 메주로 장을 담그는 방법이 적혀 있는데, 메주를 소금물에 담가 두는 방식이다. 조선시대 조리서를 비교한 글(백두현, 「한글 음식조리서에 나타난 조리법의 비교: 장 담는 법」, 『ᄒᆞᆫ맛ᄒᆞᆫ얼』 3-1, 한국식품연구원, 2010, 40쪽)에 "장은 주로 정월부터 삼월까지 좋은 날을 가려 담그는데 이월 장이 가장 좋다."고 했다.

대전과 중궁전에 추일문안을 드렸다. 자비내관 우홍귀가 갔다가 돌아와 복명하였다.

혜빈궁 섬니내관 보고문.
혜빈궁 연례(年例) 메주.
상궁(尙宮) 17,[48] 시녀(侍女)[49] 21, 수사(水賜)[50] 7, 수모(水母)[51] 11, 파비(巴婢)[52] 1,

48 직명 뒤에 나오는 숫자는 인원수일 수도 있고 메주의 양을 나타낸 것일 수도 있다. 여기 나오는 상궁과 시

방자(房子)[53] 24.

메주 만드는 데 소용되는 잡물을 정례대로 진상할 것.

호조, 공조 및 자문감(紫門監)[54], 선공감(繕工監)[55] 각 해당 관아에 명령을 내릴 것.

건륭 29년 2월 초10일. 섬니내관 임한장.

혜빈궁 섬니내관 보고문.

청연군주(淸衍郡主)[56]방 연례 메주.

청선군주(淸璿郡主)[57]방 연례 메주.

유모 각 1, 보모 각 1, 수사 각 1, 각씨(閣氏)[58]가 각각.

메주 만드는 데 소용되는 잡물을 정례대로 진상할 것.

호조, 공조 및 자문감, 선공감 각 해당 관아에 명령을 내릴 것.

건륭 29년 2월 초10일. 섬니내관 임한장.

혜빈궁 섬니내관 보고문.

양제방 연례 메주.

수모 1, 각씨 3.

녀 다음의 숫자와 6월 15일 옷 명세에 나오는 수가 일치하는 것으로 보아, 1인당 메주를 하나씩 분배한 것으로 이해할 수 있을 듯하다.

49 시녀: 내인(內人)의 한 계급. 시녀 위에 상궁이 있다.

50 수사: 대궐 안에서 허드렛일을 맡은 천인 여성. '무수리'라고 부른다.

51 수모: 『세종실록』에 '세수간수모'라는 말이 나오는 것으로 보아 수모는 세수간과 관련이 깊다고 할 수 있다. 『중종실록』 1527년 4월 3일 조에 수모(水母) 종가이(從加伊)의 공초에도 마찬가지 뜻으로 쓰이고 있다. 구식 혼례 때 신부의 단장 등을 거들어 주는 여성도 수모라고 부른다.

52 파비: 이듬해 같은 날의 『혜빈궁일기』에는 파비는 없고 따로 파지(巴只) 4로 되어 있다. 파비는 용례가 확인되지 않으니, 파지를 가리키는 것으로 보인다. 파지는 궁궐에서 허드렛일을 하는 어린 여종이다.

53 방자: 관아에서 허드렛일을 하는 하인. 궁궐에서는 내인을 도왔다.

54 자문감: 선공감에 속하여 궁궐 각 전각의 수리를 맡아보던 관아.

55 선공감: 공조에 속하여 건물 수리와 토목 공사를 맡아보던 관아.

56 청연군주: 사도세자와 혜빈궁의 장녀. 정조의 누이동생. 참의(參議) 김상익(金相翊)의 아들인 광은부위(光恩副尉) 김두성(金斗性)과 결혼하였다. 1764년 당시 청연군주는 열한 살이었다.

57 청선군주: 사도세자와 혜빈궁의 차녀. 정조의 누이동생. 1766년 흥은부위(興恩副尉) 정재화(鄭在和)와 결혼하였다.

58 각씨: 궁궐에서 허드렛일을 하는 여종. 이듬해 같은 날의 『혜빈궁일기』에는 이 부분에 각씨가 4로 되어 있다.

왕손[59]방 연례 메주.

왕손[60]방 연례 메주.

왕손[61]방 연례 메주.

현주(縣主)[62]방 연례 메주.

유모 각 1, 각씨 각 1.

메주 만드는 데 소용되는 잡물을 정례대로 진상할 것.

호조, 공조 및 자문감, 선공감 각 해당 관아에 명령을 내릴 것.

건륭 29년 2월 초10일. 섬니내관 임한장.

初十日.

大殿中宮殿, 推日問安. 差備內官禹洪龜, 往還復命.

惠嬪宮薛里內官手本[63].

宮年例末醬, 及尙宮十七, 侍女二十一, 水賜七, 水母十一, 巴婢一, 房子二十四.

末醬所用一應雜物, 依定例進排事.

曺[64]及紫門監繕工監, 各該司良中[65], 行下向教是事[66].

乾隆二十九年二月初十日. 薛里內官林翰章.

---

59 왕손: 왕의 자손. 여기서는 은언군(恩彦君) 인(裀, 1754~1801)을 가리킨다. 사도세자와 숙빈 임씨 사이의 소생. 은언군은 홍봉한 등이 동복아우인 은신군과 함께 두 형제를 임금으로 추대하려고 했다는 혐의에 연루되어 제주도로 유배되었다가 풀려났다. 나중에 강화도로 유배를 가서 사사되었다. 강화도령 철종이 그의 손자다. 은언군의 묘비는 서울 양화대교 북단에 있는 절두산순교성지 내에 옮겨져 있는데, 부인과 며느리가 천주교 신자였기 때문이다. 은언군은 혜빈궁의 동생 홍낙임(洪樂任)과 한날 사사되었다.

60 왕손: 여기서는 은신군(恩信君) 진(禛, 1755~1771)을 가리킨다. 은언군과 함께 사도세자와 숙빈 임씨의 소생이다. 형과 같은 혐의로 제주도로 유배되었다가 제주도에서 바로 죽었다. 남연군이 은신군의 뒤를 잇기 위해 입양되었고, 남연군이 흥선대원군을, 그리고 흥선대원군이 고종을 낳았다. 서울역사박물관 앞뜰에 그의 묘비가 옮겨져 있다. 철종과 고종은 모두 사도세자의 증손이다.

61 왕손: 여기서는 은전군(恩全君) 찬(禶, 1759~1778)을 가리킨다. 사도세자의 후궁으로 사도세자에게 죽임을 당한 귀인 박씨의 소생이다. 1777년 홍상범(洪相範) 등이 은전군을 추대하려고 한다는 혐의를 입었는데, 이때 사사되었다.

62 현주: 왕세자의 서녀(庶女)에게 주던 정삼품의 봉작. 여기서는 청근현주(淸瑾縣主)를 가리킨다. 청근현주는 은전군과 함께 귀인 박씨의 소생이다. 1768년 홍익돈(洪益惇)과 결혼하였다.

63 手本: 공사(公事)를 상관에게 보고하던 자필의 글.

64 曺: 이듬해 2월 10일 조를 보면 "戶曺工曺"로 되어 있는데, 이것을 줄여서 쓴 듯하다.

65 良中[아, 아에, 아의]: '~에'(처격조사)에 해당하는 이두.

66 行下向教是事[행하아이샨일]: 행하하옵신 일. '행하'는 위에서 아래로 지시나 명령뿐만 아니라 금전이나 물품을 내리는 것을 뜻한다. 여기서는 분명치 않으나 일반적인 용법과 용례를 고려하여 '명령'으로 풀었다.

惠嬪宮薛里內官手本.
清衍郡主房, 年例末醬.
清璿郡主房, 年例末醬. 及乳母各一, 保母各一, 水賜各一, 閣氏各.
末醬所用一應雜物, 依定例進排事.
戶曹工曹及紫門監工監[67], 各該司良中, 行下向敎是事.
乾隆二十九年二月初十日. 薛里內官林翰章.

惠嬪宮薛里內官手本.
良娣房, 年例末醬. 及水母一, 閣氏三.
王孫房, 年例末醬.
王孫房, 年例末醬.
王孫房, 年例末醬.
縣主房, 年例末醬. 及乳母各一, 閣氏各一.
末醬所用一應雜物, 依例進排事.
戶曹工曹及紫門監繕工監, 各該司良中, 行下向敎是事.
乾隆二十九年二月初十日. 薛里內官林翰章.

2월 11일

겸승언빗 박봉흥.
대전과 중궁전에 일차문안을 드렸다. 자비내관 김흥재가 갔다가 돌아와 복명하였다.

十一日.
兼承言色朴鳳興.
大殿中宮殿, 日次問安. 差備內官金興載, 往還復令.

67 工監: 繕工監의 오기인 듯하다.

2월 12일

대전과 중궁전에 일차문안을 드렸다. 자비내관 우홍귀가 갔다가 돌아와 복명하였다.

十二日.
大殿中宮殿, 日次問安. 差備內官禹洪龜, 往還復令.

2월 13일

대전과 중궁전에 일차문안을 드렸다. 자비내관 김흥재가 갔다가 돌아와 복명하였다.
왕세손이 궁관을 보내 문안을 드렸다.

十三日.
大殿中宮殿, 日次問安. 差備內官金興載, 往還復令.
王世孫, 遣宮官問安.

2월 14일

겸승언빗 이흥록.
대전과 중궁전에 일차문안을 드렸다. 자비내관 안상형이 갔다가 돌아와 복명하였다.

十四日.
兼承言色李興祿.
大殿中宮殿, 日次問安. 差備內官安相衡, 往還復令.

2월 15일

대전과 중궁전에 일차문안을 드렸다. 자비내관 김흥재가 갔다가 돌아와 복명하였다.

十五日.
大殿中宮殿, 日次問安. 差備內官金興載, 往還復令.

2월 16일

대전과 중궁전에 일차문안을 드렸다. 자비내관 안상형이 갔다가 돌아와 복명하였다.

十六日.
大殿中宮殿, 日次問安. 差備內官安相衡, 往還復令.

2월 17일

겸승언빗 이흥록.
대전과 중궁전에 일차문안을 드렸다. 자비내관 안상형이 갔다가 돌아와 복명하였다.

十七日.
兼承言色李興祿.
大殿中宮殿, 日次問安. 差備內官安相衡, 往還復令.

2월 18일

대전과 중궁전에 일차문안을 드렸다. 자비내관 우홍귀가 갔다가 돌아와 복명하였다.
왕세손이 궁관을 보내 문안을 드렸다.

十八日.
大殿中宮殿, 日次問安. 差備內官禹洪龜, 往還復令.
王世孫, 遣宮官問安.

2월 19일

대전과 중궁전에 일차문안을 드렸다. 자비내관 안상형이 갔다가 돌아와 복명하였다.

十九日.
大殿中宮殿, 日次問安. 差備內官安相衡, 往還復令.

2월 20일

❁ 정조의 아버지 바꾸기

『영조실록』 1764년 2월 20일 기사에 따르면, 이날 영조는 왕세손을 데리고 선원전에 가서 세손을 효장세자의 아들로 삼을 뜻을 밝혔다. 사도세자는 죄인으로 죽었으니 그 아들을 죄인의 자식으로 만들지 않으려고 사도세자의 이복형인 죽은 효장세자의 아들로 만들고자 한 것이다. 그래서 부왕인 숙종의 초상이 있는 선원전에 가서 대신들 앞에서 이 뜻을 밝혔다. 그리고 다음 날 그것을 왕실 족보에 기록하게 하고, 다음다음 날 반포했다.

『한중록』에서 혜빈궁은 이때 정조의 슬픔이 사도세자가 죽던 날보다 더 컸다고 했다. 아버지가 바뀌어 상복을 벗을 수밖에 없었던 정조는 하늘을 찌를 듯이 소리쳐 울었다고 한다. 그리고 사도세자의 생모로 당시 정조를 돌보고 있었던 선희궁은 밥을 끊었다고 한다. 영조가 이 조치에 대해 의견을 묻자 혜빈궁은 자기 모자가 살아 있는 것만 해도 성은인데 비록 서럽다 해도 무슨 말씀을 아뢰겠냐고 했고, 영조는 그리하는 것이 옳다고 했다. 정조 모자, 사도세자의 생모 모두 아버지, 남편, 자식이 버려지는 상황을 겪었던 것이다.

겸승언빗 박봉흥.

대전과 중궁전에 일차문안을 드렸다. 자비내관 안상형이 갔다가 돌아와 복명하였다.

"달, 오늘 임금이 선원전에 거둥하시고 세손동궁이 수가하실 때, 별련시는 어느 내관으로 보낼지 아뢰나이다."

답하셨다. "섬니내관으로 가게 하라."

"달, 오늘 세손동궁이 수가하실 때, 별련시내관이 탈 말 한 마리의 마패를 내주십사 아뢰나이다."

"달, 오늘 세손동궁이 수가하실 때, 별련시 섬니내관 임한장이 나가며 하직하고 돌아와 복명함으로 아뢰나이다."

"달, 오늘 임금이 선원전에 거둥하실 때, 출궁문안 자비내관 안상형과 신시(오후 4시경)문안과 경야문안 자비내관 우홍귀가 갔다가 돌아와 복명함으로 아뢰나이다."

임금이 선원전에 거둥하실 때, 대수라(大水剌)와 다음 날 소수라(小水剌)[68]를 올릴 섬니내관 최석담이 갔다가 돌아와 복명하였다.

二十日.

兼承言色朴鳳興.

大殿中宮殿, 日次問安. 差備內官安相衡, 往還復令.

達, 今日大駕璿源殿擧動教是時, 世孫東宮隨駕教是時, 別輦侍何內官進去乎, 敢達.

答, 셤니닉관 가게 ᄒᆞ라.

達, 今日世孫東宮隨駕教是時, 別輦侍內官所騎馬一匹, 請出一馬牌之意, 敢達.

達, 今日世孫東宮隨駕教是時, 別輦侍薛里內官林翰章, 進去下直往還復令之意, 敢達.

達, 今日大駕璿源殿擧動教是時, 出宮問安差備內官安相衡, 申時經夜問安差備內官禹洪龜, 往還復令之意, 敢達.

大駕璿源殿擧動教是時, 大水剌及翌日小水剌, 陪進薛里內官崔錫聃, 往還復令.

2월 21일

중궁전에 일차문안을 드렸다. 자비내관 우홍귀가 갔다가 돌아와 복명하였다.

"달, 오늘 임금이 육상궁에 거둥하실 때와 이후 효장의소궁(孝章懿昭宮)[69]에 들르실 때, 출환궁문안 겸 별문안 자비내관이 탈 말 한 마리와 별감이 탈 말 한 마리, 세손동궁이 수가하실 때 별련시 섬니내관이 탈 말 한 마리, 모두 세 마리 말의 마패를 내주십사 아뢰나이다."

"달, 오늘 임금이 효장의소궁에 들르실 때, 대전 대수라와 효장의소궁에 별다례를 올릴 섬니내관이 탈 말 한 마리의 마패를 내주십사 아뢰나이다."

"달, 오늘 임금이 육상궁에 거둥하실 때와 이후 효장의소궁에 들르실 때 별문안 자비내관 안상형, 세손동궁이 수가하실 때 별련시 섬니내관 최석담, 대전 수라와 효장의

---

68 소수라: 임금이 먹는 간편한 식사. 『승정원일기』에 경종이 '소수라'를 먹는데 세제(世弟)인 영조가 곁에 있었다는 정도의 용례가 확인된다.

69 효장의소궁: 영조의 장자인 효장세자와 사도세자의 장자인 의소세손(懿昭世孫)의 사당. 모두 영조가 왕위에 오르기 전에 살았던 창의궁에 두었다.

소궁에 별다례를 올린 섬니내관 임한장이 나가며 하직하고 돌아와 복명함으로 아뢰나이다."

二十一日.

中宮殿, 日次問安. 差備內官禹洪龜, 往還復令.

達, 今日大駕毓祥宮擧動敎時, 後歷臨孝章懿昭宮敎是時, 還[70]兼別問安差備內官所騎馬一匹, 別監所騎馬一匹, 及世孫東宮隨駕敎是時, 別輦侍薛里內官所騎馬一匹, 請出三馬牌之意, 敢達.

達, 今日大駕歷臨孝章懿昭宮敎是時, 大殿大水剌, 及孝章懿昭宮別茶禮陪進薛里內官所騎馬一匹, 請出一馬牌之意, 敢達.

達, 今日大駕毓祥宮擧動敎是時, 後歷臨孝章懿昭宮敎是時, 兼別問安差備內官安相衡, 世孫東宮隨駕敎是時, 別輦侍薛里內官崔錫聃, 大殿水剌, 及孝章懿昭宮別茶禮陪進薛里內官林翰章, 下[71]去下直往還復令之意, 敢達.

2월 22일

대전과 중궁전에 일차문안을 드렸다. 자비내관 안상형이 갔다가 돌아와 복명하였다.

二十二日.

大殿中宮殿, 日次問安. 差備內官安相衡, 往還復令.

2월 23일

대전과 중궁전에 일차문안을 드렸다. 자비내관 안상형이 갔다가 돌아와 복명하였다.

"달, 오늘 세손동궁이 경희궁에 가실 때 별련시내관이 탈 말 한 마리의 마패를 내주십사 아뢰나이다."

"달, 오늘 세손동궁이 경희궁에 가실 때 별련시 섬니내관 임한장이 나가며 하직하고 돌아와 복명함으로 아뢰나이다."

---

70 還: 出還宮의 줄임말 또는 오기인 듯.

71 下: 進의 오기인 듯.

二十三日.

大殿中宮殿, 日次問安. 差備內官安相衡, 往還復令.

達, 今日世孫東宮詣慶熙宮教是時, 別輦侍內官所騎馬一匹, 請出一馬牌之意, 敢達.

達, 今日世孫東宮詣慶熙宮教是時, 別輦侍薛里內官林翰章, 進去下直往還復令之意, 敢達.

2월 24일

대전과 중궁전에 일차문안을 드렸다. 자비내관 임봉휴가 갔다가 돌아와 복명하였다.

"달, 내일 임금이 건원릉(健元陵)[72]에 거둥하실 때 출환궁문안패와 자비내관이 탈 말 두 마리, 별감이 탈 말 두 마리, 모두 네 마리 말의 마패를 내주십사 아뢰나이다."

"달, 내일 임금이 건원릉에 거둥하실 때 출궁문안과 주정소(晝停所)[73]문안, 능소(陵所)문안 자비내관 임봉휴가 나가며 하직함으로 아뢰나이다."

왕세손이 궁관을 보내 문안을 드렸다.

二十四日.

大殿中宮殿, 日次問安. 差備內官林鳳休, 往還復令.

達, 明日大駕健元陵擧動教是時, 出還宮問安牌, 及差備內官所騎馬二匹, 別監所騎馬二匹, 請出四馬牌之意, 敢達.

達, 明日大駕健元陵擧動教是時, 出宮問安兼晝停所到差備內官林鳳休, 陵所問安, 進去下直之意, 敢達.

王世孫, 遣宮官問安.

---

72 건원릉: 경기도 구리시에 있는 조선 태조(太祖)의 능(陵). 현재 여기에 조선 왕가의 능(陵) 아홉 기(基)가 있으므로 이를 총칭하여 동구릉(東九陵)이라고 부르기도 한다.

73 주정소: 임금이 거둥 중에 잠시 머물러 쉬던 곳. 영조는 새벽에 거둥을 시작하여 아침에 주정소에 당도하여 잠깐 눈을 붙이는 일이 많았다.

2월 25일

중궁전에 일차문안을 드렸다. 자비내관 안상형이 갔다가 돌아와 복명하였다.

“달, 오늘 임금이 건원릉에 거둥하실 때 환궁문안, 신시문안, 경야문안 겸 주정소문안 자비내관 김흥재가 나가며 하직함으로 아뢰나이다.”

“달, 오늘 임금이 건원릉에 거둥하실 때 출궁문안 겸 주정소문안, 능소문안 자비내관 임봉휴가 갔다가 돌아와 복명함으로 아뢰나이다.”

二十五日.

中宮殿, 日次問安. 差備內官安相衡, 往還復令.

達, 今日大駕健元陵擧動敎是時, 還宮問安兼申時經夜問安兼晝停所問安, 差備內官金興載, 進去下直之意, 敢達.

達, 今日大駕健元陵擧動敎是時, 出宮問安兼晝停所陵所問安, 差備內官林鳳休, 往還復令之意, 敢達.

2월 26일

겸승언빗 이흥록.

중궁전에 일차문안을 드렸다. 자비내관 안상형이 갔다가 돌아와 복명하였다.

“달, 오늘 임금이 서울을 벗어나 건원릉으로 거둥하실 때 신시문안, 경야문안, 주정소문안 겸 환궁문안 자비내관 김흥재가 갔다가 돌아와 복명함으로 아뢰나이다.”

二十六日.

兼承言色李興祿.

中宮殿, 日次問安. 差備內官安相衡, 往還復令.

達, 今日大駕健元陵幸行[74]敎是時, 申時經夜晝停所問安兼還[75]問安, 差備內官金興載, 往還復令之意, 敢達.

---

74 幸行: 도성 밖으로 거둥하는 것.

75 ‘還’ 다음에 ‘宮’ 자가 빠진 듯.

2월 27일

대전과 중궁전에 일차문안을 드렸다. 자비내관 안상형이 갔다가 돌아와 복명하였다.

二十七日.
大殿中宮殿, 日次問安. 差備內官安相衡, 往還復命.

2월 28일

대전과 중궁전에 일차문안을 드렸다. 자비내관 김흥재가 갔다가 돌아와 복명하였다.

二十八日.
大殿中宮殿, 日次問安. 差備內官金興載, 往還復命.

2월 29일

겸승언빗 이흥록.
대전과 중궁전에 일차문안을 드렸다. 자비내관 안상형이 갔다가 돌아와 복명하였다.
왕세손이 궁관을 보내 문안을 드렸다.

二十九日.
兼承言色李興祿.
大殿中宮殿, 日次問安. 差備內官安相衡, 往還復命.
王世孫, 遣宮官問安.

3월

3월 1일

대전과 중궁전에 일차문안을 드렸다. 자비내관 김흥재가 갔다가 돌아와 복명하였다.

"달, 오늘 임금이 선원전, 대보단, 육상궁에 거둥하실 때 출환궁문안 자비내관이 탈 말 한 마리, 별감이 탈 말 한 마리, 모두 두 마리 말의 마패를 내주십사 아뢰나이다."

"달, 오늘 임금이 선원전, 대보단, 육상궁에 거둥하실 때 출궁문안 자비내관 김흥재와 육상궁에 거둥하실 때 환궁문안 자비내관 안상형이 나가며 하직하고 돌아와 복명함으로 아뢰나이다."

三月初一日.

大殿中宮殿, 日次問安. 差備內官金興載, 往還復令.

達, 今日大駕璿源殿大報壇毓祥宮擧動教是時, 出還宮問安差備內官所騎馬一匹, 別監所騎馬一匹, 請出二馬牌, 敢達.

達, 今日大駕璿源殿大報壇毓祥宮擧動教是時, 出宮問安差備內官金興載, 毓祥宮擧動教是時, 還宮問安差備內官安相衡, 進去下直往還復令之意, 敢達.

3월 2일

대전과 중궁전에 일차문안을 드렸다. 자비내관 김흥재가 갔다가 돌아와 복명하였다.

"달, 내일 사도세자 묘소 봉심에 승언빗내관이 탈 말 한 마리, 별감이 탈 말 한 마리, 별다례를 올릴 섬니내관이 탈 말 한 마리, 모두 세 마리 말의 마패를 내주십사 아뢰나이다."

용동궁에서 점심미(點心米)[76] 세 섬이 왔다.

76 점심미: 점심용으로 사용하는 쌀. 3월부터 8월까지만 지급되는 경우가 많았다. 이때는 낮시간이 길기에 점심이 필요했다.

初二日.
大殿中宮殿, 日次問安. 差備內官金興載, 往還復命.
達, 明日墓所奉審, 承言色內官所騎馬一匹, 別監所騎馬一匹, 別茶禮陪進薛里內官所騎馬一匹, 請出三馬牌之意, 敢達.
龍洞宮, 點心米三石, 來.

3월 3일

겸승언빗 이흥록.
대전과 중궁전에 일차문안을 드렸다. 자비내관 김흥재가 갔다가 돌아와 복명하였다.
"달, 오늘 묘소를 살펴본 승언빗 이흥록과 별다례를 올린 섬니내관 임한장이 나가며 하직하고 돌아와 복명함으로 아뢰나이다."

初三日.
兼承言色李興祿.
大殿中宮殿, 日次問安. 差備內官金興載, 往還復命.
達, 今日墓所奉審, 承言色李興祿, 別茶禮陪進薛里內官林翰章, 進去下直往還復令之意, 敢達.

3월 4일

대전과 중궁전에 일차문안을 드렸다. 자비내관 우홍귀가 갔다가 돌아와 복명하였다.

初四日.
大殿中宮殿, 日次問安. 差備內官禹洪龜, 往還復令.

3월 5일

대전과 중궁전에 일차문안을 드렸다. 자비내관 김흥재가 갔다가 돌아와 복명하였다.
왕세손이 궁관을 보내 문안을 드렸다.

初五日.
大殿中宮殿, 日次問安. 差備內官金興載, 往還復命.
王世孫, 遣宮官問安.

3월 6일

겸승언빗 박봉흥.
대전과 중궁전에 일차문안을 드렸다. 자비내관 임봉휴가 갔다가 돌아와 복명하였다.

初六日.
兼承言色朴鳳興.
大殿中宮殿, 日次問安. 差備內官林鳳休, 往還復命.

3월 7일

대전과 중궁전에 일차문안을 드렸다. 자비내관 임봉휴가 갔다가 돌아와 복명하였다.

初七日.
大殿中宮殿, 日次問安. 差備內官林鳳休, 往還復命.

3월 8일

대전과 중궁전에 일차문안을 드렸다. 자비내관 김흥재가 갔다가 돌아와 복명하였다.

"달, 오늘 임금이 육상궁에 거둥하실 때 출환궁문안패와 자비내관이 탈 말 두 마리, 별감이 탈 말 두 마리, 모두 네 마리 말의 마패를 내주십사 아뢰나이다."

"달, 오늘 임금이 육상궁에 거둥하실 때 출궁문안 자비내관 임봉휴가 나가며 하직하고 돌아와 복명함으로 아뢰나이다."

"임금이 육상궁에 거둥하실 때 신시문안, 경야문안 겸 환궁문안 자비내관 김흥재가 나가며 하직함으로 아뢰나이다."

初八日.

大殿中宮殿, 日次問安. 差備內官金興載, 往還復命.

達, 今日大駕毓相宮擧動敎是時, 出還宮問安牌, 及差備內官所騎馬二匹, 別監所騎馬二匹, 請出四馬牌之意, 敢達.

達, 今日大駕毓相宮擧動敎是時, 出宮問安差備內官林鳳休, 進去往還復令之意, 敢達.

大駕毓相宮擧動敎是時, 申時經夜問安, 兼還宮問安差備內官金興載, 進去下直之意, 敢達.

3월 9일

겸승언빗 박봉흥.

중궁전에 일차문안을 드렸다. 자비내관 임봉휴가 갔다가 돌아와 복명하였다.

"달, 오늘 임금이 육상궁에 거둥하실 때 신시문안, 경야문안 겸 환궁문안 자비내관 김흥재가 갔다가 돌아와 복명함으로 아뢰나이다."

初九日.

兼承言色朴鳳興.

中宮殿, 日次問安. 差備內官林鳳休, 往還復令.

達, 今日大駕毓相宮擧動敎是時, 申時經夜問安, 兼還宮問安差備內官金興載, 往還復令之意, 敢達.

3월 10일

왕세손이 궁관을 보내 문안을 드렸다.

대전과 중궁전에 일차문안을 드렸다. 자비내관 우홍귀가 갔다가 돌아와 복명하였다.

初十日.

王世孫, 遣宮官問安.

大殿中宮殿, 日次問安. 差備內官禹洪龜, 往還復令.

3월 11일

대전과 중궁전에 일차문안을 드렸다. 자비내관 임봉휴가 갔다가 돌아와 복명하였다.

十一日.
大殿中宮殿, 日次問安. 差備內官林鳳休, 往還復令.

3월 12일

겸승언빗 이흥록.
대전과 중궁전에 일차문안을 드렸다. 자비내관 김흥재가 갔다가 돌아와 복명하였다.

十二日.
兼承言色李興祿.
大殿中宮殿, 日次問安. 差備內官金興載, 往還復令.

3월 13일

대전과 중궁전에 일차문안을 드렸다. 자비내관 임봉휴가 갔다가 돌아와 복명하였다.

十三日.
大殿中宮殿, 日次問安. 差備內官林鳳休, 往還復令.

3월 14일

대전과 중궁전에 일차문안을 드렸다. 자비내관 김흥재가 갔다가 돌아와 복명하였다.

十四日.
大殿中宮殿, 日次問安. 差備內官金興載, 往還復令.

3월 15일

겸승언빗 박봉흥.
대전과 중궁전에 일차문안을 드렸다. 자비내관 안상형이 갔다가 돌아와 복명하였다.
왕세손이 궁관을 보내 문안을 드렸다.

十五日.
兼承言色朴鳳興.
大殿中宮殿, 日次問安. 差備內官安相衡, 往還復命.
王世孫, 遣宮官問安.

3월 16일

대전과 중궁전에 일차문안을 드렸다. 자비내관 우홍귀가 갔다가 돌아와 복명하였다.

十六日.
大殿中宮殿, 日次問安. 差備內官禹洪龜, 往還復命.

3월 17일

❁ 대보단의 제사

3월 19일은 명나라 마지막 임금 의종이 자결한 날이다. 조선 임금들은 대개 이날 황단(皇壇) 곧 대보단에서 망배례(望拜禮)를 행했다. 이해 3월 15일 영조는 의종의 제사를 하루 늦춰 20일에 거행하라고 했다. 『영조실록』 3월 17일 기사에 영조가 선원전에 가서 배알하고 황단의 재실에서 이틀간 머물렀다는 말이 있으며, 3월 20일에 영조가 친히 황단에 대향(大享)을 행했다고 했다. 또 20일에는 임진왜란 때 군사를 거느리고 와서 조선을 도운 명나라 장수 형개(邢玠)와 양호(楊鎬)를 제향한 사당인 선무사(宣武祠)에서도 제향을 지냈다. 여기서 조선 왕실의 이른바 존주론(尊周論)과 대명의리(大明義理)를 엿볼 수 있다. 대보단을 조선중화주의의 상징물로 보는 견해도 있다.

대전과 중궁전에 일차문안을 드렸다. 자비내관 안상형이 갔다가 돌아와 복명하였다.

임금이 선원전에 참배하신 후, 이어서 대보단에 친히 제사를 지내려고 거둥하실 때, 기일 전 재실에서 머무는 동안에는 건양문(建陽門)[77]을 폐쇄하여 왕래하지 못하게 하라고 명령을 내리셨다.

문안 출입의 길이 막힌 것을 말씀으로 아뢰니 문안한 것으로 삼으시고, 20일 제사를 지낸 후 건양문을 열면 문안하게 하였다.

자비내관 우홍귀가 갔다가 돌아와 복명하였다.

十七日.
大殿中宮殿, 日次問安. 差備內官安相衡, 往還復命.
大駕璿源殿展拜後, 仍大報壇親祭擧動教是時, 前忌辰齋宿, 故仍傳教, 閉建陽門, 不相通涉.
問安出入塞路, 故此意口傳稟達, 則爲問安, 二十日行祭後, 開建陽門, 故問安.
差備內官禹洪龜, 往還復命.

3월 18일

중궁전에 일차문안을 드렸다. 자비내관 임봉휴가 갔다가 돌아와 복명하였다.

十八日.
中宮殿, 日次問安. 差備內官林鳳休, 往還復命.

3월 19일

중궁전에 일차문안을 드렸다. 자비내관 우홍귀가 갔다가 돌아와 복명하였다.

十九日.
中宮殿, 日次問安. 差備內官禹洪龜, 往還復命.

77 건양문: 창덕궁 동남쪽 모서리에 있던 문. 지금의 낙선재 구역으로 넘어가는 자리에 있었다. 창덕궁과 창경궁을 가르는 경계이면서, 임금 처소와 동궁 또는 후궁 처소를 가르는 경계이기도 했다.

3월 20일

중궁전에 일차문안을 드렸다. 자비내관 임봉휴가 갔다가 돌아와 복명하였다.

왕세손이 궁관을 보내 문안을 드렸다.

"달, 오늘 임금이 선무사(宣武祠)[78]에 거둥하실 때, 문안패와 자비내관이 탈 말 한 마리, 별감이 탈 말 한 마리, 모두 두 마리 말의 마패를 내주십사 아뢰나이다."

"달, 오늘 임금이 선무사에 거둥하실 때 문안을 드린 자비내관 우홍귀가 나가며 하직하고 돌아와 복명함으로 아뢰나이다."

二十日.

中宮殿, 日次問安. 差備內官林鳳休, 往還復命.

王世孫, 遣宮官問安.

達, 今日大駕宣武祠擧動教是時, 問安牌, 及差備內官所騎馬一匹, 別監所騎馬一匹, 二馬牌請出之意, 敢達.

達, 今日大駕宣武祠擧動教是時, 問安差備內官禹洪龜, 進去下直往還復令之意, 敢達.

3월 21일

겸승언빗 이흥록.

대전과 중궁전에 일차문안을 드렸다. 자비내관 안상형이 갔다가 돌아와 복명하였다.

二十一日.

兼承言色李興祿.

大殿中宮殿, 日次問安. 差備內官安相衡, 往還復令.

78 선무사: 서울 중구 서소문동에 있었던 사당. 임진왜란 때 조선을 도운 명나라 장수 형개(邢玠)와 양호(楊鎬)를 제향한 사당이다. 1598년 창건하여 처음에는 형개의 위패만 봉안하였다가 1604년 양호를 이어 배향하였으며, 1760년 선무사 마당에 별도의 전각을 마련하여, 전에 민충단(愍忠壇)에 있던 명나라 전몰장병의 위판을 옮겨와 함께 제향하였다. 매년 음력 3월과 9월 두 번째 정일(丁日)에 제사를 지냈다.

3월 22일

대전과 중궁전에 일차문안을 드렸다. 자비내관 우홍귀가 갔다가 돌아와 복명하였다.

二十二日.
大殿中宮殿, 日次問安. 差備內官禹洪龜, 往還復令.

3월 23일

대전과 중궁전에 일차문안을 드렸다. 자비내관 안상형이 갔다가 돌아와 복명하였다.

二十三日.
大殿中宮殿, 日次問安. 差備內官安相衡, 往還復令.

3월 24일

대전과 중궁전에 일차문안을 드렸다. 자비내관 안상형이 갔다가 돌아와 복명하였다.
우리 궁의 출입번내관에게 아침 제사에 올렸던 음식 스물네 그릇을 내리셨다.

二十四日.
大殿中宮殿, 日次問安. 差備內官安相衡, 往還復令.
宮出入番內官處, 朝上食退膳二十四器, 賜給.

3월 25일

겸승언빗 박봉흥.
대전과 중궁전에 일차문안을 드렸다. 자비내관 우홍귀가 갔다가 돌아와 복명하였다.
왕세손이 궁관을 보내 문안을 드렸다.

二十五日.
兼承言色朴鳳興.
大殿中宮殿, 日次問安. 差備內官禹洪龜, 往還復令.
王世孫, 遣宮官問安.

3월 26일

대전과 중궁전에 일차문안을 드렸다. 자비내관 안상형이 갔다가 돌아와 복명하였다.

二十六日.
大殿中宮殿, 日次問安. 差備內官安相衡, 往還復令.

3월 27일

겸승언빗 이흥록.
대전과 중궁전에 일차문안을 드렸다. 자비내관 우홍귀가 갔다가 돌아와 복명하였다.

二十七日.
兼承言色李興祿.
大殿中宮殿, 日次問安. 差備內官禹洪龜, 往還復令.

3월 28일

대전과 중궁전에 일차문안을 드렸다. 자비내관 안상형이 갔다가 돌아와 복명하였다.

二十八日.
大殿中宮殿, 日次問安. 差備內官安相衡, 往還復令.

3월 29일

대전과 중궁전에 일차문안을 드렸다. 자비내관 안상형이 갔다가 돌아와 복명하였다.

二十九日.
大殿中宮殿, 日次問安. 差備內官安相衡, 往還復令.

3월 30일

겸승언빗 이흥록.
대전과 중궁전에 일차문안을 드렸다. 자비내관 안상형이 갔다가 돌아와 복명하였다.
왕세손이 궁관을 보내 문안을 드렸다.
"달, 내일 임금이 경복궁의 정시(庭試)에 친히 거둥하실 때, 출궁문안패와 자비내관이 탈 말 두 마리, 별감이 탈 말 두 마리, 모두 네 마리 말의 마패를 내주십사 아뢰나이다."

三十日.
兼承言色李興祿.
大殿中宮殿, 日次問安. 差備內官安相衡, 往還復令.
王世孫, 遣宮官問安.
達, 明日大駕景福宮庭試親臨擧動教是時, 出宮問安牌, 及差備內官所騎馬二匹, 別監所騎馬二匹, 請出四馬牌之意, 敢達.

4월

4월 1일

대전과 중궁전에 일차문안을 드렸다. 자비내관 김흥재가 갔다가 돌아와 복명하였다.

"달, 오늘 임금이 경복궁 정시(庭試)에 친히 거둥하실 때, 출궁문안 자비내관 임봉휴, 환궁문안 겸 육상궁 신무문(神武門)[79] 문안 자비내관 김흥재가 나가며 하직하고 돌아와 복명함으로 아뢰나이다."

四月初一日.

大殿中宮殿, 日次問安. 差備內官金興載, 往還復令.

達, 今日大駕景福宮親臨庭試擧動敎是時, 出宮問安差備內官林鳳休, 還宮問安兼毓祥宮神武門問安差備內官金興載, 進去下直往還復令之意, 敢達.

4월 2일

대전과 중궁전에 일차문안을 드렸다. 자비내관 김흥재가 갔다가 돌아와 복명하였다.

새로운 급제자 이양수(李養遂)[80]가 합격자 발표가 난 후 별문안을 드리니, 백정주(白鼎紬)[81] 한 필을 내리셨다.

初二日.

大殿中宮殿, 日次問安. 差備內官金興載, 往還復令.

新及第李養遂, 放榜後別問安. 白鼎紬一疋, 賜給.

---

79 신무문: 경복궁의 북문. 육상궁으로 들어가는 문이다.

80 이양수: 『승정원일기』 전날(4월 1일) 조에 이양수가 급제한 과거에 대한 기사가 있다. 이양수는 혜빈궁 둘째 고모의 아들이니, 혜빈궁과는 고종사촌이다. 아버지는 이언형(李彦衡)으로, 이 집안은 정조 등극 후 역모죄를 입어 몰락했다.

81 백정주: 비단의 한 종류. 안감을 만들 때 쓴다.

4월 3일

승언빗 박봉흥.

대전과 중궁전에 일차문안을 드렸다. 자비내관 김흥재가 갔다가 돌아와 복명하였다.

初三日.
承言色朴鳳興.
大殿中宮殿, 日次問安. 差備內官金興載, 往還復令.

4월 4일

대전과 중궁전에 일차문안을 드렸다. 자비내관 김흥재가 갔다가 돌아와 복명하였다.

初四日.
大殿中宮殿, 日次問安. 差備內官金興載, 往還復令.

4월 5일

대전과 중궁전에 일차문안을 드렸다. 자비내관 김흥재가 갔다가 돌아와 복명하였다.

왕세손이 궁관을 보내 문안을 드렸다.

初五日.
大殿中宮殿, 日次問安. 差備內官金興載, 往還復令.
王世孫, 遣宮官問安.

4월 6일

겸승언빗 이흥록.

대전과 중궁전에 일차문안을 드렸다. 자비내관 김흥재가 갔다가 돌아와 복명하였다.

初六日.
兼承言色李興祿.
大殿中宮殿, 日次問安. 差備內官金興載, 往還復命.

4월 7일

대전과 중궁전에 일차문안을 드렸다. 자비내관 우홍귀가 갔다가 돌아와 복명하였다.

初七日.
大殿中宮殿, 日次問安. 差備內官禹洪龜, 往還復命.

4월 8일

대전과 중궁전에 일차문안을 드렸다. 자비내관 김흥록(金興祿)[82]이 갔다가 돌아와 복명하였다.

"달, 내일 임금이 종묘의 하향대제(夏享大祭)[83]에 친림하실 때, 출환궁문안패와 자비내관이 탈 말 세 마리, 별감이 탈 말 세 마리, 모두 여섯 마리 말의 마패를 내주십사 아뢰나이다."

初八日.
大殿中宮殿, 日次問安. 差備內官金興祿, 往還復命.
達, 明日大駕太廟夏享大祭親臨教是時, 出還宮問安牌, 及差備內官所騎馬三匹, 別監所騎馬三匹, 合六馬牌請出之意, 敢達.

---

82 김흥록: 『혜빈궁일기』에 단 한 번만 나오는 이름으로, 김흥재의 오기로 보인다. 앞에 승언빗내관 이흥록과 자비내관 김흥재가 나오는데 이 둘을 혼동한 듯하다.

83 하향대제: 종묘의 여름 제사.

4월 9일

겸승언빗 이흥록.

대전과 중궁전에 일차문안을 드렸다. 자비내관 김흥재가 갔다가 돌아와 복명하였다.

임금이 종묘 하향대제에 가실 때 출궁문안을 드린 우홍귀가 갔다가 돌아와 복명하였다.

신시문안을 드린 우홍귀가 갔다가 돌아와 복명하였다.

初九日.
兼承言色李興祿.
大殿中宮殿, 日次問安. 差備內官金興載, 往還復令.
大駕太廟夏享大祭教是時, 出宮問安禹洪龜, 往還復令.
申時問安禹洪龜, 往還復令.

4월 10일

저녁문안 겸 경야문안을 드린 임봉휴가 갔다가 돌아와 복명하였다.

왕세손이 궁관을 보내 문안을 드렸다.

일차문안을 드린 자비내관 임봉휴가 갔다가 돌아와 복명하였다.

初十日.
夕問安兼經夜問安林鳳休, 往還復令.
王世孫, 遣宮官問安.
日次問安差備內官林鳳休, 往還復令.

4월 11일

대전과 중궁전에 일차문안을 드렸다. 자비내관 임봉휴가 갔다가 돌아와 복명하였다.

十一日.
大殿中宮殿, 日次問安. 差備內官林鳳休, 往還復令.

4월 12일

대전과 중궁전에 일차문안을 드렸다. 자비내관 임봉휴가 갔다가 돌아와 복명하였다.

十二日.
大殿中宮殿, 日次問安. 差備內官林鳳休, 往還復令.

4월 13일

겸승언빗 박봉흥.
대전과 중궁전에 일차문안을 드렸다. 자비내관 임봉휴가 갔다가 돌아와 복명하였다.

十三日.
兼承言色朴鳳興.
大殿中宮殿, 日次問安. 差備內官林鳳休, 往還復令.

4월 14일

대전과 중궁전에 일차문안을 드렸다. 자비내관 김흥재가 갔다가 돌아와 복명하였다.

十四日.
大殿中宮殿, 日次問安. 差備內官金興載, 往還復令.

4월 15일

겸승언빗 박봉흥.
대전과 중궁전에 일차문안을 드렸다. 자비내관 김흥재가 갔다가 돌아와 복명하였다.

十五日.
兼承言色朴鳳興.
大殿中宮殿, 日次問安. 差備內官金興載, 往還復令.

4월 16일

왕세손이 궁관을 보내 문안을 드렸다.

대전과 중궁전에 일차문안을 드렸다. 자비내관 임봉휴가 갔다가 돌아와 복명하였다.

十六日.
王世孫, 遣宮官問安.
大殿中宮殿, 日次問安. 差備內官林鳳休, 往還復令.

4월 17일

대전과 중궁전에 일차문안을 드렸다. 자비내관 김흥재가 갔다가 돌아와 복명하였다.

十七日.
大殿中宮殿, 日次問安. 差備內官金興載, 往還復令.

4월 18일

겸승언빗 박봉흥.

대전과 중궁전에 일차문안을 드렸다. 자비내관 안상형이 갔다가 돌아와 복명하였다.

十八日.
兼承言色朴鳳興.
大殿中宮殿, 日次問安. 差備內官安相衡, 往還復令.

4월 19일

대전과 중궁전에 일차문안을 드렸다. 자비내관 김흥재가 갔다가 돌아와 복명하였다.

十九日.
大殿中宮殿, 日次問安. 差備內官金興載, 往還復令.

4월 20일

대전과 중궁전에 일차문안을 드렸다. 자비내관 안상형이 갔다가 돌아와 복명하였다.

왕세손이 궁관을 보내 문안을 드렸다.

장원서(掌苑署)[84] 봉사(奉事) 정후겸(鄭厚謙)[85]이 처음 관직에 임명된 후 별문안을 드리니, 백토주(白吐紬)[86] 한 필을 내리셨다.

二十日.
大殿中宮殿, 日次問安. 差備內官安相衡, 往還復令.
王世孫, 遣宮官問安.
掌苑署奉事鄭厚謙, 初付職後別問安. 白吐紬一疋, 賜給.

4월 21일

겸승언빗 이홍록.

대전과 중궁전에 일차문안을 드렸다. 자비내관 안상형이 갔다가 돌아와 복명하였다.

"달, 오늘 임금이 남문루(南門樓)[87]에 거둥하실 때, 출환궁문안패와 자비내관이 탈

84 장원서: 대궐의 꽃과 나무 따위의 관리를 맡아보던 관아.

85 정후겸: 영조의 딸인 화완옹주의 양자. 『한중록』에 의하면 선희궁이 죽은 이듬해부터 화완옹주가 정조를 자기 뜻대로 부리기 위해 계교를 썼다고 한다. 정후겸은 16세에 첫 벼슬에 나갔고, 20세가 되던 1768년에는 홍봉한에게 수원부사를 시켜 달라고 했다가 거절당한 일이 있다. 화완옹주와 정후겸은 나중에 정조 즉위의 방해 세력으로 지목되어, 정조가 등극한 뒤 화완옹주는 유배를 갔고 정후겸은 사사되었다.

86 백토주: 빛깔이 희고 바탕이 두터운 상품(上品) 비단. 토주는 굵은 실로 자아서 짠 명주로, 바탕이 두텁고 빛깔이 누르스름하다.

87 남문루: 같은 날의 『승정원일기』를 보면 영조가 숭례문, 곧 남대문에 간 것으로 나온다. 여기서 남문루는 남대문의 문루로 볼 수 있다. 남대문 문루로 간 다른 기사를 보면 처형을 보기 위해서인데, 이날도 죄인 태정(太丁)의 정법(正法), 곧 사형을 보기 위해 갔다. 『영조실록』 같은 해 4월 17일 조를 보면 태정의 죄가 나오는데 기사는 다음과 같다. "임금이 사복시에 나아가 영남 죄인 자근만(者斤萬), 홍유(洪洧), 이상묵(李尙默), 이달손(李達孫), 강취성(姜就成)과 승도(僧徒)인 도행(道行), 문담(文淡), 달문(達文) 등을 친국하였다. 이달손은 대역부도(大逆不道)로 승복하매, 숭례문(崇禮門)에 친림하여 주살(誅殺)하고 수노적산(收孥籍産)을 법대로 하였으며, 나머지는 모두 참작 처리하여 원배(遠配)시키라고 명하였다. 자근만이란 자는 영남의 비천한 자로 관상을 보고 점을 치는 법을 좋아하여 비류(匪類)와 결탁하였으며, 이달손은 본명이 태정(太丁)인데 무신년(이인좌의 난)의 역종(逆種)으로서 영남에 망명하여 나라를 원망하는 망측스러운 말을 지어내고 또 음흉하고 참혹한 시(詩)를 지으니, 그의 도당인 자근만이 이상묵에게 전하고 이상묵이 홍

말 한 마리, 별감이 탈 말 한 마리, 모두 두 마리 말의 마패를 내주십사 아뢰나이다."

"달, 오늘 임금이 남문루에 거둥하실 때, 출궁문안 겸 환궁문안 자비내관 안상형이 나가며 하직하고 돌아와 복명함으로 아뢰나이다."

二十一日.

兼承言色李興祿.

大殿中宮殿, 日次問安. 差備內官金相衡[88], 往還復令.

達, 今日大駕南門樓擧動敎是時, 出還宮問安牌, 及差備內官所騎馬一匹, 別監所騎馬一匹, 請出二馬牌之意, 敢達.

達, 今日大駕南門樓擧動敎是時, 出宮兼還宮問安差備內官安相衡, 進去下直往還復令之意, 敢達.

4월 22일

대전과 중궁전에 일차문안을 드렸다. 자비내관 우홍귀가 갔다가 돌아와 복명하였다.

二十二日.

大殿中宮殿, 日次問安. 差備內官禹洪龜, 往還復令.

4월 23일

대전과 중궁전에 일차문안을 드렸다. 자비내관 안상형이 갔다가 돌아와 복명하였다.

二十三日.

大殿中宮殿, 日次問安. 差備內官安相衡, 往還復令.

유에게 전하매, 홍유가 관에 발고하였으므로 일이 발로되어 마침내 체포되었고, 이때에 이르러 국문하게 된 것이다."

88 金相衡: 安相衡의 오기인 듯.

4월 24일

대전과 중궁전에 일차문안을 드렸다. 자비내관 안상형이 갔다가 돌아와 복명하였다.

二十四日.
大殿中宮殿, 日次問安. 差備內官安相衡, 往還復令.

4월 25일

대전과 중궁전에 일차문안을 드렸다. 자비내관 김흥재가 갔다가 돌아와 복명하였다.
왕세손이 궁관을 보내 문안을 드렸다.

二十五日.
大殿中宮殿, 日次問安. 差備內官金興載, 往還復令.
王世孫, 遣宮官問安.

4월 26일

대전과 중궁전에 일차문안을 드렸다. 자비내관 안상형이 갔다가 돌아와 복명하였다.

二十六日.
大殿中宮殿, 日次問安. 差備內官安相衡, 往還復令.

4월 27일

겸승언빗 이흥록.
대전과 중궁전에 일차문안을 드렸다. 자비내관 김흥재가 복명하였다.

二十七日.
兼承言色李興祿.
大殿中宮殿, 日次問安. 差備內官金興載, 復令.

4월 28일

대전과 중궁전에 일차문안을 드렸다. 자비내관 우홍귀가 갔다가 돌아와 복명하였다.

二十八日.
大殿中宮殿, 日次問安. 差備內官禹洪龜, 往還復命.

4월 29일

대전과 중궁전에 일차문안을 드렸다. 자비내관 김흥재가 갔다가 돌아와 복명하였다.

二十九日.
大殿中宮殿, 日次問安. 差備內官金興載, 往還復命.

4월 30일

겸승언빗 이흥록.
대전과 중궁전에 일차문안을 드렸다. 자비내관 안상형이 갔다가 돌아와 복명하였다.
왕세손이 궁관을 보내 문안을 드렸다.

三十日.
兼承言色李興祿.
大殿中宮殿, 日次問安. 差備內官安相衡, 往還復命.
王世孫, 遣宮官問安.

5월

5월 1일

대전과 중궁전에 일차문안을 드렸다. 자비내관 임봉휴가 갔다가 돌아와 복명하였다. 우리 궁 출입번내관에게 산 웅어 네 두름을 내리셨다.

五月初一日.
大殿中宮殿, 日次問安. 差備內官林鳳休, 往還復令.
宮出入番內官處, 生葦魚[89]四冬音[90], 賜給.

5월 2일

대전과 중궁전에 일차문안을 드렸다. 자비내관 안상형이 갔다가 돌아와 복명하였다.

初二日.
大殿中宮殿, 日次問安. 差備內官安相衡, 往還復令.

5월 3일

겸승언빗 박봉홍.
대전과 중궁전에 일차문안을 드렸다. 자비내관 김홍재가 갔다가 돌아와 복명하였다.

---

89 葦魚: 웅어. 유득공(柳得恭)의 『경도잡지(京都雜志)』 풍속 주식(酒食) 조에 따르면, 위어는 한강 하류 행주에서 잡히는데 늦봄에서 초여름 사이에 사옹원(司饔院) 관리가 그물로 잡아 임금에게 진상했고, 생선장수들은 그것을 팔기 위해 사라고 소리치며 거리를 돌아다녔으며, 횟감으로 좋다고 했다. 허균(許筠)의 『도문대작(屠門大嚼)』에서는 "위어는 곧 시어다(葦魚卽鰣魚也)"라고 했는데, 시어는 준치를 가리킨다. 준치와 웅어는 비슷한 생선으로 곧잘 혼동된다.

90 冬音: 두름. 생선 스무 마리를 줄로 엮은 단위.

"달, 오늘 왕세손이 창덕궁이 가실 때, 별련시를 어느 내관으로 보낼지 아뢰나이다."

답하셨다. "섬니내관으로 가게 하라."

"달, 오늘 왕세손이 창덕궁에 가실 때, 별련시내관이 탈 말 한 마리의 마패를 내주십사 아뢰나이다."

"달, 오늘 왕세손이 창덕궁에 가실 때, 별련시 섬니내관 임한장이 나가며 하직하고 돌아와 복명함으로 아뢰나이다."

初三日.
兼承言色朴鳳興.
大殿中宮殿, 日次問安. 差備內官金興載, 往還復令.
達, 今日王世孫詣昌德宮教是時, 別輦侍何內官進去乎, 敢達.
答, 셤니닉관 가게 ᄒᆞ라.
達, 今日王世孫詣昌德宮教是時, 別輦侍內官所騎馬一匹, 請出一馬牌之意, 敢達.
達, 今日王世孫詣昌德宮教是時, 別輦侍薛里內官林翰章, 進去下直往還復令之意, 敢達.

5월 4일

❁ 단오

5월 5일의 단오 준비를 위해 여러 가지 선물이 들어왔다. 『경도잡지』에 실린 단오에 대한 기록 중에 『혜빈궁일기』와 관련된 부분만 간추리면 아래와 같다.

> 애호(艾虎, 쑥호랑이)를 규장각 각신에게 나누어 준다. 비단으로 만든 조화를 가는 볏짚으로 묶어 갈대 이삭처럼 더부룩하게 만든다. 또 새로 만든 부채를 나누어 주는데 이것을 단오부채라 한다. 가장 큰 부채는 대나무 살이 거의 쉰 마디나 되며 이를 백첩(白帖)이라고 한다.
>
> 민간에서는 단오를 수릿날[戌依日]이라고 하는데, '술의(戌依)'는 우리말로 수레다. 이날 쑥으로 떡을 만들어 먹는데 모양이 수레바퀴 같다고 하여 이렇게 부른다.
>
> 내의원에서는 옥추단(玉樞丹)을 만드는데, 이것을 차고 다니면 재액이 물러난다.
>
> 관상감에서는 주사(朱砂)로 벽사문(辟邪文)을 찍는다.

대전과 중궁전에 일차문안을 드렸다. 자비내관 임봉휴가 갔다가 돌아와 복명하였다.

관상소(觀象所)[91]에서 부적 스무 장을 올렸다. 다인(多人)[92]이 부적을 각자 스무 장씩 진상하였다. 내자시(內資寺)[93]에서 생쑥과 생마를 올렸다. 내섬시에서 생쑥을 올렸다. 답이 없으셨다.

임금이 우리 궁 출입번내관 여덟 명에게 유별선(油別扇)을 한 자루씩 내리셨다. 사복시(司僕寺)[94]에서 창포를 올렸다. 다인이 창포를 각각 삼 동씩 진상하였다. 답이 없으셨다.

初四日.

大殿中宮殿, 日次問安. 差備內官林鳳休, 往還復令.

觀象所符作[95]二十張, 封進. 多人供上, 符作各二十張, 進排. 內資寺生艾生麻, 封進. 內贍寺生艾, 封進. 對答幷無.

大殿, 賜給, 宮出入番內官八員處, 別油扇[96]各一把. 司僕寺菖蒲, 封進. 多人供上, 菖蒲各三同[97], 進排. 對答無.

---

91 관상소: 천문(天文), 지리(地理), 역수(曆數), 기후 관측 등을 맡아보던 관아.

92 다인: 다인은 다인성상(多人城上), 다인방직(多人房直), 다인반공(多人飯工), 다인상배색외방(多人床排色外方) 등의 용례로 『조선왕조실록』에 나타나는데, 『반계수록』「직관지제」에서는 사옹원에 반감(飯監), 별사옹(別司饔), 탕자색(湯炙色), 상배색(床排色), 반공(飯工), 성상(城上), 수공(水工)의 직임에 다인을 둔다고 했다. 모두 다인청에 속해 있는데, 다인청은 대전(大殿) 소속으로 주로 음식 관련 일을 맡은 듯하다. 『대전통편』에서 내시부에 '다인(多人)'이 나오는 것으로 보아, 내관의 일종으로 보인다.

93 내자시: 궁궐에서 식품, 직조(織造)와 내연(內宴)에 관한 일을 맡아보던 관아.

94 사복시: 궁중의 가마나 말에 관한 일을 맡아보던 관아.

95 符作: 부적(符籍).

96 別油扇: 油別扇의 오기인 듯.

97 同: 물건을 묶어 세는 단위. 먹 10정, 붓 10자루, 생강 10접, 피륙 50필, 백지 100권, 곶감 100접, 볏짚 100단, 조기 1천 마리를 이름.

5월 5일

대전과 중궁전에 일차문안을 드렸다. 자비내관 우홍귀가 갔다가 돌아와 복명하였다.

공조에서 십오죽흑칠사첩선(十五竹黑柒紗貼扇)[98] 한 자루, 사십죽백반첩선(四十竹白斑貼扇)[99] 두 자루, 사십죽백첩선(四十竹白貼扇)[100] 서른 자루, 합선(合扇) 한 자루, 큰 우산 두 자루, 백웅피(白熊皮) 온혜(溫鞋)[101] 두 켤레를 올렸다.

다인이 청연군주방과 청선군주방에 각각 오십죽흑칠첩선 한 자루, 백첩선 두 자루, 합선 두 자루, 백웅피 온혜 한 켤레, 선공감에서 큰 우산 한 자루를 진상하였다.

내의원에서 옥추단(玉樞丹)[102] 오십 정과 의향(衣香)[103] 한 봉을 올렸다. 청연군주방, 청선군주방, 일왕손방, 이왕손방, 양제방, 현주방, 삼왕손방에 의향 한 봉을 진상하였다.

상의원에서 백저포(白苧布)[104] 삼아(衫兒)[105] 세 벌, 백저포 세 필, 백저포 치마 두 벌, 백저포 두 필, 백저포 속옷 두 벌, 백저포 한 필, 바느질한 백사백당피(白絲白唐皮) 초혜(草鞋)[106] 한 켤레를 올렸다.

내자시와 사도시(司導寺)[107]에서 각각 메주를 열 섬씩 올렸다.

初五日.

大殿中宮殿, 日次問安. 差備內官禹洪龜, 往還復令.

工曹十五竹黑柒紗貼扇一柄, 四十竹白斑貼扇二柄, 四十竹白貼扇三十柄, 合扇一柄, 大雨傘二柄, 白熊皮溫鞋二部, 封進.

多人供上, 淸衍郡主房, 淸璿郡主房, 各五十竹黑柒貼扇一柄, 白貼扇二柄, 合扇二柄, 白熊皮溫鞋一部, 繕工監大雨傘一柄, 進排.

---

98 십오죽흑칠사첩선: 15개의 부챗살에 검은 비단을 붙인 부채.

99 사십죽백반첩선: 40개의 부챗살에 흰 점이 있는 종이나 비단을 붙인 부채.

100 사십죽백첩선: 40개의 부챗살에 흰 종이나 비단을 붙인 부채.

101 온혜: 앞부리와 뒤꿈치에 구름무늬를 새긴 여자의 마른신. 뒤에서는 '縕鞋' 또는 '韞鞋'로 표기하기도 했다.

102 옥추단: 단옷날에 임금이 신하에게 나누어 주던 구급약. 음식물을 잘못 먹어서 갑자기 게우고 설사를 하거나 더위로 체했을 때 썼다.

103 의향: 좀을 막기 위해 옷장이나 옷 갈피에 넣어 두는 향.

104 백저포: 백색 저포, 곧 모시옷.

105 삼아: 적삼, 곧 윗도리에 입는 작고 짧은 옷.

106 백사백당피 초혜: 흰 실과 흰 당나귀 가죽으로 신울의 겉과 안감을 만든 짚신.

107 사도시: 궁중에 쌀, 간장, 겨자 따위를 조달하는 일을 맡아보던 관아.

藥房玉樞丹五十錠, 衣香一封, 封進. 淸衍郡主房, 淸郡主房[108], 一王孫房, 二王孫房, 良娣房, 縣主房, 三王孫房, 衣香一封, 進排.

尙衣院, 白苧布衫兒三次, 同布三匹, 白苧布赤二次, 同布二匹, 白苧布裡衣二次, 同布一匹, 縫作白絲白唐皮草鞋一, 封進.

內資寺司導寺, 各末醬十石式[109], 封進.

5월 6일

겸승언빗 이흥록.

대전과 중궁전에 일차문안을 드렸다. 자비내관 김흥재가 갔다가 돌아와 복명하였다.

세손궁에서 혜빈궁의 출입번내관 여덟 명에게 단오선(端午扇)[110]을 한 자루씩 내리셨다.

五月初六日.
兼承言色李興祿.
大殿中宮殿, 日次問安. 差備內官金興載, 往還復令.
世孫宮, 惠嬪宮出入番八員處, 端午扇各一柄, 賜給.

5월 7일

대전과 중궁전에 일차문안을 드렸다. 자비내관 우홍귀가 갔다가 돌아와 복명하였다.

"달, 황공하오되 우리 궁 내관이 선반(宣飯)[111] 소용에 장이 없사옵기에 황공하오되 아시도록 아뢰나이다."

"알았다."

장 한 독을 내리셨다.

---

108 淸郡主房: 淸璿郡主房의 오기인 듯.

109 式: 씩. 수량 단위의 형식명사와 결합해 쓰인다.

110 단오선: 단옷날에 선물로 주고받는 부채. 절선(節扇)이라고도 한다.

111 선반: 관아에서 벼슬아치들에게 끼니때 베풀던 식사.

初七日.

大殿中宮殿, 日次問安. 差備內官禹洪龜, 往還復令.

달, 황공ᄒᆞ오ᄃᆡ 본궁 ᄂᆡ관이 션반(宣飯) 소용에 쟝이 업ᄉᆞ오옵기에 황공ᄒᆞ오ᄃᆡ 젼ᄎᆞ로 아오오시게 알외오옵ᄂᆡ이다.

알과라.

醬一瓮, 賜給.

5월 8일

겸승언빗 이흥록.

대전과 중궁전에 일차문안을 드렸다. 자비내관 안상형이 갔다가 돌아와 복명하였다.

"달, 오늘 임금이 연희궁(延禧宮)[112] 터에 거둥하실 때, 출환궁문안패와 궁관이 탈 말 한 마리, 별감이 탈 말 한 마리, 모두 두 마리 말의 마패를 내주십사 아뢰나이다."

"달, 오늘 임금이 연희궁 터에 거둥하실 때, 출궁문안 겸 환궁문안 자비내관 안상형이 나가며 하직하고 돌아와 복명함으로 아뢰나이다."

初八日.

兼承言色李興祿.

大殿中宮殿, 日次問安. 差備內官安相衡, 往還復令.

達, 今日大駕延禧宮途上擧動敎是時, 出還宮問安牌, 及宮官所騎馬一匹, 別監所騎馬一匹, 請出二馬牌之意, 敢達.

達, 今日大駕延禧宮途上擧動敎是時, 出宮問安兼還問安[113]差備內官安相衡, 進去下直往還復令之意, 敢達.

---

112 연희궁: 왕실에 액운이 일어나는 것을 막기 위해 지은 이궁. 세종이 부왕인 태종을 위해 1420년에 중건하였고, 1505년에 연산군은 이를 개축하여 연회장으로 꾸몄다. 영조 때는 터만 남아 있었기에 연희궁이 아니라 그 '도상'에 거둥했으며, 『영조실록』에는 이날 거둥한 곳을 '서교(西郊)'라고 했다. 영조는 묫자리와 관련해서 연희궁 터에 거둥한 일이 많았다. 나중에 사도세자의 생모인 선희궁 영빈 이씨(暎嬪李氏)의 묘소가 이곳에 들어왔다.

113 還問安: 還宮問安의 오기인 듯.

5월 9일

사재감(司宰監)[114]에서 소금 열 섬을 올렸다.

대전과 중궁전에 일차문안을 드렸다. 자비내관 안상형이 갔다가 돌아와 복명하였다.

初九日.
司宰監鹽十石, 封進.
大殿中宮殿, 日次問安. 差備內官安相衡, 往還復命.

5월 10일

겸승언빗 박봉흥.

대전과 중궁전에 일차문안을 드렸다. 자비내관 우홍귀가 갔다가 돌아와 복명하였다.

우리 궁의 출입번내관 여덟 명에게 유곡선(油曲扇) 한 자루와 사두선(蛇頭扇)[115] 한 자루를 각각 내리셨다.

初十日.
兼承言色朴鳳興.
大殿中宮殿, 日次問安. 差備內官禹洪龜, 往還復命.
宮出入番內官八員處, 油曲扇各一把, 蛇頭扇各一把, 賜給.

5월 11일

대전과 중궁전에 일차문안을 드렸다. 자비내관 안상형이 갔다가 돌아와 복명하였다.

"달, 내일 선희궁이 창덕궁에 나가실 때, 어느 내관으로 배행하게 할지 아뢰나이다."

답하셨다. "섬니내관으로 가게 하라."

"달, 내일 선희궁이 창덕궁에 나가실 때, 배행할 섬니내관이 탈 말 한 마리를 내주십사 아뢰나이다."

---

114 사재감: 궁중에서 쓰는 생선, 고기, 소금, 땔나무, 숯 따위를 공급하던 관아.

115 사두선: 부채의 목 아랫부분을 뱀의 머리 모양으로 만든 부채.

初十一日.
大殿中宮殿, 日次問安. 差備內官安相衡, 往還復命.
達, 明日大宮自家出就昌德宮敎是時, 陪行何內官進去乎, 敢達.
答, 셤니닉관 가게 ᄒᆞ라.
達, 明日大宮自家出就昌德宮敎是時, 陪行薛里內官所騎馬一匹, 請出之意, 敢達.

5월 12일

대전과 중궁전에 일차문안을 드렸다. 자비내관 안상형이 갔다가 돌아와 복명하였다.

"달, 오늘 선희궁이 창덕궁에 가실 때 배행한 섬니내관 임한장이 나가며 하직하고 돌아와 복명함으로 아뢰나이다."

十二日.
大殿中宮殿, 日次問安. 差備內官安相衡, 往還復命.
達, 今日大宮自家出就昌德宮敎是時, 陪行薛里內官林翰章, 進去下直往還復令之意, 敢達.

5월 13일

겸승언빗 이홍록.

대전과 중궁전에 일차문안을 드렸다. 자비내관 임봉휴가 갔다가 돌아와 복명하였다.

와서(瓦署)[116]에서 대방전(大方甎)[117] 스무 장을 올렸다.

다인이 대방전 각 석 장, 양제방은 대방전 한 장, 총 열아홉 장을 진상하였다.

사도시의 다인이 메주 각 3섬 8말 1되씩 총 24섬 11말 7되, 소금 각 1섬 6말 2되 4홉씩 총 9섬 13말 6되 8홉을 진상하였다.

우리 궁의 출입번내관에게 메주 한 섬과 방전 한 장을 내리셨다.

장무(掌務) 두 명에게 메주 한 섬. 자비내관 네 명에게 메주 한 섬, 띄운 메주 한 섬.

---

116 와서: 왕실에서 쓰는 기와나 벽돌을 만들어 바치던 관아.

117 대방전: 길에 깔아 두는 등의 용도로 쓰는 네모난 벽돌. 『승정원일기』에 궁궐 안 길에 깔린 방전이 깨진 곳이 많다는 언급이 자주 보인다.

十三日.

兼承言色李興祿.

大殿中宮殿, 日次問安. 差備內官林鳳休, 往還復命.

瓦署大方甎二十張, 封進.

多人供上, 大方甎各三張, 良娣房則大方甎一張, 合十九張, 進排.

司導寺多人供上, 末醬各三石八斗一升, 合二十四石十一斗七升, 鹽各一石六斗二升四合式, 合九石十三斗六升八合, 進排.[118]

宮出入番內官處, 末醬一石, 方甎一張, 賜給.

掌務二員, 末醬一石. 差備內官四員, 末醬一石, 燒入末醬一石.

5월 14일

대전과 중궁전에 일차문안을 드렸다. 자비내관 안상형이 갔다가 돌아와 복명하였다.

상의원(尙衣院)[119]에서 사도세자 혼궁(魂宮)[120]에 상제(祥祭)[121]를 올릴 때 흑두수(黑頭繻)[122] 한 부, 흑망립(黑網笠) 한 부, 두항흑방사주(頭項黑方紗紬) 오십 척, 심염옥색(深染玉色)의 대수(大袖)[123] 장군(長裙)[124]을 만들 흰 솜과 백저포 두 필, 흑대(黑帶)를 만들 흑방사주 반 폭 육 척, 백당피(白唐皮) 온혜를 올렸다.

十四日.

大殿中宮殿, 日次問安. 差備內官安相衡, 往還復命.

尙衣院思悼魂宮祥祭教是時, 黑頭繻一部, 黑網笠一部, 頭項黑方紗紬五十尺, 深染玉色大袖長裙次, 白綿子白苧布二匹, 黑帶次黑方紗紬半骨[125]六尺, 白唐皮溫[126].

---

118 메주나 소금의 합계를 통해 다인이 6명이었음을 알 수 있다.

119 상의원: 궁궐에서 의복과 금, 보화 등을 관리하고 공급하는 일을 맡아보던 관아.

120 혼궁: 왕족의 장례 뒤에 임시로 신위(神位)를 모신 집. 『한중록』에 의하면 사도세자의 혼궁은 창덕궁 시민당이었다.

121 상제: 죽은 지 두 번째 기일인 대상(大祥)에 지내는 제사. 이해(1764) 5월은 사도세자가 죽은 지 2년이 되는 때다.

122 흑두수: '두수'는 머리에 쓰는 모자로, 『춘관통고(春官通考)』에 그 모양이 보인다. 뒤에 나오는 대수, 장군과 함께 궁궐 여인의 상복이다.

123 대수: 소매가 넓은 저고리.

124 장군: 긴 치마.

5월 15일

겸승언빗 박봉흥.

대전과 중궁전에 일차문안을 드렸다. 자비내관 안상형이 갔다가 돌아와 복명하였다.

十五日.
兼承言色朴鳳興.
大殿中宮殿, 日次問安. 差備內官安相衡, 往還復令.

5월 16일

대전과 중궁전에 일차문안을 드렸다. 자비내관 우홍귀가 갔다가 돌아와 복명하였다.

十六日.
大殿中宮殿, 日次問安. 差備內官禹洪龜, 往還復令.

5월 17일

❁ 기우제

남방토룡단(南方土龍壇)을 줄여 남단(南壇)이라고 한다. 서울 후암동(厚岩洞)에 있었던 교사(郊祀, 도성 밖의 제사)를 지낸 제단으로, 예종(睿宗) 이후 남방토룡단으로 고쳐 중앙, 동방, 서방, 북방과 함께 토룡제를 지내는 제단이 되었다. 토룡제는 조선시대에 몹시 가물 때 나라에서 지내는 기우제(祈雨祭)의 하나로, 기우제를 열한 번이나 지내도 비가 오지 않을 경우에 열두 번째로 지내는 제사다. 흙으로 만든 용을 안치한 다섯 곳의 토룡단(土龍壇)에서 한날한시에 채찍으로 토룡을 때리며 제사를 올렸는데, 1753년 영조가 용을 때리는 것이 불손하다며 이를 금지시켰다. 오방의 토룡단 중에

125 半骨: 반 폭.
126 '白唐皮溫' 이하에 '鞋進排' 등의 글자가 빠진 듯하다.

동단은 선농단 옆에 있었고, 중앙단은 종각 옆에 있었으며, 서단은 양화도 근처에 있었고, 북단은 북쪽 교외 창의문 밖의 여단(厲壇) 옆에 있었다.

이해는 5월 17일은 물론 19일에는 사직단에서, 23일에는 북단에서, 28일과 29일에는 종묘에서, 그리고 6월 9일에는 선농단에서, 다시 7월 9일에는 남단에서 임금이 직접 기우제를 드렸으니, 가뭄이 무척 심했음을 알 수 있다. 이달 29일 종묘에서 기우제를 드리는 상황을 『영조실록』에서는 다음과 같이 기록하고 있다. "임금이 종묘에 나아갔다. 이때에 비를 여섯 차례나 빌고 친도(親禱)가 세 차례나 되었으나, 끝내 비를 얻지 못하자 또 비를 빌고자 했다. 산개(傘蓋)를 치우고 보여(步輿)에 오르니, 백관이 모두 걸어서 따라갔다. 먼저 선원전에 배알하고 이어 종묘의 재실(齋室)로 나아갔다." 임금이 정성을 다하기 위해 직접 빌었을 뿐만 아니라 이동 중에도 햇빛 아래에 그대로 섰던 것이다.

대전과 중궁전에 일차문안을 드렸다. 자비내관 안상형이 갔다가 돌아와 복명하였다.
같은 날 선희궁이 우리 궁의 내관에게 밴댕이 열두 두름을 내리셨다.
임금이 남단(南壇)에 기우제로 거둥하실 때, 문안하지 말라는 명령이 있었다.

十七日.
大殿中宮殿, 日次問安. 差備內官安相衡, 還往[127]復命.
同日, 大宮自家, 本處內官處, 蘇魚十二同音[128], 賜給.
大駕南壇祈雨祭擧動敎是時, 勿爲問安事有敎.

127 還往: '往還'의 오기.
128 同音: 두름. 앞에서는 '冬音'으로 나왔다.

5월 18일

겸승언빗 박봉흥.

중궁전에 일차문안을 드렸다. 자비내관 안상형이 갔다가 돌아와 복명하였다.

우리 궁의 출입번내관에게 주다례에서 남은 음식 네 그릇을 내리셨다.

임금이 창덕궁에 거둥하시고 선원전을 봉심(奉審)하실 때, 익일문안과 환궁문안을 드렸다.

十八日.
兼承言色朴鳳興.
中宮殿, 日次問安. 差備內官安相衡, 往還復令.
宮出入番內官處, 晝茶禮退膳四器, 賜給.
大駕昌德宮擧動教是時, 璿源殿奉審教是時, 翌日還宮爲之[129].

5월 19일

중궁전에 일차문안을 드렸다. 자비내관 임봉휴가 갔다가 돌아와 복명하였다.

"달, 내일 사도세자 묘소에 조상식(朝上食)을 올릴 섬니내관이 탈 말 한 마리, 별감이 탈 말 한 마리, 모두 두 마리 말의 마패를 내주십사 아뢰나이다."

임금이 다음 날 사직단 기우제에 거둥하실 때 문안을 어찌할지 여쭈니, 하지 말라고 명령하셨다. 임금이 남단 기우제에 거둥하실 때의 전례에 따르라는 혜빈궁의 명령이 있었다.

十九日.
中宮殿, 日次問安. 差備內官林鳳休, 往還復令.
達, 明日墓所朝上食陪進薛里內官所騎馬一匹, 別監所騎馬一匹, 陪進薛里內官所騎馬一匹,[130] 請出二馬牌之意, 敢達.
大駕明日社稷祈雨祭擧動教是時, 問安稟達, 則勿爲之教矣. 依南壇祈雨祭擧動教是時例, 擧行事, 有內令.

---

129 '문안'이라는 말은 없지만 문맥으로 볼 때 문안을 드린 것으로 짐작된다.

130 이 부분의 원문에 중복 기록된 "陪進薛里內官所騎馬一匹"은 오류로 보인다.

5월 20일

대전과 중궁전에 일차문안을 드렸다. 자비내관 안상형이 갔다가 돌아와 복명하였다.

"달, 내일 사도세자 묘소에 조상식 제물을 올릴 섬니내관 최석담이 갔다가 돌아와 복명함으로 아뢰나이다."

"달, 오늘 사도세자 묘소 별다례에 제사 음식을 올릴 섬니내관 임한장이 나가며 하직함으로 아뢰나이다."

"달, 내일 사도세자 묘소 봉심에 승언빗내관이 탈 말 한 마리, 별감이 탈 말 한 마리, 모두 두 마리 말의 마패를 내주십사 아뢰나이다."

二十日.
大殿中宮殿, 日次問安. 差備內官安相衡, 往還復令.
達, 明日墓所朝上食, 祭物陪進薛里內官崔錫聃, 往還復令之意, 敢達.
達, 今日墓所別茶禮, 祭物陪進薛里內官林翰章, 進去下直之意, 敢達.
達, 明日墓所奉審事, 承言色內官所騎馬一匹, 別監所騎馬一匹, 請出二馬牌之意, 敢達.

5월 21일

❁ 사도세자의 대상일(大祥日)

이날은 사도세자가 죽은 지 만 이 년이 되는 때다. 서울 동대문 밖 배봉산 기슭의 묘소와 창덕궁 시민당의 혼궁에서 제사를 지냈다.

승언빗 이홍록.

중궁전에 일차문안을 드렸다. 자비내관 안상형이 갔다가 돌아와 복명하였다.

"달, 오늘 승언빗내관 박봉흥과 섬니내관 임한장이 묘소에 갔다가 돌아와 복명하였나이다."

혼궁에 대상의 제사를 올린 후, 승정원과 홍문관, 그리고 내의원에서 문안을 드리니 혜빈궁이 "망극하다." 답하셨다.

대전 장번내관, 세손궁 장번내관, 각처 궁출입번내관, 각처 상직내관 및 액정서 사알 이하가 문안을 드렸다.

임금이 우리 궁의 출입번내관 열 명에게 밴댕이 각 두 두름을 내리셨다.

二十一日.
承言色李興祿.
中宮殿, 日次問安. 差備內官安相衡, 往還復命.
達, 今日承言色內官朴鳳興, 薛里內官林翰章, 墓所往還復令.
魂宮祥祭後, 政院玉堂藥房問安, 答曰, 罔極.
大殿長番內官, 世孫宮長番內官, 各處宮出入番內官, 各處上直內官, 及掖庭署司謁以下, 問安.
大殿賜送, 宮出入番十員處, 蘇魚各二冬音.

5월 22일

대전과 중궁전에 일차문안을 드렸다. 자비내관 임봉휴가 갔다가 돌아와 복명하였다.

"달, 오늘 선희궁이 출궁하실 때, 어느 내관으로 배행하게 할지 아뢰나이다."

답하셨다. "섬니내관으로 가게 하라."

시묘관 문도기(文道器)와 수묘관 안풍군(安豐君) 영(泳)[131]이 각자 문안을 드렸다.

"달, 오늘 선희궁이 출궁하실 때, 배행내관이 탈 말 한 마리, 한 마리 말의 마패를 내주십사 아뢰나이다."

"달, 오늘 선희궁이 출궁하실 때, 섬니내관 최석담이 배행을 위해 하직함으로 아뢰나이다."

二十二日.
大殿中宮殿, 日次問安. 差備內官林鳳休, 往還復令.
達, 今日大宮自家出宮教是時, 陪行何內官進去乎, 敢達.
答, 셤니ᄂᆡ관으로 가게 ᄒᆞ라.
侍墓官文道器, 守墓官安豐君泳,[132] 問安各.

131 안풍군 영: 자는 휘원(輝遠). 능원대군(綾原大君) 이보(李俌)의 증손이다. 『상례고증초기(喪禮考證抄記)』라는 저서가 있다.

達, 今日大宮自家出宮教是時, 陪行內官所騎馬一匹, 請出一馬牌之意, 敢達.
達, 今日大宮自家出宮教是時, 薛里內官崔錫聃, 陪行下直之意, 敢達.

5월 23일

대전과 중궁전에 일차문안을 드렸다. 자비내관 김흥재가 갔다가 돌아와 복명하였다.

"달, 오늘 임금이 북단(北壇) 기우제에 거둥하실 때, 출환궁문안패와 자비내관이 탈 말 두 마리, 별감이 탈 말 두 마리, 모두 네 마리 말의 마패를 내주십사 아뢰나이다."

"달, 오늘 임금이 북단 기우제에 거둥하실 때, 출궁문안 자비내관 임봉휴가 나가며 하직하고 돌아와 복명함으로 아뢰나이다."

공조에서 큰 독 스무 개를 덮개를 갖추어 올렸다.

다인이 큰 독을 덮개를 갖추어 각 세 개씩, 모두 스물한 개를 진상하였다.

우리 궁의 출입번내관에게 큰 독 한 개를 덮개를 갖추어 내리셨다.

우리 궁의 출입번내관에게 임금이 내수사를 통해 소금 두 섬을 내리셨다.

"임금이 북단 기우제에 거둥하실 때 신시문안, 경야문안, 환궁문안 자비내관 김흥재가 나가며 하직함으로 아뢰나이다."

二十三日.
大殿中宮殿, 日次問安. 差備內官金興載, 往還復命.
達, 今日大駕北壇祈雨祭擧動教是時, 出還宮問安牌, 及差備內官所騎馬二匹, 別監所騎馬二匹, 請出四馬牌之意, 敢達.
達, 今日大駕北壇祈雨祭擧動教是時, 出宮問安差備內官林鳳休, 進去下直往還復命之意, 敢達.
工曺大甕二十坐蓋具, 封進.
多人供上, 大甕蓋具各三坐, 合二十一坐, 進排.
宮出入番內官處, 大甕一坐蓋具, 賜給.
宮出入番內官處, 內司[133] 頒賜[134]鹽二石.
大駕北壇祈雨祭擧動教是時, 申時問安, 經夜問安, 還宮問安, 差備內官金興載, 進去下直之意, 敢達.

---

132 이 부분은 세주(細註)처럼 작은 글씨로 본문 한 줄 자리에 두 줄로 썼다.

133 內司: 내수사(內需司). 궁중에서 쓰는 쌀, 베, 잡물 및 노비의 처벌 등에 관한 일을 맡아보던 관아.

134 頒賜: 임금이 신하들에게 물건이나 녹봉을 내려 주던 일.

5월 24일

승언빗 박봉흥.

중궁전에 일차문안을 드렸다. 자비내관 우홍귀가 갔다가 돌아와 복명하였다.

"달, 임금이 북단 기우제에 거둥하실 때 신시문안, 경야문안 겸 환궁문안 자비내관 김홍재가 갔다가 돌아와 복명함으로 아뢰나이다."

"달, 오늘 선희궁이 입궐하실 때 배행한 섬니내관 최석담이 갔다가 돌아와 복명함으로 아뢰나이다."

말은 그대로 대기시켰다. 우리 궁의 출입번내관 열 명에게 소금 한 섬을 내리셨다.

二十四日.
承言色朴鳳興.
中宮殿, 日次問安. 差備內官禹洪龜, 往還復令.
達, 大駕北壇祈雨祭擧動教是時, 申時經夜問安, 兼還宮問安, 差備內官金興載, 往還復令之意, 敢達.
達, 今日大宮自家入闕教是時, 陪行薛里內官崔錫聃, 往還復令之意, 敢達.
馬則仍把[135]. 宮出入番內官十員處, 鹽一石, 賜給.

5월 25일

대전과 중궁전에 일차문안을 드렸다. 자비내관 김홍재가 갔다가 돌아와 복명하였다.

二十五日.
大殿中宮殿, 日次問安. 差備內官金興載, 往還復令.

---

135 仍把: 그대로 입파(入把)함. 돌려보내지 않고 잡아두고 대기시키는 것을 뜻한다.

5월 26일

승언빗 이흥록.

대전과 중궁전에 축일문안을 드렸다. 자비내관 우홍귀가 갔다가 돌아와 복명하였다.

은장들을 감역했는데, 좌우번 승언빗이 번갈아 가면서 맡았다.

사도세자 묘소의 시묘관인 문도기가 가자(加資)하였기에 임금께 사은숙배한 다음 별문안을 드리니, 백정주(白鼎紬) 한 필을 내리셨다.

사도세자 묘소의 수묘관인 안풍군 영이 가자(加資)하였기에 임금께 사은숙배한 다음 별문안을 드리니, 백정주 한 필을 내리셨다.

二十六日.
承言色李興祿.
大殿中宮殿, 逐日問安. 差備內官禹洪龜, 往還復命.
銀匠監役爲之, 左右番承言色, 交遞看役事有.
侍墓官文道器, 加資肅拜後, 別問安. 白鼎紬一疋, 賜給.
守墓官安豊君烋, 加資肅拜後, 別問安. 白鼎紬一疋, 賜給.

5월 27일

대전과 중궁전에 일차문안을 드렸다. 자비내관 김흥재가 갔다가 돌아와 복명하였다.

二十七日.
大殿中宮殿, 日次問安. 差備內官金興載, 往還復命.

5월 28일

시녀청에서 메주와 소금을 바쳤다.

대전과 중궁전에 일차문안을 드렸다. 자비내관 임봉휴가 갔다가 돌아와 복명하였다.

"달, 오늘 임금이 종묘에 기우제를 드리러 거둥하실 때, 출환궁문안패와 자비내관이 탈 말 세 마리, 별감이 탈 말 세 마리, 모두 여섯 마리 말의 마패를 내주십사 아뢰나이다."

二十八日.

侍女廳末醬及鹽, 捧入.

大殿中宮殿, 日次問安. 差備內官林鳳休, 往還復令.

達, 今日大駕太廟祈雨祭擧動敎是時, 出還宮問安牌, 及差備內官所騎馬三匹, 別監所騎馬三匹, 請出六馬牌之意, 敢達.

5월 29일

대전과 중궁전에 일차문안을 드렸다. 자비내관 김흥재가 갔다가 돌아와 복명하였다.

"달, 오늘 임금이 선원전에 참배하실 때와 종묘에 기우제를 지내러 거둥하실 때, 출궁문안 자비내관 임봉휴, 신시문안 자비내관 임봉휴가 나가며 하직하고 돌아와 복명함으로 아뢰나이다."

"달, 내일 묘소를 봉심할 승언빗내관이 탈 말 한 마리, 별감이 탈 말 한 마리, 모두 두 마리 말의 마패를 내주십사 아뢰나이다."

"달, 오늘 임금이 종묘 기우제를 지내러 거둥하실 때, 경야문안 겸 환궁문안 자비내관 김흥재가 나가며 하직함으로 아뢰나이다."

二十九日.

大殿中宮殿, 日次問安. 差備內官金興載, 往還復令.

達, 今日大駕璿源殿展拜敎是時, 太廟祈雨祭擧動敎是時, 出宮問安差備內官林鳳休, 申時問安差備內官林鳳休, 進去下直往還復令之意, 敢達.

達, 明日墓所奉審, 承言色內官所騎馬一匹, 別監所騎馬一匹, 請出二馬牌之意, 敢達.

達, 今日大駕太廟祈雨祭擧動敎是時, 經夜問安兼還宮問安, 差備內官金興載, 進去下直之意, 敢達.

6월

6월 1일

승언빗 박봉흥.

중궁전에 일차문안을 드렸다. 자비내관 우홍귀가 갔다가 돌아와 복명하였다.

"달, 임금이 종묘에 기우제를 드리러 거둥하실 때, 경야문안 겸 환궁문안 자비내관 김홍재가 갔다가 돌아와 복명함으로 아뢰나이다."

승언빗 이흥록.

"달, 오늘 사도세자 묘소 봉심 일로 소인이 나가며 하직하고 돌아와 복명함으로 아뢰나이다."

六月初一日.
承言色朴鳳興.
中宮殿, 日次問安. 差備內官禹洪龜, 往還復令.
達, 大駕太廟祈雨祭擧動教是時, 經夜問安兼還宮問安, 差備內官金興載, 往還復令之意, 敢達.
承言色李興祿.
達, 今日墓所奉審事以, 小人進去下直往還復令之意, 敢達.

6월 2일

대전과 중궁전에 일차문안을 드렸다. 자비내관 김흥재가 갔다가 돌아와 복명하였다.

初二日.
大殿中宮殿, 日次問安. 差備內官金興載, 往還復令.

6월 3일

대전과 중궁전에 일차문안을 드렸다. 자비내관 우홍귀가 갔다가 돌아와 복명하였다.

初三日.
大殿中宮殿, 日次問安. 差備內官禹洪龜, 往還復令.

6월 4일

승언빗 박봉흥.

대전과 중궁전에 일차문안을 드렸다. 자비내관 안상형이 갔다가 돌아와 복명하였다.

初四日.
承言色朴鳳興.
大殿中宮殿, 日次問安. 差備內官安相衡, 往還復令.

6월 5일

대전과 중궁전에 일차문안을 드렸다. 자비내관 우홍귀가 갔다가 돌아와 복명하였다.

初五日.
大殿中宮殿, 日次問安. 差備內官禹洪龜, 往還復令.

6월 6일

승언빗 이흥록.

대전과 중궁전에 일차문안을 드렸다. 자비내관 안상형이 갔다가 돌아와 복명하였다.

임금이 병세가 있어서, 신시문안 자비내관 우홍귀가 갔다가 돌아와 복명하였다.

初六日.
承言色李興祿.
大殿中宮殿, 日次問安. 差備內官安相衡, 往還復令.
大殿有未寧之候. 申時問安差備內官禹洪龜, 往還復令.

6월 7일[136]

대전과 중궁전에 일차문안을 드렸다. 자비내관 안상형이 갔다가 돌아와 복명하였다.

"달, 내일 임금이 선원전에 거둥하실 때 출환궁문안패…"

갔다가 돌아와 복명하였다.

대전과 중궁전에 일차문안을 드렸다. 자비내관 안상형이 갔다가 돌아와 복명하였다.

初七日.

大殿中宮殿, 日次問安. 差備內官安相衡, 往還復令.

達, 明日大駕璿源殿擧動教是時, 出還宮問安牌. 往還復令.

大殿中宮殿, 日次問安. 差備內官安相衡, 往還復令.

6월 8일

중궁전에 일차문안을 드렸다. 자비내관 김흥재가 갔다가 돌아와 복명하였다.

"달, 오늘 임금이 선원전에 3경1점(三更一点)[137]에 거둥하실 때,[138] 출궁문안 자비내관이 갔다가 돌아와 복명함으로 아뢰나이다."

"달, 오늘 임금이 선원전에 별다례를 올린 후 바로 육상궁으로 거둥하셨는데, 환궁문안 자비내관 김흥재가 나가며 하직하고 돌아와 복명함으로 아뢰나이다."

初八日.

中宮殿, 日次問安. 差備內官金興載, 往還復令.

達, 今日大駕璿源殿三更一点擧動教是時, 出宮問安差備內官, 往還復令之意, 敢達.

達, 今日大駕璿源殿別茶禮教是後, 仍爲毓祥宮擧動, 還宮問安差備內官金興載, 進去下直往還復令之意, 敢達.

---

136 이날 일기에는 약간의 오류가 있는 듯하다. 문안 인사를 반복해서 적은 것도 그렇고, 중간에 '출환궁문안패' 다음에 그것을 청한다는 말도 생략되어 있다.

137 3경1점: 3경은 자시(子時), 곧 밤 11시에서 오전 1시 사이를 이르며, 각 경은 5점으로 나누므로 3경1점은 밤 11시 반쯤이다.

138 『영조실록』 당일 조에 숙종의 기신(忌辰)이기 때문에 선원전에 갔다고 했다. 영조는 선원전에 숙종의 초상을 두고 중요한 일이 있을 때마다 참배했다.

6월 9일

대전과 중궁전에 일차문안을 드렸다. 자비내관 안상형이 갔다가 돌아와 복명하였다.

"달, 오늘 문안패는 그대로 사용하기로 했으며, 임금이 선농단(先農壇)[139] 기우제에 거둥하실 때 출환궁문안 자비내관이 탈 말 두 마리, 별감이 탈 말 두 마리, 모두 네 마리 말의 마패를 내주십사 아뢰나이다."

"달, 오늘 임금이 선농단 기우제에 거둥하실 때 출궁문안 자비내관 김흥재가 나가며 하직하고 돌아와 복명함으로 아뢰나이다."

"달, 오늘 임금이 선농단 기우제에 거둥하실 때 신시문안, 경야문안 겸 환궁문안 자비내관 안상형이 나가며 하직하고 돌아와 복명함으로 아뢰나이다."

初九日.

大殿中宮殿, 日次問安. 差備官[140]安相衡, 往還復令.

達, 今日問安牌則仍用, 大駕設農壇祈雨祭擧動教是時, 出還宮問安差備內官所騎馬二匹, 別監所騎馬二匹, 請出四馬牌之意, 敢達.

達, 今日大駕設農壇祈雨祭雨[141]擧動教是時, 出宮問安差備內官金興載, 進去下直往還復令之意, 敢達.

達, 今日大駕設農壇祈雨祭擧動教是時, 申時經夜問安, 兼還宮問安, 差備內官安相衡, 進去下直往還復令之意, 敢達.

6월 10일

대전과 중궁전에 일차문안을 드렸다. 자비내관 김흥재가 갔다가 돌아와 복명하였다.

初十日.

大殿中宮殿, 日次問安. 差備內官金興載, 往還復令.

---

139 선농단: 농사를 관장하는 신을 제사지내던 곳으로, 서울 동대문 밖에 있었다. 원문의 '設農壇'은 오기이다.

140 差備內官의 '內' 자가 빠져 있다.

141 이곳의 '雨' 자는 중복되어 잘못 들어간 듯하다.

6월 11일

대전과 중궁전에 일차문안을 드렸다. 자비내관 우홍귀가 갔다가 돌아와 복명하였다.

十一日.
大殿中宮殿, 日次問安. 差備內官禹洪龜, 往還復令.

6월 12일

승언빗 박봉홍.
대전과 중궁전에 일차문안을 드렸다. 자비내관 김홍재가 갔다가 돌아와 복명하였다.

十二日.
承言色朴鳳興.
大殿中宮殿, 日次問安. 差備內官金興載, 往還復令.

6월 13일

❁ 사도세자 사후의 재정 문제

1762년 사도세자가 죽자 영조는 세자궁에 보내는 것을 줄이고 그 몫을 세자빈궁으로 돌리도록 명령을 내렸는데, 세자의 삼년상이 끝나는 시기가 되자 다시 세자궁에 진상할 것을 모두 줄이게 했다. 그런데 내관이 명령을 따르지 않고 모호하게 하여 세자궁으로 계속 진상품이 가니, 담당 내관과 관원에게 무거운 죄목을 적용하여 벌을 내렸다. 혜빈궁의 재정과 관련된 중요한 명령이므로 이 일기에도 옮겨 적은 것으로 보인다.

대전과 중궁전에 일차문안을 드렸다. 자비내관 김홍재가 갔다가 돌아와 복명하였다. 이번 6월 11일, 대신과 형조 당상이 고안(考案)[142]하는 일로 입시했을 때, 임금의 명령이 이러하였다.

"임오년에 세자궁에 보내는 것들을 줄이게 했을 때, 기인(其人)[143]들이 보낸 것을 혜빈궁에 더하여 보내게 하라고 하교하였다. 올해에는 보내는 것을 전부 줄이도록 했는데, 호조가 보낸 물목을 내관이 혼동하여 내려주었으니, 마땅히 일을 맡은 내관은 무거운 죄목을 적용하여 벌을 주고 물목은 지워버려라. 이미 '혜빈궁에 더하여 진상한 것은 처음의 명목은 이미 없고, 줄이지 않은 부분을 애매하게 써서 들였으니, 해당 당상관 역시 벌을 줄 것이라.' 말했으니, 그때 하교에 따라 거행하도록 하라." 분부하셨다.

十三日.
大殿中宮殿, 日次問安. 差備內官金興載, 往還復令.
今六月十一日, 大臣秋堂[144]考案入侍時, 傳曰,
壬午年, 世子宮凡進排者減下時, 其人進排者, 惠嬪宮加進排事, 下敎. 今年一体減下, 而戶曺單子, 中混畓下, 當依中官[145], 從重推考[146], 其單爻周[147]. 旣曰, 加進排, 則初名旣無, 其無減下者, 朦然書入, 該堂亦爲推考. 依其時下敎擧行事, 分付.

6월 14일

대전과 중궁전에 일차문안을 드렸다. 자비내관 임봉휴가 갔다가 돌아와 복명하였다.

十四日.
大殿中宮殿, 日次問安. 差備內官林鳳休, 往還復令.

---

142 고안: 어떤 일에 대해 법률 적용을 검토하는 일.

143 기인: 공상(供上)을 맡은 사람.

144 秋堂: 형조(刑曹)의 당상관(堂上官).

145 이 임금의 전교 내용은 『승정원일기』 1764년 6월 11일 조에도 실려 있다. 그런데 몇 군데 글자의 출입이 있는데, 바로 이 앞부분 열두 자가 그렇다. 이 부분이 『승정원일기』에는 "工曺單子, 中官混踏以下, 當路中官"으로 되어 있는 것이다. 『혜빈궁일기』에는 '호조'로 되어 있는 것이 『승정원일기』에는 '공조'로 되어 있고, 그 다음 『혜빈궁일기』의 '중혼답하' 부분은 『승정원일기』와 크게 다르다. '혼답'의 표기는 『승정원일기』의 것이 일반적이나, 『승정원일기』의 '당로중관'은 『혜빈궁일기』의 '당의중관'으로 탈초해야 할 것으로 생각한다.

146 從重推考: 죄과를 따져서 그중 무거운 조목을 적용하는 것.

147 爻周: 문서에 '爻' 자 모양으로 표시하여 지우는 것.

6월 15일

승언빗 이흥록.

대전과 중궁전에 일차문안을 드렸다. 자비내관 김흥재가 갔다가 돌아와 복명하였다.

내자시에서 유두일에 맞추어 화소첩(畵梳貼)[148] 한 개를 올렸다.

다인이 청연군주방, 청선군주방, 양제방, 현주방에 화소첩을 한 개씩 진상하였다.

갑신년 6월 15일, 이번 가을겨울 대비 옷의 필요량 거안(擧案)[149].

혜빈궁, 오품 상궁 10분(分)[150], 육품 시녀 12분, 수사 5, 수모 8, 방자 15, 배비 1, 파지(巴只)[151] 2, 아지(阿之)[152] 1, 별도로 차출한 오품 상궁 7분, 육품 시녀 9분, 수사 2, 수모 3, 파지 2, 방자 9.

청연군주방, 보모 1, 유모 1, 각씨 4, 수사 1.

청선군주방, 보모 1, 유모 1, 각씨 4, 수사 1.

일왕손방, 유모 1, 각씨 1.

이왕손방, 유모 1, 각씨 1.

삼왕손방, 유모 1, 각씨 1.

양제방 1분, 수모 1, 각씨 3.

현주방, 유모 1, 각씨 1. 끝.

---

148 화소첩: 그림을 넣어 예쁘게 만든 빗접. 빗접은 빗, 빗솔, 빗치개 등을 넣어 두는 갑.

149 거안: 기안하여 올린 문서.

150 이하 거안 뒤에 있는 숫자는 실의 무게를 가리키는 양전푼(兩錢分)의 푼인 듯하다. 유독 상급의 궁인이라 할 수 있는 양제, 상궁, 시녀 뒤에만 단위가 붙어 있는데, 상궁과 시녀에 붙어 있는 숫자가 2월 10일 메주 분배 기사와 동일함을 보면, 한 사람당 하나씩 또는 한 푼씩 분배한 것으로 이해된다.

151 파지: 궁궐에서 허드렛일을 하는 어린 여종. 원래는 남자아이를 썼으나 후에 여종으로 바꾸었다고 한다. '把只'로 적기도 한다.

152 아지: 유모를 가리키는 말로, 천인이지만 궁궐의 지존에게 특별한 대접을 받았다. '阿只'로 적기도 한다. 『한중록』에서 혜빈궁은 자신의 아지에 대해 "아지는 내 유모로 들어와 사오 세까지 젖을 먹이고"라고 적고 있다.

十五日.

承言色李興祿.

大殿中宮殿, 日次問安. 差備內官金興載, 往還復令.

內資司[153]流頭畫梳貼一部, 封進.

多人供上, 淸衍郡[154], 淸璿郡主房, 良娣房, 縣主房, 畫梳貼各一部, 進[155].

甲申六月十五日, 來秋冬等[156]衣纏[157]擧案.

惠嬪宮, 五品尙宮拾分, 六品侍女拾貳分, 水賜伍, 水母捌, 房子拾伍, 陪婢壹, 巴只貳, 阿之壹, 加出[158]五品尙宮七分, 六品侍女九分, 水賜二, 水母參, 巴只二, 房子九.

淸衍郡主房, 保母一, 乳母一, 閤氏四, 水賜一.

淸璿郡主房, 保母一, 乳母一, 閤氏四, 水賜一.

一王孫房, 乳母一, 閤氏一.

二王孫房, 乳母一, 閤氏一.

三王孫房, 乳母一, 閤氏一.

良娣房, 一分, 水母一, 閤氏三.

縣主房, 乳母一, 閤氏一. 際[159].

6월 16일

대전과 중궁전에 일차문안을 드렸다. 자비내관 안상형이 갔다가 돌아와 복명하였다.

十六日.

大殿中宮殿, 日次問安. 差備內官安相衡, 往還復令.

---

153 內資司: 內資侍를 이르는 듯하다.

154 淸衍郡主의 '主' 자가 빠졌다.

155 進排의 '排' 자가 빠진 듯하다.

156 秋冬等: 궁궐이나 관청의 사람들을 한 해에 두 번 인사 고과를 하는데, 6월 15일 전에 하는 것을 춘하등(春夏等)이라 하고, 11월 15일 전에 하는 것을 추동등(秋冬等)이라 했다. 여기서는 가을·겨울을 대비한 정도의 뜻으로 보인다.

157 衣纏: 옷.

158 加出: 정원 외에 추가로 더 뽑는 것.

159 際: '끝'에 해당하는 이두.

6월 17일

대전과 중궁전에 일차문안을 드렸다. 자비내관 우홍귀가 갔다가 돌아와 복명하였다.

十七日.
大殿中宮殿, 日次問安. 差備內官禹洪龜, 往還復命.

6월 18일

승언빗 박봉흥.

대전과 중궁전에 일차문안을 드렸다. 자비내관 안상형이 갔다가 돌아와 복명하였다.

혜빈궁의 탄신일에 상의원에서 옷감을 올렸다.

승정원, 홍문관, 그리고 대전의 장번내관, 세손궁 장번내관, 각 전궁(殿宮)의 출입번내관, 각 처소의 상직내관, 의관, 별군직, 액정서 사알 이하가 문안을 드리니, "알았다." 답하셨다.

호조에서 무명 한 동을 진상하여 들여왔다.

十八日.
承言色朴鳳興.
大殿中宮殿, 日次問安. 差備內官安相衡, 往還復命.
宮誕日, 尙衣院表裡[160], 封進.
政院, 玉堂, 大殿長番內官, 世孫宮長番內官, 各殿宮出入番內官, 各處上直, 醫官, 別軍職, 掖庭署司謁以下, 問安. 答曰, 知道.
戶曹來, 木一同, 捧上內入.

---

160 表裡: 지존의 옷을 만드는 데 쓰는 옷감.

6월 19일

대전과 중궁전에 일차문안을 드렸다. 자비내관 김흥재가 갔다가 돌아와 복명하였다.

十九日.
大殿中宮殿, 日次問安. 差備內官金興載, 往還復令.

6월 20일

대전과 중궁전에 일차문안을 드렸다. 자비내관 임봉휴가 갔다가 돌아와 복명하였다.

二十日.
大殿中宮殿, 日次問安. 差備內官林鳳休, 往還復令.

6월 21일

승언빗 이흥록.
대전과 중궁전에 일차문안을 드렸다. 자비내관 김흥재가 갔다가 돌아와 복명하였다.

二十一日.
承言色李興祿.
大殿中宮殿, 日次問安. 差備內官金興載, 往還復令.

6월 22일

대전과 중궁전에 일차문안을 드렸다. 자비내관 안상형이 갔다가 돌아와 복명하였다.

"달, 오늘 남염(藍染)할 때, 쪽풀을 싣고 올 말 스물한 마리, 얼음을 싣고 올 별감이 탈 말 다섯 마리, 역사(役事)를 마칠 때까지 쓸 스물여섯 마리 말의 마패를 내주십사 아뢰나이다."

남염의 배설은 현빈궁(賢嬪宮)[161] 장방(長房)[162]에서 맡았다.

사도세자 유모 한 명, 배비 한 명을 올려 쓰게 하였다.

다시 옛날에 작성한 옷의 필요량 거안을 따랐다.

二十二日.

大殿中宮殿, 日次問安. 差備內官安相衡, 往還復令.

達, 今日藍染時, 藍載持卜馬[163]二十一匹, 氷丁[164]載持上別監所騎馬一匹[165], 限畢役間, 請出二十六馬牌之意, 敢達.

藍染排設則賢嬪宮長房爲之.

思悼世子阿只一, 陪婢一, 供上.

復舊故衣纏擧案追後.

6월 23일

시녀청에서 중소형 독을 바쳤다.

대전과 중궁전에 일차문안을 드렸다. 자비내관 우홍귀가 갔다가 돌아와 복명하였다.

二十三日.

侍女廳中小瓮, 捧入.

大殿中宮殿, 日次問安. 差備內官禹洪龜, 往還復令.

---

161 현빈궁: 사도세자의 이복형 효장세자의 부인인 조씨(趙氏)의 처소. 현빈은 이미 1751년에 죽었으니, 현빈궁은 유명무실한 상태였다.

162 장방: 서리(胥吏)들이 집무하는 방.

163 卜馬: 짐을 싣는 말.

164 氷丁: 얼음덩이. 쪽풀로 염색할 때 물의 온도를 낮추어 선명한 빛깔이 나도록 얼음을 쓴다.

165 一匹: 다섯 마리가 되어야 계산이 맞다. 1765년 6월 10일의 남염 때도 얼음 싣는 말은 '五匹'이다.

6월 24일

대전과 중궁전에 일차문안을 드렸다. 자비내관 안상형이 갔다가 돌아와 복명하였다.

二十四日.
大殿中宮殿, 日次問安. 差備內官安相衡, 往還復令.

6월 25일

승언빗 박봉흥.
대전과 중궁전에 일차문안을 드렸다. 자비내관 김흥재가 갔다가 돌아와 복명하였다.

二十五日.
承言色朴鳳興.
大殿中宮殿, 日次問安. 差備內官金興載, 往還復令.

6월 26일

대전과 중궁전에 일차문안을 드렸다. 자비내관 임봉휴가 갔다가 돌아와 복명하였다.

二十六日.
大殿中宮殿, 日次問安. 差備內官林鳳休, 往還復令.

6월 27일

대전과 중궁전에 일차문안을 드렸다. 자비내관 김흥재가 갔다가 돌아와 복명하였다.

二十七日.
大殿中宮殿, 日次問安. 差備內官金興載, 往還復令.

6월 28일

승언빗 이흥록.

대전과 중궁전에 일차문안을 드렸다. 자비내관 안상형이 갔다가 돌아와 복명하였다.

二十八日.
承言色李興祿.
大殿中宮殿, 日次問安. 差備內官安相衡, 往還復命.

6월 29일

대전과 중궁전에 일차문안을 드렸다. 자비내관 김흥재가 갔다가 돌아와 복명하였다.

"달, 내일 선희궁이 창덕궁에 오실 때, 배행내관으로 어느 내관을 보낼지 아뢰나이다."

답하셨다. "승언빗내관으로 가게 하라."

"달, 내일 선희궁이 창덕궁에 오실 때, 배행내관이 탈 말 한 마리의 마패를 내주십사 아뢰나이다."

二十九日.
大殿中宮殿, 日次問安. 差備內官金興載, 往還復命.
達, 明日大宮自家, 來詣昌德宮教時[166], 陪行內官何內官進去乎, 敢達.
答, 승언빗ᄂᆡ관 가게 ᄒᆞ라.
達, 明日大宮自家, 來詣昌德宮教是時, 陪行內官所騎馬一匹, 一馬牌之意, 敢達.

166 教是時의 '是' 자가 빠졌다.

6월 30일

대전과 중궁전에 일차문안을 드렸다. 자비내관 안상형이 갔다가 돌아와 복명하였다.

"달, 오늘 선희궁이 창덕궁에 오실 때, 배행한 승언빗내관 박봉흥이 갔다가 돌아와 복명함으로 아뢰나이다."

三十日.

大殿中宮殿, 日次問安. 差備內官安相衡, 往還復令.

達, 今日大宮自家, 來詣昌德宮教是時, 陪行承言色內官朴鳳興, 往還復令之意, 敢達.

7월

7월 1일

승언빗 박봉흥.

대전과 중궁전에 일차문안을 드렸다. 자비내관 김홍재가 갔다가 돌아와 복명하였다.

七月初一日.
承言色朴鳳興.
大殿中宮殿, 日次問安. 差備內官金興載, 往還復令.

7월 2일

대전과 중궁전에 일차문안을 드렸다. 자비내관 임봉휴가 갔다가 돌아와 복명하였다.

初二日.
大殿中宮殿, 日次問安. 差備內官林鳳休, 往還復令.

7월 3일

대전과 중궁전에 일차문안을 드렸다. 자비내관 김홍재가 갔다가 돌아와 복명하였다.

初三日.
大殿中宮殿, 日次問安. 差備內官金興載, 往還復令.

7월 4일

승언빗 박봉흥.

대전과 중궁전에 일차문안을 드렸다. 자비내관 안상형이 갔다가 돌아와 복명하였다.

初四日.
承言色朴鳳興.
大殿中宮殿, 日次問安. 差備內官安相衡, 往還復令.

7월 5일

대전과 중궁전에 일차문안을 드렸다. 자비내관 우홍귀가 갔다가 돌아와 복명하였다.

初五日.
大殿中宮殿, 日次問安. 差備內官禹洪龜, 往還復令.

7월 6일

대전과 중궁전에 일차문안을 드렸다. 자비내관 안상형이 갔다가 돌아와 복명하였다.

"달, 내일 신련(神輦)[167] 별련시를 어느 내관으로 보낼지 아뢰나이다."

답하셨다. "승언빗 가라."

"달, 내일 신련 별련시가 탈 두 마리 말의 마패를 내주십사 아뢰나이다."

"임금이 종묘에 거둥하실 때, 출환궁문안패와 자비내관이 탈 말 두 마리, 별감이 탈 말 두 마리, 모두 네 마리 말의 마패를 내주십사 아뢰나이다."

初六日.
大殿中宮殿, 日次問安. 差備內官安相衡, 往還復令.
達, 明日神輦別輦侍, 何內官進去乎, 敢達.
答, 승언빗 가라.

167 신련: 신주(神主)를 싣고 가는 가마.

達, 明日神輦別輦侍所騎馬二匹, 請出馬牌[168]之意, 敢達.

大駕太廟擧動敎是時, 出還宮問安牌, 差備內官所騎馬二匹, 別監所騎[169]二匹, 請出二馬牌[170]之意, 敢達.

7월 7일

❁ 사도세자의 담제(禫祭)

7월 7일은 사도세자의 담제를 치르는 날이다. 담제는 대상(大祥)을 치른 다음다음 달에 지내는 제사로 탈상을 고하는 것이다. 사도세자가 1762년 윤5월 21일에 죽었으므로 1764년 7월이 담제를 지내는 기간이 된다. 『승정원일기』 1764년 7월 6일 기사에 따르면, 이때 사도세자의 사당이 부분적으로 완공되었고, 7월 7일에는 사도세자의 신주를 이곳에 안치했다고 한다.

사도세자의 사당은 정조 즉위 후에는 경모궁(景慕宮)으로 불렸는데, 현재 서울대학교병원 자리에 있었다. 조선 왕실의 개인 사당 중에 가장 큰 것이었다. 신위를 옮기는 날 선희궁이 향교동으로 간 것은 사도세자의 첫 사당이 현재 종로3가 부근의 어의궁 근처에 있었음을 뜻한다. 『승정원일기』 1764년 7월 12일 조를 보면 영조가 창덕궁으로 가면서 사도세자의 사당과 어의궁에 들렀다고 했다.

사도세자의 장례가 끝난 후, 서울 동대문 밖 배봉산 기슭에 있었던 그의 무덤은 사도묘(思悼墓)라는 이름을 얻었고, 창덕궁 시민당은 신위를 모신 혼궁이 되었는데, 시민당에 있던 신위가 이때 사당으로 옮겨진 것이다. 『영조실록』 1764년 5월 19일 조를 보면 "사도세자의 재기(再朞)가 끝났으므로, 홍화문(弘化門) 동쪽에 묘우(廟宇)를 세우라고 명하고, 묘호(廟號)를 수은(垂恩)이라고 내렸으며, 수위관(守衛官) 2인을 두어 다른 궁원(宮園)의 예와 같이 하였다."고 했다. 이때 사당의 이름을 수은묘(垂恩廟)로 하여 비록 묘호를 낮추어 '묘(廟)'라고 불렀지만, 대우는 세자의 지위에 걸맞게 '궁원'으로 하게 했다.

---

168 '馬牌' 앞에 '二' 자가 빠졌다.

169 '所騎' 뒤에 '馬' 자가 빠졌다.

170 앞의 예를 따르면 '四馬牌'라고 해야 옳다.

승언빗 이흥록.

"달, 소인(小人)[171]과 박봉홍이 신련 시위(侍衛)로 나가며 하직하고 돌아와 복명함으로 아뢰나이다."

"달, 대전과 중궁전에 일차문안을 드린 자비내관 김흥재가 갔다가 돌아와 복명함으로 아뢰나이다."

"달, 오늘 임금이 종묘에 거둥하실 때, 출궁문안 자비내관 우홍귀가 나가며 하직하고 돌아와 복명함으로 아뢰나이다."

"달, 오늘 임금이 종묘에 전알(展謁)한 후, 선원전과 대보단을 봉심(奉審)하실 때, 문안 자비내관 우홍귀가 나가며 하직하고 돌아와 복명함으로 아뢰나이다."

"달, 오늘 임금이 육상궁에 거둥하실 때, 환궁문안 자비내관 김흥재가 갔다가 돌아와 복명함으로 아뢰나이다."

"달, 오늘 선희궁이 향교동(鄕校洞)에 가실 때, 배행할 내관을 보낼지 아뢰나이다."

답하셨다. "승언빗 가라."

"달, 오늘 선희궁이 향교동에 가실 때, 배행할 내관이 탈 말 한 마리의 마패를 내주십사 아뢰나이다."

"달, 오늘 선희궁을 배행한 소인이 나가며 하직하고 돌아와 복명함으로 아뢰나이다."

初七日.

承言色李興祿.

達, 小人及朴鳳興, 神輦侍衛, 進去下直往還復令之意, 敢達.

達, 大殿中宮殿, 日次問安, 差備內官金興載, 往還復令之意, 敢達.

達, 今日太廟擧動教是時, 出宮問安差備內官禹洪龜, 進去下直往還復令之意, 敢達.

達, 今日大駕太廟展謁後, 仍爲璿源殿大報壇奉審教是時, 問安差備內官禹洪龜, 進去下直往還復令之意, 敢達.

達, 今日大駕仍詣毓祥宮擧動教是時, 還宮問安差備內官金興載, 往還復令之意, 敢達.

達, 今日大宮自家來鄕校洞教是時, 陪行內官進去乎, 敢達.

答, 승언빗 가라.

達, 今日大宮自家來鄕校洞教是時, 陪行內官所騎馬一匹, 請出一匹一馬牌之意, 敢達.

達, 今日大宮自家陪行小人, 進去下直往還復令之意, 敢達.

---

171 여기서 '소인'은 이날 기록을 맡은 것으로 보이는 승언빗 이흥록일 것이다.

7월 8일

대전과 중궁전에 일차문안을 드렸다. 자비내관 임봉휴가 갔다가 돌아와 복명하였다.

"달, 오늘 임금이 남단 기우제에 거둥하실 때, 출환궁문안패와 자비내관이 탈 말 두 마리, 별감이 탈 말 두 마리의 마패를 내주십사 아뢰나이다."

우리 궁의 출입번내관에게 물린 음식 다섯 그릇을 내리셨다.

初八日.

大殿中宮殿, 日次問安. 差備內官林鳳休, 往還復令.

達, 今日大駕南壇祈雨祭擧動敎是時, 出還宮問安牌, 差備內官所騎馬二匹, 別監所騎二匹, 請出馬牌之意, 敢達.

宮出入番處, 退膳五器, 賜給.

7월 9일

대전과 중궁전에 일차문안을 드렸다. 자비내관 김홍재가 갔다가 돌아와 복명하였다.

"달, 오늘 임금이 남단 기우제에 거둥하실 때[172] 출궁문안 자비내관 임봉휴가 나가며 하직하고 돌아와 복명함으로 아뢰나이다."

"달, 오늘 임금이 남단 기우제에 거둥하실 때 신시문안, 경야문안 겸 출궁문안 자비내관 김홍재가 나가며 하직함으로 아뢰나이다."

임금이 선무사에 들르실 때 자비내관 김홍재가 문안을 겸하여 갔다가 돌아와 복명하였다.

初九日.

大殿中宮殿, 日次問安. 差備內官金興載, 往還復令.

達, 今日大駕南壇祈雨祭擧動敎是時, 出宮內官問安差備[173]林鳳休, 進去下直往還復令之意, 敢達.

---

172 전날에도 남단 거둥이 있었는데『승정원일기』의 7월 9일 조 맨 앞부분에 남단에서 재숙(齋宿)한 것을 적은 것으로 보아 영조는 7월 8일 밤 또는 7월 9일 새벽에 남단에 온 것으로 짐작된다. 그래서 양일 모두 '오늘 거둥했다'고 표현한 듯하다.

173 出宮內官問安差備: '出宮問安差備內官'을 잘못 적은 것으로 보인다.

達, 今日大駕南壇祈雨祭擧動教是時, 申時經夜兼出宮問安差備內官金興載, 進去下直之意, 敢達.

大駕歷臨宣武祠教是時, 差備內官金興載, 仍兼問安, 往還復命.

7월 10일

승언빗 이흥록.

대전과 중궁전에 일차문안을 드렸다. 자비내관 안상형이 갔다가 돌아와 복명하였다.

初十日.
承言色李興祿.
大殿中宮殿, 日次問安. 差備內官安相衡, 往還復命.

7월 11일

대전과 중궁전에 일차문안을 드렸다. 자비내관 우홍귀가 갔다가 돌아와 복명하였다.

十一日.
大殿中宮殿, 日次問安. 差備內官禹洪龜, 往還復命.

7월 12일

대전과 중궁전에 일차문안을 드렸다. 자비내관 안상형이 갔다가 돌아와 복명하였다.

"달, 오늘 12일에 왕세손이 경희전에 가실 때[174] 별련시로 어느 내관을 보낼지 아뢰나이다."

답하셨다. "승언빗 가라."

---

174 동궁 정조가 아버지의 담제에 왔다가 경희궁으로 돌아가는 때를 말한다.

"달, 오늘 왕세손이 경희궁에 가실 때 별련시를 맡은 승언빗내관 박봉홍이 나가며 하직하고 돌아와 복명하나이다."

왕세손이 궁관을 보내 문안을 드렸다.

남염을 끝낸 후, 농포(農圃)[175] 담당자 두 사람에게 주백목(紬白木) 각 한 필을 상으로 내리고, 또 부채를 상으로 내리셨다.

"달, 오늘 임금이 선원전에 봉심하신 후 사도세자 사당과 어의본궁에 들르실 때, 환궁문안 자비내관 안상형이 나가며 하직하고 돌아와 복명함으로 아뢰나이다."

十二日.

大殿中宮殿, 日次問安. 差備內官安相衡, 往還復命.

達, 今日十一日爲之[176], 王世孫詣慶熙殿敎是時, 別輦侍, 何內官進去乎, 敢達.

答, 승언빗 가라.

達, 今日王世孫詣慶熙宮敎是時, 別輦侍承言色內官朴鳳[177], 進去下直往還復令.

王世孫, 遣宮官問安.

藍染撥排後, 農圃二員處, 紬白木各一疋賞賜, 扇子賞賜爲之.

達, 今日大駕璿源殿奉審敎是後, 歷臨思悼廟本宮[178]敎是時, 還宮問安差備內官安相衡, 進去下直往還復令之[179], 敢達.

---

175 농포: 내농포(內農圃). 조선시대에 내관들이 궁중 납품을 목적으로 채소를 재배하던 밭 또는 그 관서. 창덕궁의 돈화문 밖에 있었다.

176 금일 11일은 12일의 오기로 보인다. 이 부분에는 빠진 내용이 있는 듯하다.

177 박봉홍으로 추정되는 이름의 마지막 글자인 '興' 자가 빠졌다.

178 本宮: 사도세자 사당은 향교동에 있었고 여기에는 인조의 잠저인 어의본궁과 봉안각 등이 있었다. 어의본궁은 흔히 '본궁'으로 약칭된다.

179 이 부분에 '意' 자가 누락된 것으로 보인다.

7월 13일

승언빗 박봉흥.

대전과 중궁전에 일차문안을 드렸다. 자비내관 안상형이 갔다가 돌아와 복명하였다.

"달, 오늘 선희궁이 입궐하실 때 소인이 배행했으므로 갔다가 돌아와 복명하여 아뢰나이다."

十三日.
承言色朴鳳興.
大殿中宮殿, 日次問安. 差備內官安相衡, 往還復令.
達, 今日大宮自家入闕敎是時, 小人陪行事以, 往還復令, 敢達.

7월 14일

대전과 중궁전에 일차문안을 드렸다. 자비내관 김흥재가 갔다가 돌아와 복명하였다.

十四日.
大殿中宮殿, 日次問安. 差備內官金興載, 往還復令.

7월 15일

대전과 중궁전에 일차문안을 드렸다. 자비내관 안상형이 갔다가 돌아와 복명하였다.

"달, 오늘 사도세자 사당 봉심에 소인이 갔다가 돌아와 복명함으로 아뢰나이다."

十五日.
大殿中宮殿, 日次問安. 差備內官安相衡, 往還復令.
達, 今日私廟[180]奉審事以, 小人往還復令之意, 敢達.

---

180 私廟: 여기서는 사도세자의 사당을 가리킨다. 뒤에는 '祠廟'로도 표기하고 있다.

7월 16일

대전과 중궁전에 일차문안을 드렸다. 자비내관 안상형이 갔다가 돌아와 복명하였다.

十六日.
大殿中宮殿, 日次問安. 差備內官安相衡, 往還復令.

7월 17일

대전과 중궁전에 일차문안을 드렸다. 자비내관 우홍귀가 갔다가 돌아와 복명하였다.

왕세손이 궁관을 보내 문안을 드렸다.

별군직 박경신이 사도진(蛇度鎭)[181] 첨사(僉使)[182]가 되어[183] 하직하면서 별문안을 드리니, 청색 주머니 하나를 내리셨다.

十七日.
大殿中宮殿, 日次問安. 差備內官禹洪龜, 往還復令.
王世孫, 遣宮官問安.
別軍職朴景新, 蛇島[184]僉使下直, 別問安, 青囊一部.

7월 18일[185]

대전과 중궁전에 일차문안을 드렸다. 자비내관 안상형이 갔다가 돌아와 복명하였다.

十八日.
大殿中宮殿, 日次問安. 差備內官安相衡, 往還復令.

---

181 사도진: 전남 고흥군 영남면 금사리에 있던 군영.

182 첨사: 조선시대 각 진관(鎭管)에 속했던 종삼품(從三品) 무관 벼슬.

183 『승정원일기』 1764년 6월 30일에 박경신을 사도진 첨사로 제수했다는 기사가 보인다.

184 蛇島: 정식 명칭은 '蛇島鎭'이다. 주 181 참조.

185 『혜빈궁일기』 1765년 7월 17일 조를 보면 7월 18일은 선희궁 영빈 이씨의 생일이다. 생일이라도 후궁에게는 문안을 하지 않았던 듯하다.

7월 19일

대전과 중궁전에 일차문안을 드렸다. 자비내관 우홍귀가 갔다가 돌아와 복명하였다.

임금이 선원전에 거둥하실 때, 출궁문안 자비내관 우홍귀, 신시문안과 경야문안 자비내관 안상형이 갔다가 돌아와 복명하였다.

임금이 자내(自內)[186]에서 수라를 드시니, 섬니내관 임한장이 갔다가 돌아와 복명하였다.

十九日.
大殿中宮殿, 日次問安. 差備內官禹洪龜, 往還復命.
大駕璿源殿擧動敎是時, 出宮問安差備內官禹洪龜, 申時經夜問安差備內官安相衡, 往還復命.[187]
水刺, 自內爲之, 薛里內官林翰章, 往還復命.

7월 20일

승언빗 이흥록.

중궁전에 일차문안을 드렸다. 자비내관 우홍귀가 갔다가 돌아와 복명하였다.

임금이 선원전에서 밤을 새우실 때, 아침문안 자비내관은 안상형, 신시문안 자비내관은 우홍귀, 환궁문안 자비내관은 안상형이었다.

임금이 저녁 수라를 드시고, 초경(初更)[188]에 환궁하셨다.

二十日.
承言色李興祿.
中宮殿, 日次問安. 差備內官禹洪龜, 往還復命.
大駕璿源殿經夜敎是時, 朝問安差備內官安相衡, 申時差備內官禹洪龜, 還宮問安差備內官安相衡[189].
水刺上夕, 初更還宮爲之.

---

186 자내: 궁중에서 관할 구역을 가리키는 말. 일반적으로 임금의 관할 구역을 가리킨다.
187 『영조실록』 당일 조에 선원전 안에 긴 벌레가 나타난 이변이 있어 영조가 창덕궁으로 갔다는 말이 있다.
188 초경: 하룻밤을 오경(五更)으로 나눈 첫째 부분으로, 저녁 7시에서 9시 사이를 말한다.
189 이하 다녀왔다는 말, 즉 '往還復命' 정도가 빠진 듯하다.

7월 21일

대전과 중궁전에 일차문안을 드렸다. 자비내관 안상형이 갔다가 돌아와 복명하였다.

二十一日.
大殿中宮殿, 日次問安. 差備內官安相衡, 往還復命.

7월 22일

승언빗 이홍록.
왕세손이 궁관을 보내 문안을 드렸다.
대전과 중궁전에 일차문안을 드렸다. 자비내관 안상형이 갔다가 돌아와 복명하였다.

二十二日.
承言色李興祿.
王世孫, 遣宮官問安.
大殿中宮殿, 日次問安. 差備內官安相衡, 往還復命.

7월 23일

대전과 중궁전에 일차문안을 드렸다. 자비내관 임봉휴가 갔다가 돌아와 복명하였다.

은언군과 은신군의 녹봉으로 지급된 쌀을 운반한 낭청 한 사람에게 청색 주머니 하나, 서원 한 명과 고지기에게 각각 무명 한 필, 사령 두 명에게 버선감 두 개, 부지군(扶持軍)[190] 열 명에게 각각 버선감 하나를 내리셨다.

二十三日.
大殿中宮殿, 日次問安. 差備內官林鳳休, 往還復命.
恩彦君恩信君, 祿米太領來, 郎廳一員處, 靑囊一部, 書員一名, 庫直處, 各木一疋, 使令二名, 足巾二次. 扶持軍十名處, 各足巾一次.

190 부지군: 짐꾼.

7월 24일

대전과 중궁전에 일차문안을 드렸다. 자비내관 안상형이 갔다가 돌아와 복명하였다.

二十四日.
大殿中宮殿, 日次問安. 差備內官安相衡, 往還復令.

7월 25일

승언빗 박봉흥.
대전과 중궁전에 일차문안을 드렸다. 자비내관 안상형이 갔다가 돌아와 복명하였다.

二十五日.
承言色朴鳳興.
大殿中宮殿, 日次問安. 差備內官安相衡, 往還復令.

7월 26일

❁ 사도세자 생모 선희궁의 죽음

사도세자의 죽음 후 선희궁의 생각과 행동은 『한중록』에 다음과 같이 기록되어 있다.

> 1764년 7월 경모궁 담사(禫祀)를 선희궁께서 내려오시어 지내시고
> "이 가을 지나면 우리 고부 모여 서로 의지하며 지내자."
> 꼭 기약하시더니, 홀연 등창이 나시어 7월 26일에 하세(下世)하시니, 망극하기 어찌 예사 고부의 정으로 이르리오. 당신이 나라를 위하여서 자모(慈母)의 하지 못할 일을 하시니, 비록 임금을 위하신 일이나 지통이야 오죽하시리오. 상시 말씀이
> "내가 차마 못할 일을 하였으니, 내 자취에는 풀도 나지 아니하리라."
> 하시고
> "내 본심인즉 종사와 나라, 그리고 임금을 위해 한 일이나, 생각하면 모질고 흉하

니, 빈궁은 내 마음을 알거니와, 세손 남매라도 나를 어찌 알리오."

하시고, 매양 밤에 주무시지 아니하시고, 동편 툇마루에 나와 앉으시어, 동쪽을 바라보시며 상심하시며

"혹 내가 그 행동을 하지 않았어도 나라가 보전하였을까. 내가 잘못하였나."

하시다가, 또

"그렇지 않다. 이 여편네의 약한 생각이지, 내가 어이 잘못하였으리오."

사도세자 혼궁에 오신 때면 더욱 부르짖어 울고 서러워하시니, 이것이 마음에 병이 되어 몸을 마치시니, 서럽도다.

혜빈궁은 선희궁 죽음의 원인을 등창으로 기술하고 있고, 『영조실록』에도 병사로 적고 있지만, 『혜빈궁일기』에는 선희궁에 대한 병문안 기록이 전혀 보이지 않는다. 이처럼 투병의 흔적이 전혀 없는데, 사도세자의 삼년상이 끝나자 곧 죽었다는 것은 선희궁의 자살을 의심케 하는 대목이다. 선희궁의 죽음 이후 혜빈궁의 삶도 파탄이 났는지, 『혜빈궁일기』도 기록이 제대로 이루어지지 않았다. 기록이 빠진 날이 적지 않을 뿐만 아니라 내용도 부실하기 그지없다.

대전과 중궁전에 일차문안을 드렸다. 자비내관 임봉휴가 갔다가 돌아와 복명하였다.

"달, 오늘 선희궁이 돌아가시어 혜빈궁이 경희궁에 가실 때, 옥섬니(玉薛里)[191]가 탈 말 한 마리, 별감이 탈 말, 선행내인(先行內人)이 탈 말 일곱 마리, 시녀가 탈 말 스무 마리, 그릇을 올릴 섬니내관이 탈 말 한 마리, 내인을 데리고 갈 장무내관이 탈 말 및 자비내관이 탈 말 네 마리, 의녀가 탈 말 두 마리, 모두 사십 마리 말의 마패를 내주십사 아뢰나이다."

혜빈궁이 경희궁에 가실 때 시시각각으로 예현문(禮賢門)[192], 건양문으로 나와서, 홍원문(興元門)[193], 연광문(延光門)[194]으로 들어가시고, 홍명문(興明門) 안에 이르러 내

191 옥섬니: 뒤에 '玉印 兼 薛里內官', '玉印薛里', '玉印差備薛里'가 나오는데 모두 옥섬니와 함께 옥인의 관리를 맡은 내관의 직명으로 보인다.

192 예현문: 창덕궁에 있는 문 가운데 하나.

193 홍원문: 원문에는 '興遠門'으로 되어 있으나 이는 '興元門'의 오기로 보인다. "궐(闕)의 정문(正門)은 모두 다섯 개가 있는데, 동쪽에 있는 홍화문(興化門)은 어가(御駕)가 출입하는 정문이고, 그 문의 왼쪽은 홍원

리셨는데, 승언빗 둘이 수행하였다. 별련시는 중궁전 승전빗이고, 세손궁 장번내관이 가마를 준비하였다.

대전의 장번내관, 세손궁의 장번내관과 각 전궁의 출입번내관이 문안단자를 드렸다.

승정원과 내의원에서 문안하니 답하셨다. "알았다."

二十六日.

大殿中宮殿, 日次問安. 差備內官林鳳休, 往還復令.

達, 今日暎嬪別世, 宮詣慶熙宮敎是時, 玉辞里所騎馬一匹, 別監所騎馬, 先行內人所騎馬七匹, 侍女所騎馬二十匹, 器皿陪進辞里所騎馬一匹, 內人領去掌務所騎馬, 及差備所騎馬四匹, 醫女所騎馬二匹, 請出四十馬之牌之意, 敢達.

宮詣慶熙宮敎是時, 時刻隨時[195], 禮賢門, 陽門[196]出, 入于興遠門延光門, 到興明門內下爲之, 則兩承言色爲之. 別輦侍則中宮殿承傳色, 世孫宮長番內官, 車備中爲之.

大殿長番內官, 世孫宮長番內官, 各殿宮出入番內官, 問安單子爲之.

政院藥房, 問安, 答曰, 知道.

7월 28일

"달, 오늘 호상(護喪) 승언빗내관이 탈 말 한 마리의 마패를 내주십사 아뢰나이다."

승언빗 이흥록이 호상하는 일로 나가며 하직하였다.

二十八日.

達, 今日護喪承言色內官所騎馬一匹, 請出馬牌之意, 敢達.

承言色李興祿, 護喪事, 進去下直.

문(興元門)이고, 오른쪽은 개양문(開陽門)이며, 서쪽은 숭의문(崇義門)이고, 북쪽은 무덕문(武德門)이다." 『홍재전서(弘齋全書)』 제4권, 「경희궁지(慶熙宮志)」. 『승정원일기』 1764년 7월 26일 기사에 혜빈궁이 흥원문을 거쳐 흥명문으로 들어왔다는 말이 있다.

194 연광문: 경희궁의 여러 문 중 하나. 중광원(重光院) 밖에 있었다.

195 時刻隨時: 8월 4일 조에는 '隨時刻時'로 표기되어 있는데, 시각수시가 일반적인 표현이다.

196 陽門: 창덕궁의 동문인 건양문(建陽門)인 듯.

7월 29일

승언빗 이흥록.

선희궁 상례 성복 후에 갔다가 돌아와 복명하였다.

二十九日.
承言色李興祿.
大宮自家成服後, 往還復令.

8월

8월 4일

"혜빈궁이 창덕궁으로 돌아오실 때, 시시각각으로, 옥인 겸 섬니내관이 탈 말, 별감이 탈 말 한 마리, 선행내인이 탈 말 일곱 마리, 시녀가 탈 말, 수라 그릇을 올릴 섬니내관이 탈 말 한 마리, 내인이 탈 말 한 마리, 각 자비내관이 탈 말 네 마리, 의녀가 탈 말 두 마리, 모두 열일곱 마리 말의 마패를 내주십사 아뢰나이다."

"달, 사시(巳時)에 혜빈궁이 창덕궁으로 돌아오실 때, 숭현문(崇賢門)[197] 안에서 가마에 오르시어 숭현문에서 홍화문으로 나오셨는데, 협시승언빗은 이홍록과 박봉흥이고, 중궁전 별련시위 승전빗 명단은

백상송, 성대창, 김성복, 정희문, 김인화,

김낙홍, 문익세, 강의일, 오필성, 강명수

이며, 오장(烏杖)[198] 열 명[199]은

박량덕, 박명희,

한창규, 김장수,

이언록, 최덕윤

인데, 돈화문(敦化門)[200] 동쪽 협문으로 들어가 연문(延門)[201]에서 가마에서 내려 안으로 들어가셨나이다.

옥인섬니 최석담,

---

197 숭현문: 경희궁 경현당의 남쪽 문.

198 오장: 오장자비(烏杖差備, 五仗差備)를 말한다. 충찬위(忠贊衛)에 속하여 검은 지팡이를 들고 빈(嬪)이나 귀인(貴人) 등 내명부(內命婦)의 경비를 맡은 병졸이다. 선원록(璿源錄)이나 실록(實錄)을 가지고 갈 때 선발한다.

199 아래에 6명만 나오는데, 이는 기록의 누락으로 보인다.

200 돈화문: 창덕궁의 정문.

201 연문: 창덕궁에는 연화문(延和門), 연춘문(延春門), 연생문(延生門), 연현문(延賢門) 등 '연(延)' 자가 들어가는 문이 적지 않은데, '연문'은 '연생문'을 가리킬 가능성이 높다. 1764년 9월 24일 조를 보면 혜경궁이 화문 안에서 가마를 타고 연생문으로 나갔다는 말이 있다.

시녀마(侍女馬)[202] 자비장무 황응서, 안상형,

선자비(扇差備)[203] 우홍귀,

장무 이경윤은 걸어갔사옵니다."

八月初四日.

宮還詣昌德宮敎是時, 隨時刻時, 玉印兼薛里內官所騎馬, 別監所騎馬一匹, 先行內人所騎馬七匹, 侍女所騎馬, 水刺器皿陪進薛里所騎馬一匹, 內人所騎一匹, 各差備所騎馬四匹, 醫女所騎馬二匹, 請十七馬牌之意, 敢達.

達, 巳時宮還詣昌德宮敎是時, 崇賢門內乘輦, 自崇賢門出興化, 挾侍承言色, 李興祿, 朴鳳興, 中宮殿別輦侍衛承傳色望,

白尙宋, 成大昌, 金聖福, 鄭喜文, 金仁化,

金洛弘, 文益世, 姜義一, 吳弼成, 姜明壽,

烏杖十,

朴良德, 朴明喜,

韓昌奎, 金長壽,

李彦祿, 崔德崙,

敦化門東挾入, 延門下輦, 入內爲之.

玉印薛里, 崔錫聃,

侍女馬差備掌務, 黃應瑞, 安相衡,

扇差備禹洪龜,

掌務李景潤, 步行.

---

202 시녀마: 시녀가 타는 말을 가리키는 듯하다. 혜빈궁의 경우 대개 스무 마리를 요청하고 있다.

203 선자비: 부채, 양산 등의 의장을 든 내관.

8월 5일

대전과 중궁전에 일차문안을 드렸다. 자비내관 김흥재가 갔다가 돌아와 복명하였다.

"달, 오늘 임금이 육상궁에 거둥하실 때, 출환궁문안패와 자비내관이 탈 말 두 마리, 별감이 탈 말 두 마리, 모두 네 마리 말의 마패를 내주십사 아뢰나이다."

임금이 육상궁에 거둥하실 때, 출궁문안 자비내관 안상형이 갔다가 돌아와 복명하였고, 환궁문안 자비내관 김흥재가 갔다가 돌아와 복명하였다.

初五日.

大殿中宮殿, 日次問安. 差備內官金興載, 往還復令.

達, 今日大駕毓祥宮擧動敎是時, 出還宮問安牌, 及差備內官所騎馬二匹, 別監所騎馬二匹, 請出四馬牌之意, 敢達.

大駕毓祥宮擧動敎是時, 出宮問安差備內官安相衡, 往還復令, 還宮問安差備內官金興載, 往還復令.

8월 6일

대전과 중궁전에 일차문안을 드렸다. 자비내관 안상형이 갔다가 돌아와 복명하였다.

대전과 중궁전이 묘정삼각(卯正三刻)[204]에 창덕궁으로 돌아오셨다.

初六日.

大殿中宮殿, 日次問安. 差備內官安相衡, 往還復[205].

大殿中宮殿, 卯正三刻還御于昌德宮爲之.

---

204 묘정삼각: 묘시는 오전 5시부터 7시이니 묘정은 6시이고, 1각은 15분이므로, 오전 6시 45분경을 가리킨다.

205 '令' 자가 빠진 듯.

8월 9일

승언빗 박봉흥.

“달, 우리 궁의 사약(司鑰)[206] 차달운(車達運)[207]이 병이 중해져 스스로 물러나고자 소지(所志)[208]를 올렸으니 이를 아시도록 아뢰나이다.”

“알았다. 사약 차달운이 병이 중하여 소지를 한 것 같으니, 병은 출근하지 못할 정도인 듯하지만, 공이 있어 살아 있을 때 스스로 물러나게 하기는 불쌍하니, 소지는 돌려주게 하고, 차달운이 죽으면 세손궁의 사약으로 차달운의 일을 맡게 하라.”

初九日.

承言色朴鳳興.

달, 본궁 ᄉᆞ약(司鑰) ᄎᆞ달운 신병(身病)이 쳠즁(添重)ᄒᆞ오와 ᄌᆞᄐᆡ(自退) 소지(所志)ᄒᆞ야ᄉᆞ오ᄆᆡ 아ᄋᆞ오시게 젼ᄎᆞ로 알외옵나이다.

알과라. ᄉᆞ약 ᄎᆞ달운이 신병(身病) 즁(重)ᄒᆞ야 소지(所志)를 한가 시브니, 병은 ᄃᆞ니지 못ᄒᆞ렴즉ᄒᆞ되, 유공(有功)ᄒᆞ니 ᄉᆡᆼ젼(生前)의 ᄌᆞ퇴(自退)를 밧기는 가긍(可矜)ᄒᆞ니, 소지(所志)는 도로 쥬게 ᄒᆞ고, 차달운의 유고(有故)ᄒᆞ는 ᄢᅴ는 세손궁 ᄉᆞ약으로 겸찰(兼察)허게 ᄒᆞ라.

8월 10일

혜빈궁 섬니내관 보고문.

혜빈궁 연례 김치, 사도세자 궁의 아지 1, 혜빈궁 아지 1.

연례 김치 만드는 데 소용되는 잡물을 정례대로 진상할 것.

공조 및 자문감, 선공감, 각 해당 관아에 명령을 내릴 것.

건륭 29년 8월 초10일. 섬니내관 임한장.

---

206 사약: 액정서(掖庭署)에 두었던 정육품 잡직(雜職). 액정서는 왕명 전달, 붓이나 벼루, 열쇠 등의 관리를 맡은 부서이다. 이곳의 하위직을 통칭 ‘별감’이라고 부른다.

207 차달운: 혜빈궁 사약으로 이듬해 7월 17일에는 업무 불성실로 징벌을 받았다. 『승정원일기』에도 ‘사약 차달운’이 보인다.

208 소지: 청원이 있을 때 관아에 내는 소장(訴狀).

혜빈궁 섭니내관 보고문.
청연군주방 연례 김치, 유모 1, 보모 1.
청선군주방 연례 김치, 유모 1, 보모 1.
소용되는 잡물을 정례대로 진상할 것.
호조, 공조 및 자문감, 선공감, 각 해당 관아에 명령을 내릴 것.
건륭 29년 8월 초10일. 섭니내관 임한장.

혜빈궁 섭니내관 보고문.
양제방 김치.[209]
은언군방 연례 김치, 유모 1.
은신군방 연례 김치, 유모 1.
왕손방 연례 김치, 유모 1.
현주방 연례 김치, 유모 1.
각기 김치 만드는 데 소용되는 잡물을 정례대로 진상할 것.
호조 및 자문감, 선공감, 각 해당 관아에 명령을 내릴 것.
건륭 29년 8월 초10일. 섭니내관 임한장.

初十日.
惠嬪宮薛里內官手本.
宮年例沉葅[210], 及故世子宮阿只一, 宮阿只一.
年例沉葅所用一應雜物, 依定例進上.
工曺及紫門監繕工繕[211], 各該司良中, 行下向教是事.
乾隆二十九年八月初十日. 薛里內官林翰章.

惠嬪宮薛里內官手本.
淸衍郡主房, 年例沉葅, 及乳母一, 保母一.

---

209 이 부분에 빠진 내용이 있는 듯하다.

210 沉葅: 김치. 이덕무의 『사소절(士小節)』에는 저(葅)에 다음과 같은 주석을 달았다. "담근 야채를 일러 저(葅)라 한다. 무, 순무, 가지, 오이 등속이 모두 김치가 될 수 있다. 속칭은 '침채'이다(淹菜曰葅, 蕪菁蔓菁蘿葍茄子與苽之屬, 皆可沈葅, 俗名沈菜)." 추석 전에 김치를 담근 것으로 보아 김장은 아니고 열무, 무, 순무, 오이 등으로 만든 여름 김치인 듯하다.

211 繕工繕: '繕工監'의 오기인 듯하다.

淸璿郡主房, 年例沉葅, 及乳母一, 保母一.
所用一應雜物, 定例進排事.
戶曹工曹及紫門監繕工監, 各該司, 行下向教是事.
乾隆二十九年八月初十日. 薛里內官林翰章.

惠嬪宮薛里內官手本.
良娣房, 沉葅, 及.
恩彦君房, 年例沉葅, 及乳母一.
恩信君房, 年例沉葅, 及乳母一.
王孫房, 年例沉葅, 及乳母一.
縣主房, 年例沉葅, 及乳母一.
各沉葅所用一應雜物, 定例進排事.
戶曹及紫門監繕工監, 各該司, 行下向教是事.
乾隆二十九年八月初十日. 薛里內官林翰章.

8월 14일

승언빗 박봉흥.

"달, 내일 임금이 명릉(明陵)[212]에 거둥하실 때, 출환궁문안패와 자비내관이 탈 말 두 마리, 별감이 탈 말 두 마리, 모두 네 마리 말의 마패를 내주십사 아뢰나이다."

十四日.
承言色朴鳳興.
達, 明日大駕明陵擧動教是時, 出還[213]問安牌, 及差備內官所騎馬二匹, 別監所騎馬二匹, 請出四馬牌之意, 敢達.

212 명릉: 경기도 고양 서오릉에 있는 숙종의 무덤. 8월 15일은 숙종의 생일인데, 영조는 늘 이 무렵 명릉에 거둥했다.

213 '出還' 다음에 '宮' 자가 빠졌다.

8월 15일

"달, 오늘 임금이 명릉에 거둥하실 때, 출궁문안 겸 주정소문안, 능소문안 자비내관 김흥재가 하직하고 돌아와 복명함으로 아뢰나이다."

"달, 오늘 왕세손이 영은문(迎恩門)[214]에서 지영(祗迎)[215]하실 때, 별련시와 안부내관으로 누구를 보낼지 아뢰나이다."

답하셨다. "승언빗내관으로 가게 하라."

"달, 오늘 왕세손이 영은문에서 지영하실 때, 별련시내관이 탈 말 한 마리의 마패를 내주십사 아뢰나이다."

"달, 오늘 임금이 명릉에 거둥하실 때, 환궁문안패를 맡고 주정소문안을 드린 내관 안상형이 나가며 하직하고 돌아와 복명함으로 아뢰나이다."

"달, 황공하오나 승언빗 이흥록이 갑자기 병이 중하여, 소인은 별련시로 나가옵고, 시강원 문안을 드리기 위해 출입할 승언빗이 없사오니, 섬니내관으로 가승언빗을 하게 한 전례(前例)가 있사오니, 섬니내관 임한장으로 당분간 대신하게 할 것으로 아뢰나이다."

답하셨다. "알았다."

"달, 오늘 왕세손이 영은문에서 지영하실 때, 소인이 별련시로 나갔다 돌아와 복명함으로 아뢰나이다."

왕세손이 궁관을 보내 문안을 드렸다. 답하셨다. "알았다."

十五日.

達, 今日大駕明陵擧動教是時, 出宮問安兼晝停所到陵所問安差備內官金興載, 下直往還復命之意, 敢達.

達, 今日王世孫迎恩門祗迎教是時, 別輦侍及安否何內官進去乎, 敢達.

---

214 영은문: 중국 사신을 맞이하는 모화관(慕華館) 앞에 세웠던 문이다. 현재 독립문이 있는 곳 바로 앞에 있었다. 새 임금이 즉위하여 중국 사신이 조칙을 가지고 오면 임금이 친히 모화관까지 나가는 것이 상례였다. 처음 문이 완성되었을 때는 이름을 영조(迎詔)라고 했는데, 1606년에 중국 사신 설정총(薛廷寵)의 주장으로 영은(迎恩)이라고 고쳤다. 현존하는 서울의 고지도상에는 이 문의 다른 표기로 연주문(延柱門), 연은문(延恩門) 등이 보인다.

215 지영: 백관(百官)이 임금의 행차를 맞이하는 일.

達[216], 승언빗ᄂᆡ관으로 가게 ᄒᆞ라.

達, 今日王世孫迎恩門祇迎教是時, 別輦侍內官所騎馬一匹, 請出一馬牌之意, 敢達.

達, 今日大駕明陵擧動教是時, 還宮問安牌, 兼晝停所問安內官安相衡, 進去下直往還復令之意, 敢達.

達, 황공ᄒᆞ오오ᄃᆡ 승언빗 이홍녹 시병(身病)[217]이 졸듕(猝重)ᄒᆞ오와, 소인(小人)는 별년시(別輦侍)로 진거(進去)ᄒᆞ오옵고, 시강원(侍講院) 문안(問安)이[218] 문안(問安) 츌립(出入)ᄒᆞ오올 승언빗 업ᄉᆞ오〃니, 셤니ᄂᆡ관 가(假)승언빗 ᄃᆡ힝(代行)ᄒᆞ오은 젼네 닛ᄉᆞ오〃며, 셤니ᄂᆡ관 님한장으로 일시(一時) ᄃᆡ힝ᄒᆞ오올 ᄉᆞ년 젼ᄎᆞ로 아아오시긔 알외오ᄋᆞᆸᄂᆞ이다.

답, 알과라.

達, 今日王世孫迎恩門祇迎教是時, 小人別輦侍, 進去往還復令之意, 敢達.

王世孫, 遣宮官問安. 答曰, 知道.

8월 16일

내의원, 승정원, 홍문관에서 문안을 드렸다. 답하셨다. "알았다."

十六日.

藥房政院玉堂, 問安. 答曰, 知道.

8월 23일

가승언빗 최석담.

승언빗 박봉홍.

"달, 황공하오나 소신이 연일 입번하였더니 병이 나 일을 맡기 어렵고, 교대 승언빗내관 이홍록도 병으로 입번할 수 없어서, 승언빗 일을 섬니내관으로 대신하게 하는 전교가 있사오니, 섬니내관 최석담으로 하게 하였음을 아뢰나이다."

답하셨다. "알았다."

---

216 達: '答'의 오기인 듯하다.

217 시병: '신병'의 오기인 듯하다.

218 '문안이'는 중복되어 잘못 들어간 것으로 보인다.

二十三日.

假承言色崔錫聃.

承言色朴鳳興.

달(達), 황공ᄒᆞ오ᄋᆞᄃᆡ 소신(小臣) 년일(連日) 입번(入番)ᄒᆞ오와숩더니 신병(身病) 나호오와 만무(萬無) 찰임(察任)이오옵고, 교ᄃᆡ(交代) 承言色 ᄂᆡ관 니홍녹 신병(身病)이 잇ᄉᆞ와 부득(不得) 입번이오ᄃᆡ, 셤니ᄂᆡ관으로 ᄒᆞ옵ᄂᆞᆫ 젼교(傳教) 잇ᄉᆞ오니, 셤니ᄂᆡ관 최셕담으로 ᄒᆞ오올 ᄉᆞ연 아오오시게 젼ᄎᆞ로 알와옵ᄂᆡ이다.

답, 알괘라.

8월 27일

승언빗 박.[219]

별군직 안경국이 홍원(洪原)[220] 현감이 되어 하직 인사를 하니, 향주머니 하나를 내리셨다.

八月二十七日.

承言色朴.

別軍職安擎國, 洪原縣監, 下直, 香囊子一部.

8월 29일

가승언빗 최석담.

"달, 오늘 임금이 의소묘(懿昭墓)[221]에 거둥하실 때, 출환궁문안패와 자비내관이 탈 말 두 마리, 별감이 탈 말 두 마리, 모두 네 마리 말의 마패를 내주십사 아뢰나이다."

---

219 이 부분에는 이름이 빠져 있다.

220 홍원: 함경도에 있는 한 군의 지명.

221 의소묘: 사도세자의 장자인 의소세손의 무덤. 서울 아현동에 있었다. 현재는 경기도 고양시 서삼릉으로 옮겨져 있다.

二十九日.

假承言色崔錫聃.

達, 今日大駕懿昭墓擧動敎是時, 出還宮問安[222], 及差備內官所騎馬二匹, 別監所騎[223], 合四騎馬牌請出之意, 敢達.

8월 30일

"임금이 의소묘에 거둥하실 때, 출궁문안 자비내관 우홍귀와 환궁문안 자비내관 안상형이 갔다가 돌아와 복명함으로 아뢰나이다."

임금이 선희궁의 빈소를 들르실 때,[224] 별문안을 드릴 자가 탈 말 한 마리, 별감이 탈 말 한 마리, 두 마리 말의 마패를 내주십사 청하였다.

가승언빗 최석담이 별문안을 드리러 갔다가 돌아와 복명하였다.

三十日.

大駕懿昭墓擧動敎是時, 出宮問安差備內官禹洪龜, 還宮問安差備內官安相衡, 往還復令之意, 敢達.

大駕大宮歷臨敎是時, 別問安所騎馬一匹, 別監所騎馬一匹, 二馬牌, 請出.

假承言色崔錫聃, 別問安, 往還復令.

---

222 마지막에 '牌' 자가 빠졌다.

223 '馬二匹'이 빠진 듯하다.

224 『영조실록』 당일 조에 다음과 같은 기록이 있다. "임금이 의소묘에 거둥하였다. 어가를 돌릴 때 갑자기 영빈방(暎嬪房, 선희궁)에 들르겠다고 명하였는데, 이때 영빈이 죽어 아직 장사를 치르지 않았다. 옥당의 관원 원의손, 서명선 등이 구대(求對)하여 말씀을 드리니, 임금이 노하여 말했다. "영빈을 어찌 다른 후궁과 똑같이 볼 수 있겠는가? 이런 말을 하는 자는 나를 따라올 것이 없다." 이어서 그의 빈소에 들렀다가 밤이 되어서야 궁으로 돌아왔다."

9월

9월 1일

❁ 친정의 도움으로 사는 궁녀들

사도세자가 관리하던 용동궁의 서원 김성경이 딸을 내인으로 들인 뒤 전혀 돌보지 않다가 다시 딸을 궁 밖으로 내어 달라고 요구한 모양이다. 구체적인 내용은 적혀 있지 않지만, 내인들이 궁궐에 들어와서도 친정의 도움을 받아 옷 등 치장을 했고, 또 궁궐에서도 내인들에게 그렇게 하도록 요구했던 것으로 보인다.

혜빈궁의 명령에 다음 내용이 있다.

"용동궁의 서원 김성경이 자식을 내인으로 들인 후, 가난하여 치장을 잘해 주지 못하여, 안에서 해 들이라 하는 것이나 해줄 뿐, 들인 후에는 한번 돌아보지 않으니, 짐승이라도 자식을 사랑할 줄 알 것인데, 이것은 어떤 인정이기에, 어린 자식을 중요한 곳에 들이고도, 추위와 더위를 염려하지 않게 하기는커녕, 궐내에서 지어 들이라 하는 것도 즉시 하는 일이 없으니 잘못이라.

무상(無狀)한 사람으로 보고 늘 괘씸히 여겼더니, 지금은 자식을 이미 궐내에 들이고 임금을 업신여기는 뜻이 무상하니, 장 오십 대만 쳐 엄히 다스리되, 무슨 뜻으로 스스로 자식을 들여놓고 형편이 어려우니 치장은 많이는 못해 준다고 해도, 옷가지를 해 들이라는 것도 들인 일이 없고, 서답[225]하러 나간 것도 해서 들인 것이 없으니, 그것은 무슨 뜻이냐. 이제야 자식을 내어 달라 하니, 제 임의로 들이고 싶으면 들이고 내가고 싶으면 내가니, 행사가 절통하니, 지금도 자식의 치장을 때에 미쳐서야 해주면서 감히 내달라 말을 할까. 하나하나 물어 살펴, 엄히 다스리라."

가승언빗 최석담.

"황공하오되 명령에 따라 김성경에게 태장 오십을 치는 것으로 아뢰나이다."

225 서답: 여성이 생리할 때 차는 헝겊 또는 그 빨래.

九月初一日.

닉령닉(內令內), 용동궁(龍洞宮) 서원(書員) 김셩경이 ᄌᆞ식(子息)을 닉인(內人)으로 드리고, 빙곤한 거시 각〃 치장를 잘ᄒᆞ야 쥬지 못ᄒᆞ나, 안히셔 ᄒᆞ야 들리라 한난 거시나 하야 드리지, 아야 드린 후 일번(一番) 고문(顧問)이 업ᄉᆞ니, 금수(禽獸)라도 ᄌᆞ식 ᄉᆞ랑할 쥴 알 거시어든, 이 거슨 무슨 인졍(人情)이완ᄃᆡ, 어린 ᄌᆞ식를 듕지(重地)의 드리고, 치위와 더위의 념녀가 업셔 하야 쥬문ᄏᆞ이와, 궐닉(闕內)의셔만 하야 지어 드리라 하는 것도 즉시 시힝(施行)하는 일이 업ᄉᆞ니, 비(非)이오.

무상(無狀)한 인물이니, 상히 패심이 녀기더니, 즉금(卽今)는 자식을 임의 궐닉(闕內)의 드리고, 나라흘 업수이 녀기는 뜻지 무상한니, 장(杖) 오십만 치죄 엄히 하되, 무산 뜻으로 ᄌᆞ구(自求)ᄒᆞ야 ᄌᆞ식를 드리고 형세(形勢) 뎔박(切迫)ᄒᆞ니, 티장(治粧)를 만히난 못ᄒᆞ야쥰들, 옷ᄎᆞ를 ᄒᆞ여 드린난 것도 ᄒᆞ야 드리란 것도 업고, 셔답ᄒᆞ라 나간 것도 ᄒᆞ야 들리는 일 업스니, 그난 무산 의사오. 닛쎠는 닉야 달ᄂᆞ ᄒᆞ니, 오히려 제 임의로 들리고 시부면 드리고, 닉여가고져 시부면 닉여가니, 일리 졀통(切痛)ᄒᆞ니, 이졔도 ᄌᆞ식의 티장을 쎠의 밋쳐 ᄒᆞ야 쥬며, 감히 달나 말를 할가. 됴건됴건 물어 고찰(考察)ᄒᆞ야, 엄히 치죄(治罪)ᄒᆞ라.

가승언빗 최셕담.

달, 황공ᄒᆞᄋᆞ오ᄃᆡ 닉령(內令) 무로오와 김셩경 틱(笞) 오십 결틱(決笞)ᄒᆞ와 젼ᄎᆞ로 ᄋᆞ아옵시게 알외압닉니다.

9월 2일

가승언빗 최석담.

혜빈궁의 명령에 다음 내용이 있다. “사비(私婢) 년이 궐내 지엄한 줄을 알지 못하여 불측한 일이 많으니, 장 육십 대를 쳐서 엄히 치죄하라.”

“달, 황공하오되 혜빈궁의 명령에 따라 사비에게 장 육십 대를 치는 것으로 아뢰나이다.”

우리 궁 자비내관 임봉휴가 휴가를 얻어 고향에 내려가니 음식 세 가지를 내리셨다.

“달, 내일 수은묘(垂恩廟)[226] 봉심에 승언빗내관이 탈 말 한 마리의 마패를 내주십사 아뢰나이다.”

226 수은묘: 사도세자의 사당을 가리킨다.

九月初二日.

假承言色崔錫聃.

내령(內令)내, 사비(私婢) 년이 궐내 지엄(至嚴)한 줄를 아지 못하니, 이 만하 정상(情狀)이 파측(叵測)[227]하니, 댱 륙십 태(笞)하야 엄히 치죄(治罪)하라.

달, 황공하오오되 내령(內令) 무루와 사비 년이 장 륙십 하온 사연 젼차로 아오오시긔 알외옵나다.

宮差備內官林鳳休, 受由下鄕, 饍物三種, 賜給.

達, 明日垂恩廟奉審事以, 承言色內官所騎馬一匹, 請出一馬牌之意, 敢達.

9월 3일

승언빗 박봉흥.

"달, 오늘 수은묘 봉심에 소인 나가며 하직하고 돌아옴으로 아뢰나이다."

初三日.

承言色朴鳳興.

達, 今日垂恩廟奉審事以, 小人進去下直往還之意, 敢達.

9월 4일

별군직 이책(李策)이 충청도 병마 우후(虞候)[228]가 되어 하직하니, 청색 주머니 하나를 내리셨다.

初四日.

別軍職李策, 忠淸兵虞候, 下直, 靑囊一部, 賜給.[229]

227 파측: 미루어 헤아릴 수 없음.

228 우후: 각 도에 둔 병마절도사와 수군절도사를 보좌하는 일을 맡은 벼슬. 병마 우후가 종삼품, 수군 우후가 정사품이다.

229 『승정원일기』 1764년 8월 22일 조에 "以李策爲忠淸兵虞候"라는 기사가 있다.

9월 9일

승언빗 박봉홍.

장원서(掌苑署)에서 들국화를 진상하니,[230] 낭청 한 명에게 청색 주머니 한 개, 하인에게 버선감을 내리셨다.

初九日.
承言色朴鳳興.
掌苑署野菊, 進上, 郎廳一員, 靑囊一部, 下人足巾次, 賜給.

9월 10일

승언빗 이흥록.

우리 궁 승언빗내관 박봉홍이 휴가를 얻어 고향에 내려가니, 음식 세 가지, 납약(臘藥)[231]과 후추 세 되, 단목(丹木)[232] 열 되를 내리셨다.

初十日.
承言色李興祿.
宮承言色內官朴鳳興, 受由下鄕, 饍物三物, 臘藥胡椒三升, 丹木十升, 賜給.

9월 13일

임금 생일이시니, 승정원과 홍문관에서 문안을 드렸다. 답하셨다. "알았다."

十三日.
大殿誕日敎是時, 政院玉堂問安. 答曰, 知道.

230 이날은 음력 9월 9일 중양절로, 국화를 보고 즐기는 풍속이 있다.

231 납약: 납일(臘日, 동지 뒤에 오는 세 번째 未日로, 음력 12월이다)에 즈음하여 임금이 신하에게 하사하는 약. 납제(臘劑)라고도 한다. 궁중의 내의원에서 지었는데, 납약에는 청심환(淸心丸), 안신환(安神丸), 소합환(蘇合丸) 등이 있다.

232 단목: 동인도 원산인 작은 상록 교목으로, 목재는 활을 만드는 데에 쓰고, 속의 붉은 부분은 물감 또는 약재로 쓴다.

9월 14일

승언빗 이흥록.

"달, 내일 수은묘 봉심에 승언빗내관이 탈 말 한 마리를 내주십사 아뢰나이다."

九月十四日.
承言色李興祿.
達, 明日垂恩廟奉審, 承言色內官所騎馬一匹, 請出之意, 敢達.

9월 15일

"달, 오늘 수은묘 봉심에 소인이 나가며 하직하고 돌아와 복명하나이다."

승언빗 이흥록.

"달, 승언빗내관 박봉흥이 휴가를 얻어 고향에 내려가옵고, 소인은 수은묘 봉심하는 일로 나가 승언빗이 비오니, 섬니내관으로 승언빗을 겸한 전례가 있으니, 섬니내관 임한장으로 겸하게 할 것임을 아시도록 아뢰나이다."

"알았다."

별군직 이훈(李勳)이 소분(掃墳)[233]하려고 하직하니 주머니 하나를 내리셨다.

十五日.
達, 今日垂恩廟奉審事以, 小人進去下直往還復令.
승언빗 니흥녹.
달, 승언빗ᄂᆡ관 박봉흥 슈유하향 하ᄋᆞ압고, 소닌은 사뫼 봉심ᄉᆞ로 진거ᄒᆞ야옵고 승언빗 뷔야오니, 셤니ᄂᆡ관으로 승언빗 겸찰ᄒᆞ오온 졀네 잇ᄉᆞ오ᄆᆡ, 셤니ᄂᆡ관 님한장으로 겸찰ᄒᆞᄋᆞ올 ᄉᆞ연 젼ᄎᆞ 아ᄋᆞ옵시기 알외ᄋᆞ옵ᄂᆞ이다.
알과라.
別軍職李勳, 掃墳下直, 嚢子一部, 賜給.

233 소분: 경사가 있을 때 조상의 무덤에 가서 고유제(告由祭)를 올리는 일.

9월 16일

가승언빗 임한장.

수은묘 수궁내관(守宮內官) 김겸희가 부모를 찾아뵈려고 하직하니, 음식 세 가지를 내리셨다.

우리 궁 승언빗내관에게 물린 음식 세 그릇, 출입번내관에게 물린 음식 네 그릇을 내리셨다.

十六日.
假承言色林翰章.
垂恩廟守宮內官金謙禧, 覲親下直, 饍物三種, 賜給.
宮承言色內官處, 退膳三器, 出入番內官處, 退膳四器.

9월 20일

가승언빗 임한장.

우리 궁 승언빗내관에게 동과(冬果)[234] 두 개, 출입번내관에게 동과 두 개를 내리셨다.

二十日.
假承言色林翰章.
宮承言色內官處, 冬果二介, 出入番內官處, 冬瓜二介, 賜給.

9월 21일

사재감에서 김치 담글 소금 열 섬을 올렸다.

二十一日.
司宰監沈葅鹽十石, 封進.

---

234 동과: 호박과 같은 박과의 한해살이 덩굴성 식물로, '冬果'와 '冬瓜'는 같은 말인 듯하다. '동아'라고도 한다.

9월 22일

세손 생일이시어[235] 승정원과 홍문관에서 문안을 드렸다. 답하셨다. "알았다."

우리 궁의 출입번내관에게 물린 음식 네 그릇을 내리셨다.

二十二日.
世孫宮誕日教是時, 政院玉堂問安. 答曰, 知道.
宮出入番內官處, 退膳四器, 賜給.

9월 23일

승언빗 이흥록.

"혜빈궁이 선희궁 빈소에 가실 때, 옥인자비(玉印差備)[236] 섬니내관이 탈 말 한 마리, 별감이 탈 말 한 마리, 선행내인이 탈 말 한 마리, 시녀가 탈 말 한 마리, 수라 그릇을 올릴 섬니내관이 탈 말 한 마리, 각 자비내관이 탈 말 네 마리, 의녀가 탈 말 한 마리, 모두 서른일곱 마리 말의 마패를 내주십사 아뢰나이다."

혜빈궁이 선희궁 빈소에 가실 때 대전과 중궁전에 문안한 자비내관 안상형이 갔다가 돌아와 복명하였다.

二十三日.
承言色李興祿.
宮詣大宮教是時, 玉印差備薛里內官所騎馬一匹, 別監所騎馬一匹, 先行內人所騎馬一匹, 侍女所騎馬一匹, 水剌器皿陪進薛里內官所騎馬一匹, 各差備內官所騎馬四匹, 醫女所騎馬一匹, 請出三十七馬牌之意, 敢達.
宮詣大宮教是時, 大殿中宮殿問安, 差備內官安相衡, 往還復命.

---

235 9월 22일은 정조의 생일이다.

236 옥인자비: 명령서 등에 찍을 옥으로 만든 도장을 맡아 간수하는 사람.

9월 24일

묘시(卯時, 오전 6시경)에 혜빈궁이 선희궁 빈소에 가실 때, 화문(華門)[237] 안에서 가마를 타고 연생문(延生門)[238]을 나가니, 협시(挾侍) 승언빗은 대전 별련시 장번내관 오준겸과 중궁전 별련시 승언빗내관 김경고이고, 오장자비가 열 사람이다. 돈화문 동쪽 협문으로 나가셨다.

대전 안의 삼문(三門)[239] 안쪽에서 가마에서 내려 안으로 들어가셨다. 같은 날 유시(酉時, 오후 5~7시)에 돌아오실 때, 오시는 길을 보면 궁 대문에서 가마를 타고 일화문(日華門)으로 들어오셨다. 협시승언빗은 이흥록, 세손궁 장번내관 차덕중이며, 별련시는 위와 같다. 귀유치(歸遊赤)[240] 내관도 두었다.

오장자비는 열 명이었다.

김세흥, 안수장, 박동항, 정이서, 박상욱, 황도서, 정덕해, 김국현, 김방서, 이방욱.

옥인섬니내관 최석담, 시녀가 타는 말을 맡은 자비장무내관 이경윤, 양산장무내관 황응서, 수라 그릇 올리는 섬니내관 임한장, 운검(雲劍)[241] 둘. 김흥재와 안상형은 선자비(扇差備)를 겸하였다.

대전 안부내관 연수장, 중궁전 안부내관 윤흥좌, 빈궁 문안내관 박준항.

二十四日.

卯時宮詣大宮教是時, 華門內乘輦, 出延生門, 挾侍承言色, 大殿別輦侍長番內官吳俊謙, 中宮殿別輦侍承言色內官金景祜, 烏杖差備十人. 出敦化門東挾進.

大殿內三門內下輦, 入內爲之. 同日酉時, 宮還差[242]教是時, 道路則自宮大門乘輦, 入日華門. 挾侍承言色李興祿, 世孫宮長番內官車德中, 別輦侍上同. 歸遊赤, 侍教置之. 烏杖差備十, 金世興, 安壽長, 朴東恒, 丁易瑞, 朴尙郁, 黃道瑞, 鄭德海, 金國賢, 金防瑞, 李方昱. 玉印薛里內官崔錫聃, 侍女馬差備掌務內官李景潤, 陽傘掌務內官黃應瑞, 水剌器皿陪進薛里內官林翰章, 雲劍二. 金興載安相衡扇差備兼.

大殿安否內官延壽長, 中宮殿安否內官尹興佐, 嬪宮問安內官朴峻恒.

---

237 화문: 일화문(日華門)인 듯하다. 일화문은 창경궁 집복헌 남쪽에 있다.

238 연생문: 창경궁 집복헌 동쪽에 있는 문.

239 삼문: 대궐이나 관아 앞에 있는 문으로 정문(正門), 동협문(東夾門), 서협문(西夾門)을 이르는 말.

240 귀유치: 궁중에서 잔심부름을 하는 어린 내시.

241 운검: 임금 곁에서 칼을 차고 지키는 호위 무사. 여기서는 내관 운검을 가리키는 듯하다.

242 還差: '還宮'의 오기인 듯하다.

9월 26일

가승언빗 임한장.

"달, 오늘 선희궁의 호상[243] 내관이 탈 말 한 마리, 별감이 탈 말 한 마리의 마패를 내주십사 아뢰나이다."

승언빗 이홍록.

"달, 오늘 선희궁 호상 일로 소인이 나가며 하직함으로 아뢰나이다."

우리 궁 자비내관 안상형이 부모를 찾아뵈려고 하직하니 음식 세 가지를 내리셨다.

"달, 오늘 임금이 육상궁에 거둥하실 때, 출환궁문안패와 자비내관이 탈 말 두 마리, 별감이 탈 말 두 마리, 모두 네 마리 말의 마패를 내주십사 아뢰나이다."

"달, 내일 임금이 육상궁에 거둥하시고 왕세손이 수가하실 때, 별련시와 안부로 어느 내관을 보낼지 아뢰나이다."

"알았다. 섬니내관으로 가게 하라."

"달, 내일 임금이 육상궁에 거둥하시고 왕세손이 수가하실 때, 별련시가 탈 말 한 마리의 마패를 내주십사 아뢰나이다."

시간. 선희궁 발인시(發引時) 망곡(望哭)은 정시 축시(새벽 2시), 안장시(安葬時) 망곡은 진시(辰時, 오전 7~9시).

임금의 전교 안에 각 전궁은 호상을 궐문 안에서 하라는 말씀이 있었고, 혜빈궁의 명령은 우리 궁의 승언빗은 견련(肩輦)[244]을 배행하여 묘소에 도착할 것이며, 길에서 문서를 보내는 등의 일은 이리이리하라고 하셨다.

3경 3점(三更三点, 밤 12시경). 승언빗 이홍록이 올린 문서.

"달내(達內)[245], 선희궁의 상례에 빈전(殯奠)을 차릴 것으로 아뢰나이다."

4경 2점에 망곡한 후 내의원, 승정원, 홍문관에서 위로하며 문안을 드렸다.

대전 장번, 중궁전 출입번, 우리 궁 출입번, 각 전궁 출입번내관.

---

243 다음 날인 27일은 선희궁이 죽은 지 두 달이 넘어 발인하는 날이다.

244 견련: 가마꾼들이 어깨에 메고 다니도록 만든 가마.

245 달내: 안에다 아뢴다는 뜻. 여기서는 혜빈궁에 아뢴다는 의미다.

자비내관 안상형이 부모를 찾아뵈려고 하직하니 음식 세 가지를 내리셨다.[246]

"달, 내일 임금이 육상궁에 거둥하실 때, 출궁문안패와 자비내관이 탈 말 두 마리, 별감이 탈 말 두 마리, 모두 네 마리 말의 마패를 내주십사 아뢰나이다."

"달, 내일 임금이 육상궁에 거둥하시고 왕세손이 수가하실 때, 별련시와 안부에 어느 내관을 보낼지 아뢰나이다."

"알았다. 섬니내관으로 가게 하라."

"달, 내일 임금이 육상궁에 거둥하시고 왕세손이 수가하실 때, 별련시가 탈 말 한 마리의 마패를 내주십사 아뢰나이다."

액정서 사알 이하가 문안을 드렸다. 답하셨다. "알았다."

승언빗 이홍록이 올린 문서.

"달내, 파루 후 소의문(昭義門)[247]으로 잘 나간 것으로 아뢰나이다."

"달내, 파루 후 재인암에서 노제(路祭)[248]를 행한 것으로 아뢰나이다."

"달내, 해가 밝기 전에 묘소에 잘 도착한 것으로 아뢰나이다."

"달, 오늘 임금이 육상궁에 거둥하실 때 출궁문안 자비내관 우홍귀, 왕세손이 수가하실 때 안부 자비내관 우홍귀, 별련시와 섬니를 겸한 최석담이 나가며 하직하고 돌아와 복명함으로 아뢰나이다."

왕세손이 궁관을 보내 문안을 드렸다. 답하셨다. "알았다."

"달, 오늘 임금이 육상궁에 거둥하시고 선희궁에 들르시며 왕세손이 수가하실 때, 환궁문안 자비내관 김홍재가 하직하고 갔다가 돌아와 복명함으로 아뢰나이다."

승언빗 이홍록이 올린 문서. 진시에 옴.

"달내, 선희궁 상례에 발인을 하여, 묘시에 제청(祭廳)[249]으로 들어갔으며, 자내(自內)에 빈전을 차릴 것으로 아뢰나이다."

---

246 앞부분에 나온 말이 되풀이되는데, 잘못하여 두 번 기록한 것으로 보인다.

247 소의문: 서울 성문 중 사소문(四小門)의 하나. 속칭 서소문(西小門)이라고 한다. 선희궁의 무덤은 원래 서울 신촌의 연세대학교 안에 있었으나, 현재는 고양으로 옮겨져 있다.

248 노제: 발인(發靷)할 때에 길에서 지내는 제사.

249 제청: 장사(葬事) 때에 제사를 지내기 위하여 무덤 옆에 마련한 곳.

승언빗 이흥록이 올린 문서. 미시(未時, 오후 2시경)에 옴.

"달내, 선희궁 상여가 제청을 떠나 무덤으로 가서 기다리고 있음을 아뢰나이다."

"달내, 선희궁 상여가 우제(虞祭)[250]를 차릴 때가 된 것으로 아뢰나이다."

신시에 온 문서.

"달내, 선희궁 상례에 신시에 무사 하관한 것으로 아뢰나이다."

신시에 안장하고 망곡한 후 대전 장번내관, 세손궁 장번내관, 중궁전 출입번내관, 우리 궁 출입번내관, 각전 자비내관 및 액정서 사알 이하가 문안을 드렸다. 답하셨다. "알았다."

가승언빗 임한장.

"달, 오늘 선희궁 반우제(返虞祭)[251]에 제물을 올릴 장무내관이 탈 말 한 마리의 마패를 내주십사 아뢰나이다."

"달, 오늘 선희궁 반우제에 제물을 올린 장무내관 이경윤이 하직하고 갔다가 돌아와 복명함으로 아뢰나이다."

승언빗 이흥록.

"달, 선희궁 호상 일로 소인이 갔다가 돌아와 복명함으로 아뢰나이다."

二十六日.

假承言色林翰章.

達, 今日大宮護喪內官所騎馬一匹, 別監所騎馬一匹, 請出牌[252]之意, 敢達.

承言色李興祿.

達, 今日大宮護喪事以, 小人進去下直之意, 敢達.

宮差備內官安相衡, 覲親下直, 饍物三種, 賜給.

達, 今日大駕毓祥宮擧動敎是時, 出還宮問安牌, 及差備內官所騎馬二匹, 別監所騎馬二匹, 請出四馬牌之意, 敢達.

達, 明日大駕毓祥宮擧動敎是時, 王世孫隨駕敎是時, 別輩侍安否, 何內官進去乎, 敢達.

알과라, 셤니닉관으로 가라.

達, 明日大駕毓祥宮擧動敎是時, 王世孫隨駕敎是時, 別輩侍所騎馬一匹, 請出一馬牌之意, 敢達.

250 우제: 장사를 치를 때 지내는 제사.

251 반우제: 장사를 치르고 집으로 돌아와 지내는 제사.

252 請出牌: 請出二馬牌의 오기.

禁漏[253]. 大宮發引時望哭, 正時丑時. 安葬時望哭, 辰時.

傳敎內, 各殿宮護喪, 門內爲之事, 有敎, 而內令內, 本宮承言色, 則肩轝陪行到墓所, 行路狀等事, 這〃爲之事, 有內令.

三更三点. 承言色李興祿狀.

達內, 大宮喪, 成殯奠設行之意, 敢達.

四更二点, 望哭敎是後, 藥房政院玉堂, 奉慰問安.

大殿長番, 中宮殿出入番, 宮出入番, 各殿宮出入番內官.

差備內官安相衡, 覲親下直, 饍物三種, 賜給.

達, 明日大駕毓祥宮擧動敎是時, 出宮問安牌, 及差備內官所騎馬二匹, 別監所騎馬二匹, 請出四馬牌之意, 敢達.

達, 明日大駕毓祥宮擧動敎是時, 王世孫隨駕敎是時, 別輦[254]安否, 何內官進去乎, 敢達.

알과라, 셤니ᄂᆡ관으로 가라.

達, 明日大駕毓祥宮擧動敎是時, 王世孫隨駕敎是時, 別輦侍所騎馬一匹, 請出一馬牌之意, 敢達.

職掖庭署司謁以下, 問安. 答曰, 知道.

承言色李興祿狀.

達內, 罷漏後, 昭義門出, 安寧之意, 敢達.

達內, 罷漏後, 才人巖路祭設行之意, 敢達.

達內, 未明時, 到墓所, 安寧之意, 敢達.

達, 今日大駕毓相宮擧動敎是時, 出宮問安差備內官禹洪龜, 王世孫大駕敎是時, 安否則差備內官禹洪龜, 兼別輦侍薛里崔錫聃, 進去下直往還復令之意, 敢達.

王世孫, 遣宮官問安. 答曰, 知道.

達, 今日大駕毓相宮擧動敎是時, 歷臨大宮敎是時, 王世孫大駕敎是時, 還宮問安兼安否[255]差備內官金興載, 下直往還復令之意, 敢達.

承言色李興祿狀. 辰時來到.

達內, 大宮喪, 發引, 卯時入祭廳, 自內成殯奠設行之意, 達.

---

253 禁漏: 궁중의 물시계. 궁루(宮漏).

254 別輦: 別輦侍의 잘못.

255 '~問安兼(及)安否'는 의미상 중복이 있는데, 용례로 보아도 유사한 문맥에 '兼(及)安否'가 빠진 경우가 대부분이다. 따라서 이하 한글 번역에서도 '兼(及)安否'를 생략하였다.

承言色李興祿狀. 未時來到.

達內, 大宮喪, 離發祭廳, 出就墓上待時之意, 敢[256].

達內, 大宮喪, 臨虞祭設行之意, 敢達.

申時來到.

達內, 大宮喪, 申時下棺, 安寧之意, 敢達.

申時, 安葬望哭敎是後, 大殿長番, 世孫宮長番, 中宮殿出入番, 宮出入番, 各殿差備, 及掖庭署司謁以下, 問安. 答曰, 知道.

假承言色林翰章.

達, 今日大宮返虞祭, 〃物陪進掌務內官所騎馬一匹, 請出一匹牌之意, 敢達.

達, 今日大宮返虞祭, 〃物陪進掌務內官李景潤, 下直往還復令之意, 敢達.

承言色李興祿.

達, 大宮護喪事以, 小人往還復令之意, 敢達.

---

256 敢: 敢達의 오기.

10월

10월 1일

승언빗 이흥록.

혜빈궁이 제복(除服)[257]을 하고 망곡하실 때 시각이 정시 진시(오전 8시)였다.

제복을 하고 망곡하실 때 내의원에서 문안을 드렸다.

대전 장번내관, 세손궁 장번내관, 중궁전 출입번내관, 각 전궁 출입번내관 및 의관, 별군직, 액정서 사알 이하에서 문안을 드렸다. 답하셨다. "알았다."

내의원에서 연례 육향고(六香膏)[258]를 진상하였다. 당랑(堂郞)[259]에게 황색 주머니와 청색 주머니 각 한 개, 하인에게 버선을 내리셨다.

상의원에서 옷과 여성 모자용으로 당돈피(唐獤皮)[260] 열다섯 개, 고쟁이감으로 향돈피(鄕獤皮)[261] 마흔 개를 진상하였다. 당상관에는 황색 주머니, 낭청에게는 청색 주머니 여섯 개, 하인 등에게는 버선감, 우리 궁 출입번내관에게 배추 두 단을 내리셨다.

승언빗 두 명과 우리 궁 출입번내관에게 소금 반 섬을 내리셨다.

영의정 홍봉한이 소분을 위해 하직하니, 토주(吐紬) 한 필을 내리셨다.

十月初一日.

承言色李興祿.

宮敎是[262], 除服望哭敎是時, 時刻正時辰時.

除服望哭敎是時, 藥房問安.

大殿長番, 世孫宮長番, 中宮殿出入番, 各殿宮出入番內官, 及醫官別軍職掖庭署司謁以下, 問安. 答曰, 知道.

---

257 제복: 복 입는 기한이 지나서 상복을 벗음.

258 육향고: 동상(凍傷) 치료에 쓰는 고약.

259 당랑: 당상관과 당하관(낭청)을 통틀어 이르는 말.

260 당돈피: 중국산 돈피. 돈피는 담비 종류 동물의 모피를 통틀어 이르는 말.

261 향돈피: 국산 돈피.

262 이 부분에는 생략된 말이 있는 듯하다.

藥房年例六香膏, 進上. 堂郎黃靑囊各一部, 下人足巾.

尙衣院, 衣襨女帽[263]次, 唐獤皮十五領, 串衣[264]次, 鄕獤皮四十領, 進上. 堂上黃囊, 郎廳靑囊六部, 下人等處, 足巾次, 宮出入番內官處, 背菜二丹, 賜給.

承言色二員, 宮出入番內官處, 鹽半石, 賜給.

領議政洪, 掃墳下直, 吐紬一疋, 賜給.

---

263 女帽: 여자가 쓰는 모자.

264 串衣: 고쟁이. 바지 모양의 여자 속옷.

혜빈궁일기 2권
1765년

1월

1월 1일

승정원, 홍문관, 종반, 오흥부원군 김한구, 부마도위 네 명, 대전 장번내관, 세손궁 장번내관, 각 전궁의 출입번내관, 각 처소의 상직내관, 의관, 별군직, 액정서 사알 이하가 문안을 드렸다. 답하셨다. "알았다."

승언빗 박봉흥.

"달, 오늘 임금이 종묘, 선원전, 육상궁에 거둥하실 때, 출궁문안 자비내관 최석징이 나가며 하직하고 돌아와 복명함으로 아뢰나이다."

"달, 오늘 임금이 종묘, 선원전, 육상궁에 거둥하실 때, 환궁문안 자비내관 김흥재가 나가며 하직하고 돌아와 복명함으로 아뢰나이다."

"달, 오늘 수은묘 봉심에 소인이 나가며 하직하고 돌아와 복명함으로 아뢰나이다."

승언빗 이홍록.

"달, 오늘 왕세손이 임금을 수가하실 때, 별련시로 소인이 나가며 하직하고 돌아와 복명함으로 아뢰나이다."

왕세손이 궁관을 보내 문안을 드렸다. 답하셨다. "알았다." 궁관에게 음식을 먹이셨다.

乙酉正月初吉日.

政院, 玉堂, 宗班, 鰲興府院君, 四都尉, 大殿長番內官, 世孫宮長番, 各殿宮出入番, 各處上直內官, 醫官, 別軍職, 掖庭署司謁以下, 問安. 答曰, 知道.

承言色朴鳳興.

達, 今日大駕宗廟璿源殿毓祥宮擧動敎是時, 出宮問安差備內官崔錫徵, 進去下[1]往還復令之意, 敢達.

達, 今日大駕宗廟璿源殿毓祥宮擧動敎是時, 還宮問安差備內官金興載, 進去下直往還復令之意, 敢達.

達, 今日垂恩廟奉審事, 小人進去下直往還復令之意, 敢達.

承言色李興祿.

達, 今日王世孫隨駕敎是時, 別輦侍小人, 進去下直往還復令之意, 敢達.

王世孫, 遣宮官問安. 答曰, 知道. 饋膳爲之.

1월 7일

승언빗 박봉흥.

"달, 수사간(水賜間)[2] 별감 김상복과 송호세를 무겁게 처벌하되 제명은 말라 하신 혜빈궁의 명령 계시니, 장(杖) 수(數)를 묻고자 아뢰나이다."

답하셨다. "알았다. 장 수는 각 칠십 장씩 치죄하라."

"달, 지금 사용하는 분패(粉牌)[3]가 오래되어 많이 낡았고, 단 하나만 있어서 사용하기 극히 어려우니, 부득이 혜빈궁께 이런 사정을 알리고자 아뢰나이다."

답하셨다. "알았다."

"달, 궁 수사간 별감 김상복과 송호세를 장 칠십씩 치죄한 것으로 아뢰나이다."

내섬시에서 동인승 큰 것 두 개와 작은 것 한 개를 진상하였다. 소속 서리 한 명과 창고관리 한 명에게 각각 버선감 하나를 내리셨다.

---

1 進去下: 進去下直의 오기.

2 수사간: 무수리들이 있는 방.

3 분패: 신하를 부를 때 사용하는 패.

7일. 승언빗 박봉흥.

"달, 각사(各司)에서 진상하고 봉진(奉進)한 다음에 당랑(堂郞)과 하인 등에게 물건을 내려주시는 전례가 있는데, 이번 세말과 세초에 진상한 당랑과 하인 등에게 거행할 전례를 장무내관이 아뢰지 아니하였으니, 장무내관을 추고 견책하심으로 아뢰오며, 소인도 채 살피지 못했사오니 황공 대죄하며, 전례를 물을 것으로 아뢰나이다."

답하셨다. "사정 알았다. 내려주는 전례를 즉시 거행하지 않은 일이 놀라우나, 처음이니 장무내관은 나중에 단단히 타이르고 추고는 하지 말라. 승언빗내관도 대죄하지 말라."

乙酉正月初七日.

承言色朴鳳興.

달(達), 슈ᄉᆞ간(水賜間) 별감(別監) 김샹복 송호셰ᄅᆞᆯ 듕이 치죄ᄒᆞ고 졔명은 말나 ᄒᆞ오신 ᄂᆡ령(內令) 계ᄋᆞ오시ᄃᆡ, 장(杖) 슈(數)ᄅᆞᆯ 무로ᄋᆞ올 ᄉᆞ연 젼ᄎᆞ로 아ᄋᆞ오시긔 알외ᄋᆞᆸᄂᆡ이다.

답, 알괘라. 장 슈ᄂᆞᆫ 각 칠십 장식 치죄ᄒᆞ라.

달(達), ᄒᆡᆼ용(行用)ᄒᆞᄋᆞᆸᄂᆞᆫ 분패(粉牌) 년구(年久) 파상(破傷)ᄒᆞᄋᆞᆸ고, 다만 ᄒᆞᆫ나이 잇ᄉᆞ오〃와 ᄒᆡᆼ용ᄒᆞ나ᄋᆞᆸ긔 극히 구간(苟艱)ᄒᆞᄋᆞ오니, 부득이 ᄒᆞ오〃와 ᄂᆡ정(內庭)에 계청(啓請)ᄒᆞᄋᆞ올 ᄉᆞ연 젼ᄎᆞ로 아ᄋᆞ오시긔 알외ᄋᆞᆸᄂᆡ이다.

답, 알괘라.

달(達), 궁(宮) 슈ᄉᆞ간(水賜間) 별감(別監) 김샹복 송호셰ᄅᆞᆯ 장 칠십식 치죄ᄒᆞᄋᆞ옵신 사연 젼ᄎᆞ로 아ᄋᆞ오시긔 알외ᄋᆞ옵ᄂᆡ이다.

內贍寺銅人勝, 大二小一進上. 一部書吏一人, 庫子一名, 各足巾次一.

初七日, 承言色朴鳳興.

달(達), 각ᄉᆞ(各司) 진상(進上) 봉진(奉進) 후 당낭(堂郞)과 하인(下人) 등쳐(等處)에 ᄉᆞ급(賜給)ᄒᆞ오옵시ᄂᆞᆫ 젼네(前例) 잇사ᄋᆞ옵ᄂᆞᆫᄃᆡ, 금변 셰말 셰쵸의 진상 당낭 하인 등쳐의 거ᄒᆡᆼ 젼녀ᄅᆞᆯ 장무ᄂᆡ관(掌務內官)이 알외ᄋᆞᆸ지 아니ᄒᆞ오와ᄉᆞ오니, 쟝무ᄂᆡ관은 츄고(推考) 경칙(見責)ᄒᆞᄋᆞ올 ᄉᆞ연 알외ᄋᆞ옵고, 小人도 불승(不勝) 검찰(檢察)ᄒᆞᄋᆞ오와ᄉᆞ오니 황공 ᄃᆡ죄ᄒᆞᄋᆞ옵고, 젼네(前例) 무로올 ᄉᆞ연 젼ᄎᆞ로 아ᄋᆞ오시긔 알외옵ᄂᆡ다.

답, ᄉᆞ연 알괘라. ᄉᆞ급ᄒᆞᄂᆞᆫ 젼네를 즉시 거ᄒᆡᆼ치 아니ᄒᆞᆫ 일 ᄒᆡ연(駭然)ᄒᆞ나, 쳐음이니 장무ᄂᆡ관은 후일 신칙(申飭)니나 엄허고 츄고ᄂᆞᆫ 그만ᄒᆞ여 잇고, 승언빗ᄂᆡ관(內官)도 ᄃᆡ죄 말나.

1월 9일

승언빗 이흥록.

별군직 천세필이 외임으로 나가게 되어 하직하기에,[4] 황색 주머니 하나를 내리셨다.

상의원에서 옷감을 진상하였다. 당상관과 낭청에 각각 주머니 하나를, 서리 한 명과 장인(匠人) 한 명에게 각각 버선감 하나를 내리셨다.

공조에서 머리장식꽃을 진상하였다. 당상관과 낭청에 각각 주머니 하나를 내리시고, 서리 한 명, 창고관리 한 명과 장인 두 명에게는 각각 버선감 하나를 내리셨다.

우리 궁의 출입번내관에게 세찬미 세 섬을 내렸는데, 이는 용동궁에서 온 것이다.

初九日.
承言色李興祿.
別軍職千世弼, 外任下直, 黃囊一部, 賜給.
尙衣院表裡, 進上. 堂上郎廳, 各囊子一部, 書吏一人, 匠人一名, 各足巾次一.
工曹首花[5], 進上. 堂上郎廳, 各囊子一部, 書吏一人, 庫子一名, 匠人二名, 各足巾次一.
宮出入番內官處, 歲饌米三石, 自龍洞宮來.

1월 12일

승언빗 박봉흥.

"황공하오되 화금(畵金)[6]에 사용할 당모대가 준비된 것이 없는데, 당모사를 안에서 내어준 정례가 있으므로 그리할 것으로 아뢰나이다."

풍군 야(豊君壄)[7]가 소분을 위해 하직하기에, 황색 주머니 하나를 내리셨다.

---

4 『승정원일기』 같은 날에 '東里僉使千世弼' 등이 하직 인사를 했다는 언급이 나온다.

5 首花: 머리에 꽂는 조화(造花).

6 화금: 쇠로 꾸며낸 장식인 듯. 『혜빈궁일기』 1765년 3월 15일 조에 '등촉방 화금 철물'이라는 말이 나오는 것으로 볼 때 등롱에 다는 장식인 듯하다.

7 풍군 야: 종실로 안풍군(安豐君), 화풍군(花豐君) 등 '풍군'이라는 군호를 가진 사람으로 이름이 야(壄)인 사람일 것인데, 일치하는 인물은 확인되지 않는다.

무예별감 조성우가 조니만호(助泥萬戶)[8]가 되어 하직하기에, 청색 주머니 하나를 내리셨다.

乙酉正月十二日.
承言色朴鳳興.
황공ᄒᆞᄋᆞ오되 화금(畵金) 소용(所用) 댱모ᄃᆡ ᄃᆡ령이 업ᄉᆞᄋᆞ오니, 댱모ᄉᆞ ᄂᆡ츌(內出)ᄒᆞᄋᆞ옵신 정녜(定例) 잇사ᄋᆞ오ᄆᆡ, ᄆᆞ로올[9] ᄉᆞ연 젼ᄎᆞ로 아ᄋᆞ오시긔 알외ᄋᆞ옵ᄂᆞ이다.
豊君壂, 掃墳下直, 黃囊一部, 賜給.
武藝別監曺聖佑, 助理萬戶下直, 靑囊一部, 賜給.

1월 20일

승언빗 이흥록.
"달, 내일 사도세자 사당에 갈 승언빗내관이 탈 말 한 마리의 마패를 내주십사 아뢰나이다."

承言色李興祿. 正月二十日.
達, 明日祠廟[10]進去承言色內官所騎馬一匹, 請出一馬牌之意, 敢達.

---

8 조니만호: 원문에 '助理萬戶'로 되어 있으나 이는 '助泥萬戶'의 오기이다. '조니'는 황해도 장연군에 있는 포구의 이름이고, '만호'는 각도(各道)의 진(鎭)에 딸린 종사품(從四品) 무관직(武官職).

9 ᄆᆞ로올: '따르다, 받다'의 의미이며, 여기서는 전례를 따르겠다는 뜻으로 이해된다.

10 祠廟: 사당. 여기서는 사도세자의 사당인 수은묘를 말한다. 다음 날인 1월 21일은 사도세자의 생일이다.

1월 24일

승언빗 박봉홍.

"달, 오늘 임금이 의소세손 묘소와 선희궁 묘소에 거둥하실 때,[11] 출환궁문안패와 자비내관이 탈 말 두 마리, 별감이 탈 말 두 마리, 두 무덤에 제물을 올릴 섬니내관이 탈 말 두 마리, 향배등촉빗(香陪燈燭色)[12]이 탈 말 한 마리, 모두 일곱 마리 말의 마패를 내주십사 아뢰나이다."

"달, 오늘 임금이 의소세손 묘소와 선희궁 묘소에 거둥하실 때, 출궁문안 자비내관 최석징이 나가며 하직하고 돌아와 복명함으로 아뢰나이다."

"달, 오늘 임금이 의소세손 묘소와 선희궁 묘소에 거둥하실 때, 환궁문안 자비내관 김홍재가 나가며 하직하고 돌아와 복명함으로 아뢰나이다."

혜빈궁 섬니내관 보고문.

이번 의소세손 묘소에 거둥하실 때, 별다례 제물을 운반할 갸자꾼[13]과 짐꾼 서른 명을 운반이 끝나고 오늘 24일 문이 열리기를 기다렸다가 수라간에 보낼 것.

병조와 위장소(衛將所)에 명령을 내릴 것.

건륭 30년 1월 23일. 섬니내관 김중윤(金重潤)[14].

乙酉正月二十四日.

承言色朴鳳興.

達, 今日懿昭墓義烈墓[15]擧動教是時, 出還宮問安牌, 及差備所騎馬二匹, 別監所騎馬二匹, 兩墓祭物陪進薛里內官所騎馬二匹, 香陪燈燭色所騎馬一匹, 合七馬牌請出之意, 敢達.

---

11 『영조실록』 1765년 1월 24일에 임금이 의소묘와 의열묘에 들렀다가 저녁에 환궁하였다는 기록이 나온다.

12 향배등촉빗: 향과 등촉을 담당하는 관리.

13 갸자꾼: 갸자로 음식 등을 나르는 사람.

14 김중윤: 『양세계보(養世系譜)』(국립중앙도서관 소장, 제27장)에 김중윤이 보이는데, "고향은 태천이고 가선대부이다. 무덤은 양주 자둔면 신촌 오좌에 있다. 아내는 정부인 전주 이씨이며 합폄을 했다(鄕泰川嘉善大夫, 墓楊州柴芚面新村午坐, 配貞夫人全州李氏合窆)."고 나온다. 『일성록』 1800년 3월 1일 조에는 서정수가 장계를 올려 조관(朝官) 가운데 70세 이상인 사람과 사인(士人)과 서인(庶人)으로서 80세 이상인 사람 등을 보고한 것이 있는데 여기에 김중윤의 이름이 보인다. 양주목(楊州牧) 조관으로 "내시부 상세(內侍府尙洗) 김중윤(金重潤)"이라 했다. 내시부 소속임을 볼 때 동일인으로 추정된다.

15 義烈墓: 사도세자 생모인 선희궁 영빈 이씨의 무덤. 원래 연세대학교 구내에 있었으나 지금은 경기도 고양시 서오릉으로 옮겨져 있다.

達, 今日懿昭墓義烈墓擧動敎是時, 出宮問安差備內官崔錫徵, 進去下直往還復令之意, 敢達.

達, 今日懿昭墓義烈墓擧動敎是時, 還宮問安差備內官金興載, 進去下直往還復令之意, 敢達.

惠嬪宮薛里內官手本.

今此懿昭墓擧動敎是時, 別茶禮祭物輪運架子負持軍三十名, 畢運間, 今二十四日待開門, 水刺間定送事.

兵曹及衛將所良中, 行下向敎是事.

乾隆三十年正月二十三日. 薛里內官金重潤.

1월 30일

승언빗 박봉흥.

"달, 내일 선희궁 사당에 제물을 올릴 섬니내관이 탈 말 한 마리, 향배등촉빗이 탈 말 한 마리, 모두 두 마리 말의 마패를 내주십사 아뢰나이다."

혜빈궁 섬니내관 보고문.

내일 선희궁 사당에 별다례 제물을 운반할 갸자꾼 스무 명을 운반을 끝내고 이번 2월 1일 문이 열리기를 기다렸다가 수라간에 보낼 것.

병조와 위장소에 명령을 내릴 것.

건릉 30년 1월 30일. 섬니내관 김중윤.

正月三十日.

承言色朴鳳興.

達, 明日義烈宮祭物陪進薛里內官所騎馬一匹, 香陪燈燭色所騎馬一匹, 合二馬牌請出之意, 敢達.

惠嬪宮薛里內官手本.

明日義烈宮別茶禮祭物輪運架子軍二十名, 畢運間, 今二月初一日待開門, 水刺間定送事.

兵曹及衛將所良中, 行下向敎是事.

乾隆三十年正月三十日. 薛里內官金重潤.

2월

2월 1일

승언빗 박봉흥.

"달, 오늘 선희궁 묘소에 제물을 올릴 섬니내관 김중윤이 나가며 하직함으로 아뢰나이다."

은장 감역을 좌우번 승언빗이 번갈아 가며 맡았는데 혜빈궁의 명령에 따랐다.

二月初一日.
承言色朴鳳興.
達, 今日義烈墓祭物陪進薛里內官金重潤, 進去下直之意, 敢達.
銀匠監役, 左右番承言色交遞看役事, 有令爲之.

2월 7일

혜빈궁 섬니내관 보고문.

이번 청연군주 재간택 때 생꿩 여섯 마리, 생선 여섯 마리.

二月初七日.
惠嬪宮薛里內官手本.
今此淸衍郡主再揀擇時, 生雉六首, 生鮮六尾.

2월 9일

각 관청에서 진상함.

初九日.
及良[16]各該司良中, 進排事.

---

16 及良: 오기인 듯.

2월 10일

혜빈궁 섬니내관 보고문.
혜빈궁 연례 메주.
상궁 17, 시녀 21, 수사 7, 수모 11, 파지 4, 방자 24.
메주 만드는 데 소용되는 잡물을 정례대로 진상할 것.
호조, 공조 및 자문감, 선공감, 각 해당 관아에 명령을 내릴 것.
건륭 30년 2월 초10일. 섬니내관 최석담.

혜빈궁 섬니내관 보고문.
청연군주방 연례 메주.
청선군주방 연례 메주.
유모 각 1, 보모 각 1, 수사 각 1, 각씨 각 4.
메주 만드는 데 소용되는 잡물을 정례대로 진상할 것.
호조, 공조 및 자문감, 선공감, 각 해당 관아에 명령을 내릴 것.
건륭 30년 2월 초10일. 섬니내관 최석담.

혜빈궁 섬니내관 보고문.
양제방 연례 메주 및 수모 1, 각씨 3.
은언군방 연례 메주.
은신군방 연례 메주.
왕손방 연례 메주.
현주방 연례 메주 및 유모 각 1, 각씨 각 1.
메주 만드는 데 소용되는 잡물을 정례대로 진상할 것.
호조, 공조 및 자문감, 선공감, 각 해당 관아에 명령을 내릴 것.
건륭 30년 2월 초10일. 섬니내관 최석담.

혜빈궁 섬니내관 보고문.
세자 아지 1, 배비 1.
연례 메주.

배비 1.

연례 메주 만드는 데 소용되는 잡물을 정례대로 진상할 것.

호조, 공조 및 자문감, 선공감, 각 해당 관아에 명령을 내릴 것.

건륭 30년 2월 초10일. 섬니내관 최석담.

二月初十日.
惠嬪宮薛里內官手本.
宮年例末醬.
及尙宮十七, 侍女二十一, 水賜七, 水母十一, 巴只四, 房子二十四.
末醬所用一應雜物, 依定例進排事.
戶曹工曹及紫門監繕工監, 各該司良中, 行下向敎是事.
乾隆三十年二月初十日. 薛里內官崔錫聃.

惠嬪宮薛里內官手本.
淸衍郡主房, 年例末醬.
淸瑢[17]郡主房, 年例末醬.
及乳母各一, 保母各一, 水賜各一, 閣氏各四.
末醬所用一應雜物, 依定例進排事.
戶曹工曹及紫門監繕工監, 各該司良中, 行下向敎是事.
乾隆三十年二月初十日. 薛里內官崔錫聃.

惠嬪宮薛里內官手本.
良娣房, 年例末醬, 及水母一, 閣氏三.
恩彦君房, 年例末醬.
恩信君房, 年例末醬.
王孫房, 年例末醬.
縣主房, 年例末醬, 及乳母各一, 閣氏各一.
末醬所用一應雜物, 依定例進排事.
戶曹工曹及紫門監繕工監, 各該司中[18], 行下向敎是事.
乾隆三十年二月初十日. 薛里內官崔錫聃.

---

17 淸瑢: 淸璿의 오기.

18 各該司中: 各該司良中의 오기.

惠嬪[19]薛里內官手本.
世子阿只一, 陪婢一.
年例末醬.
陪婢一.
年例末醬所用一應雜物, 依定例進排.
戶曺工曺及紫門監繕工監, 各該司良中, 行下向教是事.
乾隆三十年二月初十日. 薛里內官崔錫聃.

2월 17일

❁ 궁궐에 딸을 넣은 아버지의 심정

김도홍이 어떤 사람인지는 분명하지 않다. 다만 혜빈궁에게 죄를 받아 태장을 맞는 것을 보면 혜빈궁의 영향력하에 있는 인물이라고 볼 수 있다. 딸 한매를 내인으로 넣었다고 한 것을 보면 별감일 가능성이 높다. 『한중록』에 있는 내인 선발 기사를 보면, 세자궁에 내인이 부족해 혜경궁이 별감과 사약의 딸 가운데서 내인을 뽑으려고 했더니, 해당 사약이 미리 손을 써서 딸이 내인에 뽑히지 않도록 했다고 한다. 이 기사가 아니라도 내인이 별감 자식 중에서 많이 들어온다는 사실은 여러 사료들이 보여 준다. 별감들은 딸을 궁궐에 넣기를 꺼렸는데 어느 정도 유족한 생활을 하는 사람이라면 딸을 한평생 궁궐에 가두어 결혼도 하지 못하고 혼자 살게 만들고 싶지는 않았을 것이다. 김도홍은 어쩌다가 딸을 내인으로 넣을 수밖에 없었지만, 딸의 딱한 처지를 생각하여 죽었다고 속이고 밖으로 빼냈다. 『한중록』에서는 내인이 죄가 있으면 그 오라비를 잡아서 감옥에 가두거나 내수사를 통해 죄를 묻게 한다고 했는데, 한매는 죄가 중해서인지 직접 태장을 맞아야 했다.

승언빗 이흥록.

"달, 황공하지만 소인이 연일 입번하다가 병이 갑자기 위중하게 되었습니다. 교대

19 이 부분에 '宮' 자가 빠져 있음.

승언빗 박봉흥도 병으로 출입하지 못하므로, 섬니내관으로 겸하게 한 전례 있으니, 섬니내관 김중윤으로 승언빗을 겸하게 할 것을 아뢰나이다."

답하셨다. "알았다."

별군직 김수필이 소분하기 위해 하직하니, 주머니 하나를 내리셨다.

혜빈궁의 명령에 다음 내용이 있다.

"자기 족속을 내인으로 들이고 조심하여 부탁하며 잘 살게 하는 것이 옳은데, 함께 부화뇌동하여 윗사람을 속이고 죽지 않은 것을 죽었다고 한 소행이 무상하니, 그 죄를 대신하여 사비(私婢) 한매를 장 삼십 대를 치고 옥에 가두어 엄히 치죄하라. 김도홍이도 이미 제 자식을 중한 곳에 들였으면 조심하며 살라고 깨우쳐 줌이 아비의 도리일 터인데, 오히려 산 자식을 죽었다고 속인 죄상이 절통하기 그지없으니, 임금께 아뢰어 법률로 중치함 직하되 사정을 참작하여 안에서 다스리니, 장 육십 대를 쳐서 엄히 죄를 묻고, 이후에는 사계절 치장이나 때맞추어 하여 주게 하라고 엄히 분부하라."

乙酉二月十七日.

承言色李興祿.

달(達), 황공(惶恐)ᄒᆞᄋᆞ오며 小人 년일(連日) 입번(入番)ᄒᆞ오ᄋᆞᆸ다가, 신병(身病)이 졸듕(猝重)ᄒᆞ오ᄋᆞᆸ. 교ᄃᆡ 승언빗(承言色) 박봉흥(朴鳳興)도 신병(身病)으로 츌입지 못ᄒᆞ오〃ᄆᆡ 셤니ᄂᆡ관(薛里內官)으로 겸찰(兼察)ᄒᆞᄋᆞ온 젼녜(前例) 잇ᄉᆞ오니, 셤니ᄂᆡ관 김즁윤(金重潤)으로 승언빗 겸찰ᄒᆞᄋᆞ옵ᄂᆞᆫ ᄉᆞ연 젼ᄎᆞ로 아ᄋᆞ오시긔 알외ᄋᆞ옵ᄂᆡ이다.

답, 알괘라.

別軍職金壽弼, 掃墳下直, 囊子一部, 賜給.

ᄂᆡ령ᄂᆡ ᄉᆞ연, 족쵹(族屬)[20]을 ᄂᆡ인(內人)으로 드리고 조심ᄒᆞ야 긔걸ᄒᆞ여[21] 잘 살게 ᄒᆞᄂᆞᆫ 거시 올흔ᄃᆡ, 부동(符同)ᄒᆞ야 우흘 긔망(欺罔)ᄒᆞ고 아니 쥭은 거ᄉᆞᆯ 쥭다 ᄒᆞᆫ 소ᄒᆡᆼ이 무상ᄒᆞ니, ᄃᆡ신으로 ᄉᆞ비(私婢) 한ᄆᆡ 쟝 삼십 다의 옥슈(獄囚)로 엄히 치죄ᄒᆞ고, 김도홍이도 졔 임 ᄌᆞ식을 듕지(重地)의 드려시면 조심ᄒᆞ야 살게 경계ᄒᆞᄂᆞᆫ 거시 아비 도리어든, 졔 산 자식을 쥭엇다 ᄒᆞ야 긔망ᄒᆞ기ᄅᆞᆯ 능ᄉᆞ로 ᄒᆞᆫ 죄상이 졀통무거(切痛無據)ᄒᆞ니, 나라ᄒᆡ 알외와 법뉼로 듕치ᄒᆞ염 즉ᄒᆞᄃᆡ 참작ᄒᆞ야 안흐로셔 다ᄉᆞ리니, 쟝 뉵십 엄히 치죄ᄒᆞ고, 이후나 ᄉᆞ졀치장(四節治裝)이나 ᄢᆡ마쵸와 ᄒᆞ여 쥬게 ᄒᆞ라 엄히 분부ᄒᆞ라.

---

20 족쵹: 정확한 의미는 미상이나 여기서는 '족속'으로 옮겼다.

21 긔걸ᄒᆞ여: '명령하다, 분부하다, 시키다, 부탁하다'의 뜻.

2월 26일

"달, 혜빈궁의 명령에 따라 사비 한매를 태(笞) 삼십 대로 중히 치죄하고 김도홍은 태 육십 대로 치죄함으로 아뢰나이다."

乙酉二月二十六日.

달(達), ᄂᆡ령ᄂᆡ ᄉᆞ연의, ᄉᆞ비 한ᄆᆡ ᄐᆡ 삼십 듕히 치죄ᄒᆞᄋᆞ옵고 김도홍 ᄐᆡ 뉵십 치죄ᄒᆞᄋᆞ온 ᄉᆞ연 젼ᄎᆞ로 아ᄋᆞ오시긔 알외ᄋᆞ옵ᄂᆡ이ᄃᆡ.

윤2월

윤2월 3일

승언빗 이흥록.

청연군주 삼간택 後, 이조정랑(吏曹正郞)에게 명주 한 필을, 집리서리(執吏書吏)[22] 두 명과 녹패서리(祿牌書吏)[23] 세 명에게는 각각 무명 한 필을, 낭청서리 네 명과 정청지기[24] 두 명, 문서지기 한 명에게는 모두 합쳐서 무명 네 필을 내리셨다. 도사령(都使令)[25] 한 명, 창고지기 한 명, 낭청 두 명, 군사 세 명, 방지기 세 명, 이상 열 명에게는 모두 합쳐서 베 여섯 필을 내리셨다.

별군직 전창우가 소분하려고 하직하니, 청색 주머니 하나를 내리셨다.

乙酉閏二月初三日.

承言色李興祿.

淸衍郡主三揀擇後, 吏曹正郎紬一疋, 執吏書吏二, 祿牌書吏三, 以上各木一疋, 郎廳書吏四, 政廳直二, 文書直一, 以上木四疋, 都給. 都使令一, 庫直一, 郎廳二名, 軍士三名, 房直三名, 以上十名, 布六疋, 都下.

別軍職田昌雨, 掃墳下直, 靑囊一部, 賜給.

---

22 집리서리: 6월 25일 조에는 정색집리서리(政色執吏書吏)와 정색서리(政色書吏)가 나온다. 둘 다 이조와 병조에 있는 서리로서 주로 인사 업무를 담당했다.

23 녹패서리: 6월 25일 조에는 녹패색서리(祿牌色書吏)로 나온다. 녹패는 조정에서 녹봉(祿俸)을 받는 사람들에게 주던 증표로, 매 분기 첫 달의 초하루에 주었다.

24 정청지기: 정청은 이조와 병조의 전관(銓官) 등이 업무를 보기 위해 모이는 궁중의 청사로 이조와 병조가 각각 따로 두었는데, 정청지기는 이곳의 관리를 맡은 담당관이다.

25 도사령: 사령들 가운데 우두머리. 사령은 관아에 딸린 하인을 말하는데, 여기서는 이조에 소속된 사람일 것이다. 사령을 단순 하인으로 볼 수 없는 것이 정원사령(政院使令), 곧 승정원의 사령은 '신수가 준수하며 문식이 있는 사람을 택하여 사령의 제복도 입히지 않고 출입하게 하며 심지어 『승정원일기』도 승지를 대신하여 거의 그들이 기록했다'고 한다. 송신용 역주 『한양가』의 주석에 나오는 말인데, 장홍식(張鴻植)의 구술을 받아 서술한 것이라고 한다. 이조의 사령도 단순한 하인이 아니라 인사 업무를 담당하는 이조의 다른 서리들과 버금가는 위치에 있었음을 이날과 6월 25일의 선물 기록을 통해 짐작할 수 있다. 즉 혜빈궁에게 큰 선물을 받을 정도로 중요한 위치였던 것이다.

윤2월 9일

❁ 과거 합격 동기생

이달 초하루에 생원과 진사 합격자 발표가 있었고, 영조가 직접 합격자 명단이 든 봉투를 열었다. 장원은 남경택(南景澤)이었고, 또 혜빈궁의 동생 홍낙임(洪樂任)의 이름이 나왔으며, 화완옹주의 양자 정후겸(鄭厚謙)에 이르러서는 성적이 좋다고 칭찬하면서 제출된 과문을 읽게 했다. 그러고는 장원은 홍낙임이 되어야 할 것 같다는 의견도 피력했다. 홍계희(洪啓禧)가 경화세족이라서 뽑지 못했다고 하니, 그래서야 되겠냐면서 다음부터는 서울과 지방을 가리지 말고 뽑도록 하라고 일렀다. 영조로서는 매우 기쁜 날이어서 홍낙임, 정후겸, 김하재(金夏材)는 따로 대령하도록 했고, 이튿날 그들을 불러 보았다.

이처럼 홍낙임과 정후겸은 같은 과거 시험을 보고 함께 급제한 사이였는데, 이후 정후겸이 혜빈궁 친정의 정적인 김귀주(金龜柱)와 가까이 지냈고, 1770년 초부터 김귀주 집안이 혜빈궁 친정을 공격하기 시작하자, 홍낙임이 나서서 동기생 정후겸을 설득하여 위기에 빠진 집안을 구하려고 했다. 이것이 나중에 혜빈궁 집안의 몰락 요인이 되었다. 혜빈궁은 그렇게 믿었다. 정후겸이 이른바 정조 등극 저해 세력과 가까이 지냈는데, 홍낙임이 정후겸과 결탁하는 바람에 함께 의심을 받았다는 것이다. 이날의 일기는 홍낙임과 정후겸이 가까이 맺어지는 계기가 된 장면을 보여 준다.

풍군 화(火)[26]가 자식 결혼으로 하직하니, 황색 주머니 하나를 내리셨다.

신방 생원 홍낙임 영의정의 아들이 문안하니, 초록토주 한 필을 내리셨다.

신방 생원 김사목 김효대[27]의 아들이 문안하니, 색주(色紬) 한 필을 내리셨다.

신방 생원 정후겸 일성위[28]의 아들이 문안하니, 초록토주 한 필을 내리셨다.

---

26 원문에는 '풍'과 '군' 사이에 격자가 있고, '화'는 작은 글씨로 되어 있다. '풍군'이라는 군호를 가졌으며, 이름자에 '火'가 있는 종실일 것이다. 이에 근접한 인물로 '화풍군(花豐君)'을 들 수 있는데, 화풍군은 『승정원일기』에 이름이 '榁'나 '煃'로 나온다.

27 김효대: 조부는 숙종 계비인 인원왕후(仁元王后)의 아버지 김주신(金柱臣).

28 일성위: 영조의 딸인 화완옹주(和緩翁主)의 남편 정치달(鄭致達).

가승언빗 김중윤.

"달, 오늘 임금이 남교로 거둥하실 때,[29] 출환궁문안패와 자비내관이 탈 말 두 마리, 별감이 탈 말 두 마리, 모두 네 마리 말의 마패를 내주십사 아뢰나이다."

가승언빗 김중윤.

"달, 오늘 임금이 남교로 거둥하실 때 출환궁문안 자비내관 우홍귀가 갔다가 돌아와 복명함으로 아뢰나이다."

가승언빗 김중윤.

"달, 오늘 임금이 환궁하시며 육상궁에 들르실 때 별문안 드리러 소인이 나가며 하직함으로 아뢰나이다."

"달, 오늘 임금이 환궁하시며 육상궁에 들르실 때 별문안 드린 소인이 갔다가 돌아와 복명함으로 아뢰나이다."

乙酉閏二月初九日.

豊君火, 子息成婚事下直, 黃囊一部, 賜給.

新榜生員洪樂任, 領議政子, 問安, 草綠吐紬一疋, 賜給.

新榜生員金思穆, 金孝大子, 問安後, 色紬一疋, 賜給.

新榜生員鄭厚謙, 日城尉子, 問安後, 草綠吐紬一疋, 賜給.

假承言色金重潤.

達, 今日大駕南郊擧動教是時, 出還宮問安牌, 及差備內官所騎馬二匹, 別監所騎馬二匹, 合四馬牌請出之意, 敢達.

假承言色金重潤.

達, 今日大駕南郊擧動教是時, 出還宮問安差備內官禹洪龜, 往還復命之意, 敢達.

假承言色金重潤.

達, 今日大駕還宮教是時, 毓祥宮歷臨, 別問安小人, 進去下直之意, 敢達.

達, 今日大駕還宮教是時, 毓祥宮歷臨, 別問安小人, 往還復命之意, 敢達.

29 『영조실록』 같은 날에 "남교에 동가(動駕)할 것을 명하여 춘경(春耕)을 살피고, 경기도 관찰사로 하여금 농민에게 곡식 종자를 그저 주도록 하였다. 입직 옥당관(玉堂官) 구상(具庠)과 김재순(金載順)을 동교(東郊)와 서교(西郊)에 보내어 경작과 파종의 상황을 살피게 하고 저녁에 환궁하였다."고 했다.

윤2월 10일

가승언빗 김중윤.

내의원, 승정원, 홍문관에서 문안을 드렸다. 답하셨다. "알았다."

익일.[30]

乙酉閏二月初十日.
假承言色金重潤.
藥房政院玉堂, 問安. 答曰, 知道.
翌日.

윤2월 14일

가승언빗 김중윤.

"달, 내일 임금이 영희전과 저경궁에 거둥하실 때 출환궁문안패와 자비내관이 탈 말 세 마리, 별감이 탈 말 세 마리, 왕세손이 임금을 수가하실 때 별련시내관이 탈 말 한 마리, 모두 일곱 마리 말의 마패를 내주십사 아뢰나이다."

"달, 내일 세손동궁이 임금을 수가하실 때."[31]

답하셨다. "알았다. 승언빗 이흥록 가라."

승언빗 이흥록.

"달, 내일 임금이 영희전에 거둥하실 때, 합지이(盒只伊)[32]를 가지고 갈 섬니내관이 탈 말 한 마리, 반감(飯監)[33]이 탈 말 한 마리, 모두 두 마리 말의 마패를 내주십사 아뢰나이다."

---

30 익일문안에 대해 기재하려고 한 듯하나 기록을 끝맺지 못했다.

31 어느 내관을 보낼지 묻는 내용이 빠진 듯하다.

32 합지이: 정약용의 『목민심서』 「예전(禮典)」에 쟁반찬(錚盤饌)을 우리말로 '지이'라고 한다고 했다(方言曰只伊). 이이순의 『후계집(後溪集)』 「대조전수리시기사(大造殿修理時記事)」에 "戶曹堂上一員盤只伊一. 戶曹郎廳一員盤只伊一. 紫門監郎廳一員盤只伊一."의 용례가 있는데, 각 관원에게 쟁반에 담긴 음식을 하나씩 하사한 기록으로 미루어 합지이는 찬합에 담긴 음식을 가리키는 것으로 보인다.

33 반감: 음식 등 진상물(進上物)을 맡아보던 잡직(雜職).

승언빗 이흥록.

"달, 내일 소인이 별년시로 나가는데, 사도세자 사당의 봉심은 어느 내관을 보낼지 아뢰나이다."

"승언빗 가라."

乙酉閏二月十四日.

假承言色金重潤.

達, 明日大駕永禧殿儲慶宮擧動教是時, 出還宮問安牌, 及差備內官所騎馬三匹, 別監所騎馬三匹, 王世孫隨駕教是時, 別輩侍內官所騎馬一匹, 合請出七馬牌之意, 敢達.

達, 明日世孫東宮隨駕教是時.

답, 알쾌라. 승언빗 니홍녹 가라.

承言色李興祿.

達, 明日大駕永禧殿擧動教是時, 盒只伊陪進薛里內官所騎馬一匹, 飯監所騎馬一匹, 合請出二馬牌之意, 敢達.

승언빗 니홍록.

달, 명일 소인 별년시 진거ᄒᆞᄋᆞ옵고 ᄉᆞ묘 봉심 하ᄂᆡ관 진거호, 감달.

승언빗 가라.

윤2월 15일

승언빗 이흥록.

"달, 오늘 소인이 사도세자 사당 봉심에 갔다가 돌아와 복명함으로 아뢰나이다."

"달, 오늘 임금이 영희전에 거둥하실 때, 출궁문안 자비내관 최석징이 나가며 하직함으로 아뢰나이다."

"달, 오늘 소인이 왕세손 별련시로 나가며 하직함으로 아뢰나이다."

왕세손이 궁관 이보관(李普觀)[34]을 보내 문안을 드렸다. 음식을 먹었다.

---

34 이보관: 1750년 알성문과에 급제했으며 정조 동궁 시절 궁관으로 있었다. 나중에 공로를 인정받아, 후손들이 벼슬길에 우대를 받았다.

가승언빗 김중윤.

"달, 오늘 임금이 영희전에 거둥하실 때, 신시문안 겸 경야문안 자비내관 김흥재가 나가며 하직함으로 아뢰나이다."

十五日.
承言色李興祿.
達, 今日小人祠廟奉審事, 往還復命之意, 敢達.
達, 今日永禧殿擧動教是時, 出宮問安, 及安否差備內官崔錫徵, 進去下直之意, 敢達.
達, 今日小人王世孫別輦侍, 進去下直之意, 敢達.
王世孫, 遣宮官李普觀問安. 饋茶啖.
假承言色金重潤.
達, 今日大駕永禧殿擧動教是時, 申時問安, 兼經夜問安, 安否差備內官金興載, 進去下直之意, 敢達.

윤2월 16일

왕세손이 궁관을 보내 문안을 드렸다. 신시문안과 경야문안에 구익(具廙)[35]이.

영희전과 저경궁에 거둥하실 때, 환궁문안 자비내관 최석징이 하직했다가 돌아와 복명하였다.

광은부위(光恩副尉)[36]가 관례를 올린 다음 문안을 드렸다. 자적토주(紫的土紬)[37] 비단 한 필과 분홍주 비단 한 필을 내리셨다.

十六日.
王世孫, 遣宮官問安. 申時經夜, 具廙.
永禧殿儲慶宮擧動教是時, 還宮問安及安否差備內官崔錫徵, 下直往還復命.
光恩副尉冠禮後, 問安. 紫的土紬一疋, 粉紅紬一疋, 賜給.

---

35 구익: 당시 동궁 설서(設書)로 있던 인물의 이름인데, 문장이 중간에 끊겨서 어떤 맥락에서 언급되었는지 알 수 없다.

36 광은부위: 청연군주의 남편 김두성(金斗性). 후에 김기성(金箕性)으로 이름을 바꾸었다.

37 자적토주: 자적색의 토주. 자적은 '紫赤'으로도 쓰고 '紫芝', '紫地'로도 쓴다. '자주(紫朱)'와 통하는 색이다.

윤2월 30일

승언빗 이흥록.

"제물을 올릴 섬니내관이 탈 말 한 마리, 향배등촉빗 내관이 탈 말 한 마리, 모두 두 마리 말의 마패를 내주십사 아뢰나이다."

우리 궁 승언빗내관에게 점심미 한 섬, 출입번내관에게 점심미 세 섬을 내리셨는데, 이는 용동궁에서 온 것이다.

혜빈궁 섬니내관 보고문.

내일 선희궁 사당 별다례에 제물을 운반할 갸자꾼 스무 명을 운반이 끝나면 이번 삼월 초하루 문이 열리기를 기다렸다가 수라간에 보낼 것.

병조와 위장소에 명령을 내릴 것.

승언빗 이흥록.

"달, 오늘 선희궁 사당에 제물을 올린 섬니내관 최석담이 나가며 하직하고 돌아와 복명하나이다."

乙酉閏月三十日.

承言色李興祿.

祭物陪進薛里內官所騎馬一匹, 香陪燈燭色所騎馬[38], 合二馬牌請出之意, 敢達.

本宮承言色內官處, 點心米一石, 出入番內官處, 點心米三石, 自龍洞宮來.

惠嬪宮薛里內官手本.

明日義烈宮別茶禮祭物輪運架子軍二十名, 畢運間, 今三月初一日, 待開門, 水剌間定送事.

兵曹及衛將所良中, 行下向教是事.

承言色李興祿.

達, 今日義烈宮祭物陪進薛里內官崔錫聃, 進去下直往還復令.

---

38 '一匹'이 생략되었다.

3월

3월 2일

승언빗 이흥록.

"달, 내일 임금이 대보단에 거둥하실 때, 출환궁문안패와 자비내관이 탈 말 두 마리, 별감이 탈 말 두 마리, 신시문안과 경야문안 자비내관이 탈 말 한 마리, 별감이 탈 말 한 마리, 모두 여섯 마리 말의 마패를 내주십사 아뢰나이다."

승언빗 이흥록.

"임금이 대보단에 거둥하실 때, 왕세손 별련시위는 어느 내관을 보낼지 아뢰나이다."

"승언빗내관으로 가라."

"내일 임금이 대보단으로 거둥하실 때, 수라를 올릴 섬니내관이 탈 말 한 마리, 반감이 탈 말 한 마리, 모두 두 마리 말의 마패를 내주십사 아뢰나이다."

乙酉三月初二日.

承言色李興祿.

達, 明日大駕大報壇擧動教是時, 出還宮問安牌, 及差備內官所騎馬二匹, 別監所騎馬二匹, 及申時經夜問安差備內官所騎馬一匹, 別監所騎馬一匹, 合六馬牌請出之意, 敢達.

承言色李興祿.

大駕大報壇擧動教是時, 王世孫別輦侍衛, 何內官進去乎, 敢達.

승언빗ᄂᆡ관으로 가라.

明日大駕皇壇擧動教是時, 水刺陪進薛里內官所騎馬一匹, 飯監所騎馬一匹, 合請出二馬牌之意, 敢達.

3월 3일

승언빗 박봉홍.

"달, 오늘 임금이 대보단에 거둥하실 때, 출궁문안 자비내관 우홍귀가 나가며 하직하고 돌아와 복명하나이다."

왕세손이 수가하실 때.[39]

승언빗 박봉홍.

"달, 오늘 임금이 대보단에 거둥하실 때, 신시문안과 경야문안 자비내관 김응서가 나가며 하직함으로 아뢰나이다."

갔다가 돌아와 복명하였다.

初三日.
承言色朴鳳興.
達, 今日大駕皇壇擧動敎是時, 出宮問安及安否差備內官禹洪龜, 進去下直往還復令.
王世孫隨駕敎是時.
承言色朴鳳興.
達, 今日大駕皇壇擧動敎是時, 申時問安及經夜問安差備內官金應西, 進去下直之意, 敢達.
往還復令.

3월 4일

승언빗 박봉홍.

"달, 오늘 효장묘(孝章廟)[40]에 별다례 제물을 올릴 섬니내관이 탈 말 한 마리, 반감이 탈 말 한 마리, 모두 두 마리 말의 마패를 내주십사 아뢰나이다."

"달, 오늘 임금이 효장묘에 들르실 때, 별문안은 어느 내관을 보낼지 아뢰나이다."

"달, 오늘 임금이 효장묘에 들르실 때, 별문안 겸 제물을 올릴 섬니내관 최석담이 나가며 하직함으로 아뢰나이다."

갔다가 돌아와 복명하였다.

"달, 오늘 임금이 육상궁에 거둥하실 때, 환궁문안 자비내관 우홍귀가 나가며 하직함으로 아뢰나이다."

갔다가 돌아와 복명하였다.

---

39 이 부분 이하에 별련시를 어느 내관으로 보낼지 묻는 말 등이 빠져 있다.

40 효장묘: 영조의 맏아들인 효장세자의 사당. 사도세자가 죽은 뒤 영조는 정조를 효장세자의 아들로 만들었다. 이날은 한식을 맞아 제사를 올린 듯하다.

初四日.
承言色朴鳳興.
達, 今日孝章廟別茶禮祭物陪進薛里內官所騎馬一匹, 飯監所騎馬一匹, 合二馬牌請出之意, 敢達.
達, 今日大駕歷臨孝章廟教是時, 別問安, 何內官進去乎, 敢達.
達, 今日大駕歷臨孝章廟教是時, 別問安兼祭物陪進薛里內官崔錫聃, 進去下直之意, 敢達.
往還復令.
達, 今日大駕毓祥宮擧動教是時, 還宮問安差備內官禹洪龜, 進去下直之意, 敢達.
往還復令.

3월 9일

승언빗 이흥록.

"달, 내일 임금이 경복궁에 과거 합격자 발표를 위해 거둥하실 때, 출환궁문안 자비내관이 탈 말 두 마리와 별감이 탈 말 두 마리, 모두 네 마리 말의 마패를 내주십사 아뢰나이다."

初九日.
承言色李興祿.
達, 明日大駕景福宮放榜擧動教是時, 出還宮問安差備內官所騎馬二匹, 別監所騎馬二匹, 合四馬牌請出之意, 敢達.

3월 10일

승언빗 이흥록.

"달, 오늘 임금이 경복궁에 거둥하실 때,[41] 출궁문안 자비내관 우홍귀가 나가며 하

41 『영조실록』 당일 조에 "임금이 근정전(勤政殿) 옛터에 가마를 타고 가서 문무(文武) 합격자를 발표하고 합격자 명단을 나누어 주었다. 또 태복(太僕)에 명하여 신은(新恩)에게 말을 주어 동서로 나누어 수가(隨駕)하게 하고, 저녁에 환궁하였다. 당일 발표가 아니면 말을 내주는 예가 없었는데, 지금의 일은 곧 특별한 은총이었다."라고 했다.

직하고 돌아와 복명하나이다."

"달, 오늘 임금이 경복궁에 거둥하실 때, 환궁문안 자비내관 김응서가 나가며 하직하고 돌아와 복명하나이다."

임금이 경복궁에 거둥하실 때 육상궁에도 들르셨다.

初十日.
承言色李興祿.
達, 今日大駕景福宮擧動敎是時, 出宮問安差備內官禹洪龜, 進去下直往還復令.
達, 今日大駕景福宮擧動敎是時, 還宮問安差備內官金應西, 進去下直往還復令.
大駕景福宮擧動敎是時, 仍歷臨于毓祥宮爲之.

3월 11일

새로 과거에 급제한 별군직 이성묵(李性默)[42]에게 색주(色紬) 한 필을 하사하였다.

새로 과거에 급제한 홍용한(洪龍漢)[43]에게 자적토주(紫赤吐紬) 한 필을 하사하였다.

전 무예별감이 과거 급제자를 발표한 후 문안하였다. 정인서(鄭潾瑞)[44]에게 주머니 하나를 내리셨다.

전 무예별감 최시웅(崔時雄)[45] 등 여섯 사람이 과거 급제자 발표 후 문안하였다. 각각에게 청색 주머니를 하나씩 내리셨다.

새로 과거에 급제한 별군직 정광채(鄭光采)에게 황색 주머니 하나를 내리셨다.

별군직 정광채가 소분하려고 하직하기에 주머니 하나를 내리셨다.

---

42 이성묵: 아버지는 이인강(李仁康)이며, 이인강은 사도세자의 생모 선희궁의 조카다. 이성묵은 무관으로 나중에 병마절도사에 이르렀다. 이인강 역시 『혜빈궁일기』 1765년 4월 15일 조에 황해수군절도사로 나온다. 이는 영조가 자기 후궁의 친척을 높여 중용했음을 보여 준다.

43 홍용한: 홍봉한의 동생. 혜빈궁의 작은아버지이지만 나이는 혜빈궁과 같아서 가까이 지냈다. 부인은 혜빈궁의 이종사촌이기도 했다. 집안이 화란을 만나면서 벼슬길로는 더 나가지 못했다.

44 정인서: 『승정원일기』 1765년 1월 22일 조에 무예청의 봄 훈련에서 정인서가 조총을 잘 쏘았으니 바로 전시(殿試)를 보도록 했다는 기사가 있다.

45 최시웅: 『승정원일기』 1764년 7월 23일 조에 무예청의 가을 훈련에서 별감 인시우(印時佑)와 최시웅은 편전을, 박태삼(朴泰三)과 권덕흥(權德興)은 조총을 잘 맞추었으니 바로 전시를 보게 하라고 했다는 기사가 있다.

三月十一日.
新恩出身[46], 別軍職李性默處, 色紬一疋, 下賜.
新恩出身, 洪龍漢處, 紫赤吐紬一疋, 下賜.
前武藝別監, 新恩放榜後, 問安. 鄭獜瑞處, 囊子一部, 賜給.
前武藝別監崔時雄等六人處, 放榜後, 問安. 各靑囊子一部式, 賜給.
新恩出身, 別軍職鄭光采處, 黃囊子一部, 賜給.
別軍職鄭光采, 掃墳下直, 囊子一部, 賜給.

3월 15일

승언빗 박봉흥.

"달, 오늘 사도세자 사당 봉심에 나가며 하직하고 돌아와 복명하나이다."

승언빗 박봉흥.

"달, 등촉방(燈燭房)에서 화금(畵金) 철물(鐵物)을 만들려 하는데, 장인의 공임은 주지 못한다 해도 화로에 쓸 탄(炭)까지 장인이 맡아서 대지는 못할 듯하니, 황공하오되 관아에서 가지고 있는 탄 세 섬만 장만하여 화금할 수 있도록 할 것으로 아뢰나이다."

"그리하라."

종실인 해운군(海運君)[47]이 소분하려고 하직하기에 황색 주머니 하나를 내리셨다.

별군직 박상충이 자식의 결혼으로 하직하기에 청색 주머니 하나를 내리셨다.

三月十五日.
承言色朴鳳興.
達, 今日祠廟奉審事, 進去下直往還復命.
承言色朴鳳興.
達, 등촉방 화금 텰물을 지으려 ᄒᆞ오ᄃᆡ, 장인 공젼(工錢)은 아니 쥬오나 탄(炭)은 장인이 무러 못 ᄒᆞ올듯 ᄒᆞ오니, 황공ᄒᆞ오ᄃᆡ 쳥탄(廳炭)[48] 삼 셕만 무로ᄋᆞ와 화금 소용을 짓ᄌᆞ올 ᄉᆞ

46 新恩出身: 새로 과거에 급제한 사람.

47 해운군: 『영조실록』 1774년 3월 16일 조에 해운군의 졸기가 있다. "해운군(海運君) 이연(李槤)이 졸(卒)하였다. 연의 사람됨이 평온하고 조용하여 화려함을 일삼지 않았고, 가정 생활에서는 한사(寒士)와 같아서 사람들이 그를 많이 칭송하였다."

48 청탄: 어영청, 수어청 등 기관에서 보유한 탄.

연 젼ᄎᆞ로 아ᄋᆞ오시긔 알외ᄋᆞ옵ᄂᆞ이다.

그리ᄒᆞ라.

宗室海運君槤, 掃墳下直, 黃囊一部, 賜給.

別軍職朴尙忠, 子息成婚下直, 靑囊一部, 賜給.

3월 26일[49]

승언빗 박봉흥.

"달, 내일 임금이 명륜당에 거둥하시고 왕세손이 수가하실 때, 별련시로 어느 내관을 보낼지 아뢰나이다."

"승언빗 가라."

"달, 내일 임금이 명륜당에 거둥하실 때, 출환궁문안패와 자비내관이 탈 말 네 마리, 별감이 탈 말 네 마리, 별련시가 탈 말 한 마리, 모두 아홉 마리 말의 마패를 내주십사 아뢰나이다."

承言色朴鳳興.

達, 明日大駕明倫堂擧動敎是時, 王世孫隨駕敎是時, 別輦侍, 何內官進去乎, 敢達.

승언빗 가라.

達, 明日大駕明倫堂擧動敎是時, 出還宮問安牌, 及差備內官所騎馬四匹, 別監所騎馬四匹, 別輦侍所騎馬一匹, 請出九馬牌之意, 敢達.

49 원문에 날짜 표시가 없으나 내용으로 볼 때 '26일'이라는 날짜 표시를 빠트린 것으로 보인다. 『승정원일기』를 보면, 이달 27일 전까지 영조는 경희궁을 떠나지 않았다.

3월 27일[50]

승언빗 박봉흥.

"달, 오늘 임금이 명륜당에 거둥하실 때,[51] 출궁문안 자비내관 김응서가 나가며 하직하고 돌아와 복명하나이다."

승언빗 이흥록.

"달, 오늘 왕세손이 수가하실 때 별련시로 나가며 하직하나이다."

승언빗 박봉흥.

"달, 오늘 임금이 명륜당에 거둥하실 때, 합지이를 가지고 갈 섬니내관이 탈 말 한 마리, 반감이 탈 말 한 마리, 모두 두 마리 말의 마패를 내주십사 아뢰나이다."

승언빗 박봉흥.

"달, 오늘 임금이 훈련원에 거둥하실 때, 별문안으로 어느 내관을 보낼지 아뢰나이다."

"승언빗 가라."

"달, 오늘 임금이 훈련원에 들러 시사(試射)하실 때, 별문안을 드리러 나가며 하직하고 돌아와 복명하나이다."

왕세손이 궁관을 보내 문안을 드렸다. 음식을 먹였다.

"달, 오늘 임금이 명륜당에 거둥하실 때, 합지이를 가지고 갈 섬니내관 최석담이 나가며 하직하나이다."

"달, 오늘 임금이 명륜당에 알성(謁聖)[52]하러 거둥하실 때, 경야문안 자비내관 김응서가 나가며 하직하고 돌아와 복명하나이다."

왕세손이 궁관을 보내 문안을 드렸다. 음식을 먹였다.

承言色朴鳳興.

達, 今日大駕明倫堂擧動教是時, 出宮問安差備內官金應西, 進去下直往還復令.

---

50 원문에 날짜 표시가 없으나 내용으로 볼 때 '27일'이라는 날짜 표시를 빠트린 것으로 보인다.

51 『영조실록』 같은 날 조항을 보면 영조는 문묘(文廟, 성균관 명륜당)에 작헌례(酌獻禮)를 드리러 갔고, 갑자기 훈련원에 들러 시사(試射)를 열게 했다.

52 알성: 임금이 성균관 문묘의 공자 신위에 참배하던 일.

承言色李興祿.

達, 今日王世孫随駕教是時, 別輦侍進去下直.

承言色朴鳳興.

達, 今日大駕明倫堂擧動教是時, 盒只伊陪進薛里內官所騎馬一匹, 飯監所騎馬一匹, 請出二馬牌之意, 敢達.

承言色朴鳳興.

達, 今日大駕歷臨訓練院擧動教是時, 別問安, 何內官進去乎, 敢達.

승언빗 가라.

達, 今日大駕歷臨訓練院試射教是時, 別問安, 進去下直往還復令.

王世孫, 遣宮官問安. 饋茶.

達, 今日大駕明倫堂擧動教是時, 盒只伊陪進薛里內官崔錫聃, 進去下直.

達, 今日大駕明倫堂謁聖擧動教是時, 經夜問安及安否差備內官金應西, 進去下直往還復令.

王世孫, 遣宮官問安. 饋茶.[53]

3월 28일

승언빗 박봉흥.

"달, 오늘 임금이 명륜당에 알성하러 거둥하실 때,[54] 신시문안 겸 환궁문안 자비내관 우홍귀가 나가며 하직하고 돌아와 복명하나이다."

二十八日.

承言色朴鳳興.

達, 今日大駕明倫堂謁聖擧動教是時, 申時兼還宮問安差備內官禹洪龜, 進去下直往還復令.

---

53 실수로 위에 적은 내용을 중복한 것인지, 다음 날에 있었던 일인지 분명하지 않다. 이 부분은 '28일'의 날짜 표시와 같은 줄에 적혀 있다.

54 『영조실록』 당일 조를 보면 영조는 동궁 정조를 데리고 와서 함께 문묘 배례를 하면서, 동궁을 가르치려는 뜻을 보였다.

4월

4월 8일

승언빗 박봉흥.

"달, 내일 임금이 종묘에 거둥하실 때, 출환궁문안패와 자비내관이 탈 말 네 마리, 별감이 탈 말 네 마리, 별련시가 탈 말 한 마리, 모두 아홉 마리 말의 마패를 내주십사 아뢰나이다."

승언빗 박봉흥.

"달, 내일 임금이 종묘에 거둥하시어 왕세손이 수가할 때, 별련시로 어느 내관을 보내리까."

"승언빗 박봉흥 가라."

四月初八日.

承言色朴鳳興.

達, 明日大駕宗廟擧動敎是時, 出還宮問安牌, 及差備內官所騎馬四匹, 別監所騎馬四匹, 別輦侍所騎馬一匹, 請出九馬牌之意, 敢達.

承言色朴鳳興.

達, 明日大駕宗廟擧動敎是時, 王世孫隨駕敎是時, 別輦侍, 何內官進去乎.

승언빗 박봉흥 가라.

4월 9일

승언빗 이홍록.

"달, 내일 임금이 종묘에 거둥하실 때, 출궁문안 자비내관 우홍귀가 나가며 하직함으로 아뢰나이다."

갔다가 돌아와 복명하였다.

승언빗 박봉흥.

"달, 오늘 소인이 왕세손의 별련시로 나가며 하직하나이다."

승언빗 이흥록.

"달, 내일 청연군주가 대궐을 나가실 때, 배행은 어느 내관을 보낼지 아뢰나이다."

"승언빗 이흥록 가라."

왕세손이 궁관을 보내 문안을 드렸다. 음식을 먹였다.

승언빗 이흥록.

"달, 오늘 임금이 종묘에 거둥하실 때, 신시문안 자비내관 우홍귀가 나가며 하직하고 돌아와 복명하나이다."

승언빗 박봉훙.

"달, 오늘 임금이 종묘에 거둥하실 때, 경야문안 자비내관 김웅서가 갔다가 돌아와 복명함으로 아뢰나이다."

四月初九日.

承言色李興祿.

達, 明日大駕宗廟擧動敎是時, 出宮問安差備內官禹洪龜, 進去下直之意, 敢達.

往還復令.

承言色朴鳳興.

達, 今日小人, 以王世孫別輦侍, 進去下直.

承言色李興祿.

達, 明日郡主自家出闕時,[55] 陪行何內官進去乎, 敢達.

승언빗 니홍녹 가라.

王世孫, 遣宮官問安. 饋茶啖.

承言色李興祿.

達, 今日大駕宗廟擧動敎是時, 申時問安差備內官禹龜[56], 進去下直往還復令.

承言色朴鳳興.

達, 今日大駕宗廟擧動敎是時, 經夜問安差備內官金應西, 往還復令之意, 敢達.

55 『승정원일기』 1765년 1월 27일의 기사에 청연군주의 혼례를 4월로 정했다. 윤2월 2일에 정혼하고 부마 광은부위에게 호를 내렸다.

56 禹龜: 禹洪龜의 잘못.

4월 10일

승언빗 박봉흥.

"달, 이번에 임금이 육상궁에 거둥하실 때, 별문안 섬니내관 최석담이 나가며 하직함으로 아뢰나이다."

갔다가 돌아와 복명하였다.

"달, 내일 임금이 육상궁에 거둥하실 때, 별문안은 어느 내관을 보낼지 아뢰나이다."

답하셨다. "섬니내관 가라."

"달, 오늘 임금이 종묘에 거둥하실 때, 환궁문안 자비내관 우홍귀가 갔다가 돌아와 복명함으로 아뢰나이다."

승언빗 이흥록.

"달, 오늘 청연군주가 대궐을 나가실 때 배행으로 나가며 하직하나이다."

군주가 대궐을 나가실 때 시녀가 탈 말 스물일곱 마리.[57]

광은부위 김두성이 친영 후 문안을 드리니 자적토주 한 필과 번홍주(繙紅紬)[58] 한 필을 내리셨다.

初十日.

承言色朴鳳興.

達, 今此大駕歷臨毓祥宮擧動教是時, 別問安薛里內官崔錫聃, 進去下直之意, 敢達.

往還復令.

達, 明日大駕歷臨毓祥宮擧動教是時, 別問安, 何內官進去乎, 敢達.

答, 셤니닉관 가라.

達, 今日大駕宗廟擧動教是時, 還宮問安差備內官禹洪龜, 往還復令之意, 敢達.

承言色李興祿.

達, 今日淸衍郡主自家出闕教是時, 陪行進去下直.

郡主自家出闕教是時, 侍女所騎馬二十七匹.

光恩副尉金斗性親迎後問安, 紫的吐紬一疋, 繙紅紬一疋, 賜給.

---

57 마패를 청하는 말이 와야 할 부분인데 생략되어 있다.

58 번홍주: 반홍주(磻紅紬) 또는 뒤에 나오는 번홍주(飜紅紬)와 같은 종류의 비단인 듯하다.

4월 12일

승언빗 박봉흥.

"달, 오늘 임금이 남교에 거둥하실 때,[59] 출환궁문안패와 자비내관이 탈 말 두 마리, 별감이 탈 말 두 마리, 모두 네 마리 말의 마패를 내주십사 청하나이다."

"달, 오늘 임금이 남교에 거둥하실 때, 출궁문안 자비내관 최석징이 나가며 하직하고 돌아와 아뢰나이다."

"달, 오늘 임금이 남교에 거둥하실 때, 환궁문안 자비내관 김응서가 나가며 하직하고 돌아와 아뢰나이다."

승언빗 박봉흥.

"달, 오늘 임금이 청연군주방에 들르실 때, 별문안은 어느 내관을 보낼지 아뢰나이다."

"승언빗 가라."

"달, 오늘 임금이 청연군주방에 들르실 때, 별문안패와 승언빗내관이 탈 말 한 마리, 별감이 탈 말 한 마리, 모두 두 마리 말의 마패를 내주십사 아뢰나이다."

"달, 오늘 임금이 청연군주방에 들르실 때, 소인이 별문안으로 나가며 하직하고 돌아와 복명하나이다."

承言色朴鳳興. 四月十二日.

達, 今日大駕南郊擧動教是時, 出還宮問安牌, 及差備內官所騎馬二匹, 別監所騎馬二匹, 合請出四馬牌.

達, 今日大駕南郊擧動教是時, 出宮問安差備內官崔錫徵, 進去下直往還復令.

達, 今日大駕南郊擧動教是時, 還宮問安差備內官金應西, 進去下直往還復令.

---

59 『영조실록』 같은 날 기사에 오랫동안 가물다가 대제(大祭) 다음 날 비가 내리자 영조가 남교 성경대(省耕臺)로 가서 백성들의 농사 형편을 물었다는 기록이 있다. 지나는 길에 선원전에 배알하고 청연군주의 집에도 들렀다. 성경대에 대해서 『국조보감』 정조 21년 조에 다음과 같은 기사가 있는데, '임금이 농사를 살피는 누대'라는 뜻이다. "과거 선조(先朝, 곧 영조) 때에는 농사를 중히 여겨서 밭 갈고 김매는 일을 새벽부터 나가서 직접 살피시느라고 매번 성 남쪽 들판에 계셨다. 그러므로 백성들이 기쁜 표정으로 깃발을 바라보면서 기꺼이 농사일에 달려갔으며, 그곳에 대(臺)를 쌓고 성경대라 했다."

承言色朴鳳興.

達, 今日大駕歷臨淸衍郡主房敎是時, 別問安, 何內官進去乎, 敢達.

승언빗 가라.

達, 今日大駕歷臨淸衍郡主房敎是時, 別問安牌, 及承言色內官所騎馬一匹, 別監所騎馬一匹, 請出二馬牌之意, 敢達.

達, 今日大駕歷臨淸衍郡主房敎是時, 小人別問安, 進去下直往還復令.

4월 14일

승언빗 박봉흥.

"달, 오늘 사도세자 사당으로 나갈 때 승언빗내관이 탈 말 한 마리의 마패를 내주십사 청하나이다."

"달, 오늘 소인이 사도세자 사당 봉심에 나가며 하직하고 돌아와 복명하나이다."

承言色朴鳳興. 四月十四日.

達, 今日祠廟進去, 承言色內官所騎馬一匹, 請出一馬牌.

達, 今日小人祠廟奉審, 進去下直往還復令.

4월 15일

승언빗 이흥록.

"달, 오늘 사도세자 사당 봉심에 나가며 하직하고 돌아와 복명하나이다."

별군직 이성묵이 부모를 찾아뵈려고 하직하니 주머니 하나를 내리셨다.

황해수군절도사 이인강이 하직하니 색주 한 필을 내리셨다. 음식을 먹였다.

承言色李興祿. 四月十五日.

達, 今日祠廟奉審事, 進去下直往還復令.

別軍職李性默, 覲親下直, 囊子一部, 賜給.

黃海水使李仁康, 下直, 色紬一疋, 賜給. 饋茶啖.

4월 19일

내의원에서 문안을 드렸다.

四月十九日.
藥房問安爲之.

4월 29일

내의원에서 문안을 드렸다.

乙酉四月二十九日.
藥房問安爲之.

5월

5월 3일

승언빗 이흥록.

"달, 오늘 사도세자 사당으로 나갈 때, 승언빗내관이 탈 말 한 마리의 마패를 내주십사 청하나이다."

승언빗 이흥록.

"달, 오늘 소인이 사도세자 사당으로 나갈 때, 승언빗 박봉홍이 병이 위중하여 번을 들지 못한 지 오래니, 섬니내관 김중윤으로 가승언빗을 겸하게 함으로 아뢰나이다."

"알았다."

승언빗 이흥록. 5월 초3일.

"달, 오늘 사도세자 사당 봉심에 나가며 하직하고, 이어 묘소를 봉심하고 돌아와 복명하나이다."

내의원에서 옥추단 오십 정과 의향 한 봉을 올렸다.

제조 한 명, 감제관 한 명, 장무관 한 명에게 각각 주머니 하나를, 서원 한 명과 고지기 한 명에게 각각 버선감을 내리셨다.

내섬시에서 생쑥을 올리니, 낭청 한 명에게 주머니 하나를, 서원 한 명과 고지기 한 명에게 각각 버선감을 내리셨다.

내자시에서 생쑥을 올리니, 낭청 한 명에게 주머니 하나를, 고지기 한 명과 서원 한 명에게 각각 버선감을 내리셨다.

사복시에서 창포를 올리니, 낭청 한 명에게 주머니 하나를, 서원 한 명과 양마(養馬)[60] 한 명에게 각각 버선감을 내리셨다.

承言色李興祿. 五月初三日.
達, 今日祠廟進去, 承言色內官所騎馬一匹, 請出一馬牌.
承言色李興祿.

---

60 양마: 사복시 소속의 아전.

달, 금일 쇼인 사묘 진거ᄒᆞᄋᆞ옵고 승언빗 박봉흥 신병이 위즁ᄒᆞ오와 번 드옵지 못ᄒᆞ완 지 오라오니 셤니ᄂᆡ관 김즁윤ᄋᆞ로 가승언빗 겸찰ᄒᆞᄋᆞ옵ᄂᆞᆫ ᄉᆞ연 젼ᄎᆞ로 아ᄋᆞ오시긔 알와ᄋᆞ옵ᄂᆞ이다.

알괘라.

承言色李興祿. 五月初三日.

達, 今日祠廟奉審事, 進去下直, 仍爲墓所奉審, 往還復令.

內醫院, 玉樞丹五十錠, 衣香一封, 封進.

提調一員, 監劑官一員, 掌務官一員, 各囊子一部, 書員一, 庫子一, 各足巾次, 賜給.

內贍生艾封進. 郎廳一員, 囊子一部, 書員一, 庫子一, 各足巾次, 賜給.

內資生艾封進. 郎廳一員, 囊子一部, 庫子一, 書員一, 各足巾次, 賜給.

司僕寺菖蒲封進. 郎廳一員, 囊子一部, 書員一, 養馬一, 各足巾次, 賜給.

5월 4일

혜빈궁 섬니내관 보고문.

내일 선희궁 사당 단오 다례에 제물을 운반할 갸자꾼을 수라간에 보낼 것.

병조와 위장소에 명령을 내릴 것.

건륭 30년 5월일. 섬니내관 김, 가승언빗 김중윤.

“달, 내일 선희궁 사당 다례에 제물을 올릴 섬니내관이 탈 말 한 마리, 향배등촉빗이 탈 말 한 마리, 모두 두 마리 말의 마패를 내주십사 청하나이다.”

가승언빗 김중윤.

“달, 오늘 선희궁 사당 다례에 제물 올리는 일로 소인이 하직하고 돌아와 복명하나이다.”

공조에서 단오에 쓰는 각종 물건을 진상하였다.

당상 한 명에게 황색 주머니 한 개, 낭청 한 명에게 청색 주머니 한 개를 내리시고, 서리 한 명, 고지기 한 명, 선자장(扇子匠) 한 명, 우산장 한 명, 온혜장 한 명에게 각각 버선감을 내리셨다.

상의원에서 옷감을 올렸다. 당상 한 명과 낭청 한 명에게 각각 주머니 하나, 서리 한 명과 장인 두 명에게 각각 버선감을 내리셨다.

관상감에서 부적을 올렸다. 낭청 한 명에게 주머니 하나, 서리 한 명과 고지기 한 명에게 각각 버선감을 내리셨다.

乙酉五月初四日.

惠嬪宮薛里內官手本.

明日義烈宮端午茶禮祭物輪運架子軍, 水刺間定送事.

兵曹及衛將所良中, 行下向敎是事.

乾隆三十年五月日. 薛里內官金, 假承言色金重潤.

達, 明日義烈宮茶禮祭物陪進薛里內官所騎馬一匹, 香陪燈燭色所騎馬一匹, 請出二馬牌.

假承言色金重潤.

達, 今日義烈宮茶禮祭物陪進事, 小人下直往還復令.

工曹端午各物種, 進上.

堂上一員, 黃囊一部. 郎廳一員, 靑囊一部. 書吏一, 庫子一, 扇子匠一, 雨傘匠一, 縕鞋匠一, 各足巾次.

尙衣院表裏, 封進. 堂上一員, 郎廳一員, 各囊子一部. 書吏一, 匠二, 各足巾次.

觀象監符作, 封進. 郎廳一員, 囊子一部. 書吏一, 庫子一, 各足巾次, 賜給.

5월 5일

내의원에서 문안을 드렸다.

와서(瓦署)에서 연례 대방전 스무 장을 올렸다. 낭청에게 주머니 하나, 서원과 고지기에게 각각 버선감을 내리셨다.

사재감에서 메주용 소금 열 섬을 올렸다. 낭청 한 명에게 주머니 하나, 서원과 고지기에게 각각 버선감을 내리셨다.

사도시와 내자시에서 연례 메주 각각 열 섬을 올렸다. 낭청 각 한 명에게 주머니 하나, 서원과 고지기에게 각각 버선감을 내리셨다.

우리 궁 승언빗내관 두 명에게 각각 염별선(染別扇) 하나, 유별선(油別扇) 하나, 출입번내관 여덟 명에게는 유별선을 하나씩 내리셨다.

우리 궁 승언빗내관 두 명에게 각각 승두선(僧頭扇) 하나, 염별선 하나, 미선(尾扇) 하나, 출입번내관 여덟 명에게는 별선(別扇)을 하나씩 내리셨다.

乙酉五月初五日.

藥房問安爲之.

瓦署年例大方甎二十丈, 封進. 郎廳囊子一部, 書員庫子, 各足巾次, 賜給.

司宰監末醬鹽十石, 封進. 郎廳一員, 囊子一部, 書員庫子, 各足巾次, 賜給.

司導寺內資寺年例末醬各十石, 封進. 郎廳各一員, 囊子一部, 書員庫子, 各足巾次, 賜給.

本宮承言色內官二員, 各染別扇一把, 油別扇一把, 出入番內官八員, 各油別扇一把, 賜給.

本宮承言色內官二員, 各僧頭扇一把, 染別扇一把, 尾扇一把, 出入番內官八員, 各別扇一把, 賜給.

5월 14일

가승언빗 김중윤.

"달, 내일 사도세자 사당 봉심에 나갈 승언빗내관이 탈 말 한 마리의 마패를 내주십사 청하나이다."

假承言色金中潤. 五月十四日.

達, 明日祠廟奉審進去, 承言色內官所騎馬一匹, 請出一馬牌.

5월 15일

승언빗 이흥록.

"달, 오늘 소인이 사도세자 사당 봉심에 나가며 하직하고 돌아와 복명하나이다."

承言色李興祿. 五月十五日.

達, 今日小人祠廟奉審事, 進去下直往還復命.

5월 17일

승언빗 이흥록.

"달, 오늘 임금이 남교에 거둥하실 때, 출환궁문안 자비내관이 탈 말 두 마리, 별감이 탈 말 두 마리, 모두 네 마리 말의 마패를 내주십사 청하나이다."

5월 17일. 승언빗 이흥록.

“달, 오늘 임금이 남교에 거둥하실 때, 출환궁문안 자비내관이 탈 말 한 마리, 별감이 탈 말 한 마리, 환궁문안 자비내관이 탈 말 한 마리, 별감이 탈 말 한 마리, 모두 네 마리 말의 마패를 내주십사 청하나이다.”

“달, 오늘 임금이 남교에 거둥하실 때, 출궁문안 자비내관 우홍귀가 나가며 하직하고 돌아와 복명하나이다.”

“달, 오늘 임금이 남교에 거둥하실 때, 환궁문안 자비내관 김흥재가 나가며 하직하고 돌아와 복명하나이다.”

5월 17일.

내의원에서 문안을 드렸다.

十七日.

承言色李興祿.

達, 今日大駕南郊擧動敎是時, 出還宮問安差備內官所騎馬二匹, 別監所騎馬二匹, 請出四馬牌.

五月十七日. 承言色李興祿.

達, 今日大駕南郊擧動敎是時, 出還宮問安差備內官所騎馬一匹, 別監所騎馬一匹, 還宮問安差備內官所騎馬一匹, 別監所騎馬一匹, 合請出四馬牌.

達, 今日大駕南郊擧動敎是時, 出宮問安差備內官禹洪龜, 進去下直往還復令.

達, 今日大駕南郊擧動敎是時, 還宮問安差備內官金興載, 進去下直往還復令.

五月十七日.

藥房問安爲之.

5월 20일

승언빗 박봉흥.

“달, 오늘 사도세자 사당 봉심에 승언빗이 탈 말 한 마리의 마패를 내주십사 청하나이다.”

承言色朴鳳興. 五月二十日.

達, 今日祠廟奉審事, 承言色所騎馬一匹, 請出一馬牌.

5월 30일

시녀청에서 메주와 젓갈을 바쳤다.

侍女廳末醬及醢, 捧入. 五月三十日.[61]

61 이 부분에는 기록 뒤에 작은 글씨로 날짜가 적혀 있다.

6월

6월 4일

공조에서 큰 독 스무 개를 덮개를 갖추어 올렸다.

다인이 큰 독을 덮개를 갖추어 각 세 개씩 모두 스물한 개를 진상하였다.[62] 그것을 가지고 온 낭청 한 명에게 주머니 하나를 내리시고, 하인에게는 버선감을 내리셨다.

우리 궁 출입번내관에게 덮개를 갖춘 큰 독 하나와 방전(方甎) 하나, 메주 한 섬을 내리셨다.

장무내관 두 명에게 메주 한 섬과 띄운 메주 한 섬, 자비내관 네 명에게 메주 한 섬을 내리셨다.

출입번내관에게 임금이 내수사를 통해 소금 두 섬을 내리셨다.

사도시에서 소금 세 섬이 왔다.

乙酉六月初四日.

工曹大瓮二十坐盖具, 封進.

多人供上, 大瓮盖具各三坐, 合二十三坐, 進排後, 領來郎廳一員, 囊子一部, 賜給. 下人處足巾次, 賜給.

宮出入番內官處, 大瓮一坐盖具, 方甎一, 末醬一石, 賜給.

掌務內官二員, 末醬一石, 燒入末醬一石, 差備四員, 末醬一石, 賜給.

出入番內官處, 內司頒賜鹽二石.

司導寺鹽三石, 來.

---

62 원문의 '合二十三坐'는 '合二十一坐'의 오류로 짐작되므로 이와 같이 옮겼다. 1764년 5월 23일 조에 다인이 세 개씩 스물한 개를 진상했다고 되어 있다.

6월 5일

승언빗 박봉흥.

"달, 내일 임금이 선원전에 거둥하실 때, 출환궁문안패와 출궁문안 자비내관이 탈 말 한 마리, 별감이 탈 말 한 마리, 신시문안, 경야문안, 환궁문안 자비내관이 탈 말 네 마리, 별감이 탈 말 네 마리, 모두 열 마리 말의 마패를 내주십사 아뢰나이다."

내자시에서 유두일 화소첩(畵梳貼) 한 개를 올렸다.

청연군주방, 청선군주방, 현주방, 양제방에 각각 화소첩을 하나씩 진상하였다. 이상은 다인이 올렸다.

六月初五日.

承言色朴鳳興.

達, 明日大駕璿源殿擧動教是時, 出還宮問安牌, 及出宮問安差備內官所騎馬一匹, 別監所騎馬一匹, 申時經夜及還宮問安差備內官所騎馬四匹, 別監所騎馬四匹, 合十馬牌請出之意, 敢達.

內資寺流頭日畵梳貼一部, 封進.

淸衍郡主, 淸璿郡主房, 縣主, 良娣房, 各畵梳貼一部, 進排. 以上多人供上.

6월 6일

승언빗 이홍록.

"달, 오늘 임금이 선원전에 거둥하실 때,[63] 출궁문안 자비내관 김홍재가 나가며 하직하고 돌아와 복명하나이다."

"달, 오늘 임금이 선원전에 거둥하실 때, 신시문안 자비내관 우홍귀가 나가며 하직하고 돌아와 복명하나이다."

"달, 오늘 임금이 선원전에 거둥하실 때, 경야문안 겸 아침문안 자비내관 김홍재가 나가며 하직하고 돌아와 복명하나이다."

---

63 숙종의 기신(忌辰)이 6월 8일이므로 영조는 6월 6일에 숙종의 초상이 있는 창덕궁 선원전에 가서 참배하였다.

初六日.
承言色李興祿.
達, 今日大駕璿源殿擧動教是時, 出宮問安差備內官金興載, 進去下直往還復令.
達, 今日大駕璿源殿擧動教是時, 申時問安差備內官禹洪龜, 進去下直往還復令.
達, 今日大駕璿源殿擧動教是時, 經夜兼朝問安差備內官金興載, 進去下直往還復令.

6월 7일

승언빗 이흥록.

“달, 오늘 임금이 선원전에 거둥하실 때,[64] 신시문안 자비내관 최석징이 나가며 하직하고 돌아와 복명하나이다.”

“달, 오늘 임금이 선원전에 거둥하실 때, 경야문안 겸 환궁문안 자비내관 김흥재가 나가며 하직하고 돌아와 복명하나이다.”

승언빗 이흥록.

“달, 임금이 육상궁에 들르실 때, 별문안은 어느 내관을 보낼지 아뢰나이다.”

“섬니내관 가라.”

初七日.
承言色李興祿.
達, 今日大駕璿源殿擧動教是時, 申時問安差備內官崔錫徵, 進去下直往還復令.
達, 今日大駕璿源殿擧動教是時, 經夜兼還宮問安差備內官金興載, 進去下直往還復令.
承言色李興祿.
達, 大駕毓祥宮歷臨教是時, 別問安何內官進去乎, 敢達.
셤니ᄂᆡ관 가라.

64 『영조실록』 당일 조에 다음과 같이 기록했다. “영조가 선원전의 재실(齋室)에서 재거(齋居)하였다. 몸소 인정전(仁政殿) 월대(月臺)에서 향과 축문을 전하였다.”

6월 10일

승언빗 이흥록.

"달, 오늘 남염(藍染)할 때, 쪽풀을 싣고 올 말 스무 마리, 얼음덩이를 싣고 올 말 다섯 마리, 장무내관이 탈 말 한 마리, 별감이 탈 말 한 마리, 모두 스물일곱 마리 말의 마패를 역사(役事)를 마칠 때까지 내주십사 청하나이다."

백지 두 권, 정필(正筆)[65] 두 자루, 참먹 두 개, 남빙정(藍氷丁)[66] 치부책을 내주었다.

6월 초10일. 승언빗 이흥록.

"달, 황공하오되 연례로 장마 후에 상을 내리는 일이 있음을 아뢰나이다."

"달, 이번 남염 때 장무내관이 머무는 곳에, 땔나무 열 단을 곳간에서 내려준 전례가 있음을 아뢰나이다."

장마 후 상으로 승언빗 두 명에게 각각 땔나무 여덟 단, 섬니내관 이하에 각각 땔나무 다섯 단, 남염할 때 장무내관이 머문 곳에 땔나무 열 단을 내리셨다.

初十日.

承言色李興祿.

達, 今此藍染時, 載持卜馬二十匹, 氷丁卜馬五匹, 掌務內官所騎馬一匹, 別監所騎馬一匹, 合二十七馬牌, 限畢役間, 請出.

白紙二卷, 正筆二柄, 眞墨二丁, 藍氷丁置付冊, 內出.

六月初十日. 承言色李興祿.

달, 황공ᄒᆞ오ᄃᆡ 년네 ᄆᆡ우(霾雨)[67] 상격(賞格) 잇ᄉᆞ오ᄆᆡ 젼ᄎᆞ로 아ᄋᆞ오시긔 알외ᄋᆞ옵ᄂᆞ이다.

달, 금차(今次) 남염시(藍染時), 댱무ᄂᆡ관(掌務內官) 소듀쳐(所駐處), 졈화(點火) 쇼목(燒木) 십단(十丹) 고듕ᄎᆞ하(庫中差下)[68] ᄒᆞᄋᆞ온 젼녜(前例) 잇ᄉᆞ오ᄆᆡ 아ᄋᆞ오나시긔 알외ᄋᆞ옵나이다.

霾雨賞格, 承言色二員, 各燒木八丹, 薛里以下, 各燒木五丹, 藍染時掌務內官所駐處, 燒木十丹, 賜給.

---

65 정필: 원고 교정용 붓인 교정필(校正筆)의 준말인 듯하다.

66 남빙정: 쪽풀과 얼음.

67 ᄆᆡ우: 흙이 날리는 비바람. 여기서는 '여름 장마'를 가리킨다.

68 고듕ᄎᆞ하: 庫中은 '곳간에서', 差下는 '지불하다, 내주다'의 뜻. 즉 곳간에서 내준다는 의미다.

6월 14일

승언빗 박봉흥.

"달, 내일 사도세자 사당 봉심에 나갈 승언빗내관이 탈 말 한 마리의 마패를 내주십사 청하나이다."

六月十四日.
承言色朴鳳興.
達, 明日祠廟奉審進去, 承言色內官所騎馬一匹, 請出一馬牌.

6월 15일

승언빗 박봉흥.

"달, 오늘 사도세자 사당 봉심에 나가며 하직하고 돌아와 복명하나이다."

을유년 6월 15일. 이번 가을겨울 대비 옷의 필요량 거안(擧案).

수은궁(垂恩宮) 유모 1, 배비 1.

혜빈궁, 오품 상궁 10분(分), 육품 시녀 2분, 수사 5, 수모 8, 파지 2, 방자 15, 유모 1, 배비 1, 별도로 차출한 오품 상궁 7분, 육품 시녀 9분, 수사 2, 수모 3, 파지 2, 방자 9.

청연군주방, 보모 1, 유모 1, 각씨 4, 수사 1.

은언군방, 유모 1, 각씨 1.

은신군방, 유모 1, 각씨 1.

양제 1분, 수모 1, 각씨 3.

삼왕손방, 유모 1, 각씨 1.

현주방, 유모 1, 각씨 1. 끝. 장무관 지아무개[69].

十五日.
承言色朴鳳興.
達, 今日祠廟奉審, 進去下直往還復命.

---

69 지아무개: 이름이 밝혀져 있지 않으나 뒤에 나오는 다른 기사에 따르면 지응한(池應漢)인 듯하다.

乙酉六月十五日. 來秋冬等衣纏擧案.

垂恩宮, 阿之壹, 陪婢壹.

惠嬪宮, 五品尙宮拾分, 六品侍女拾貳分, 水賜伍, 水母捌, 巴只貳, 房子拾伍, 阿之壹, 陪婢壹, 加出五品尙宮柒分, 六品侍女玖分, 水賜貳, 水母參, 巴只貳, 房子玖.

淸衍郡主房, 保母壹, 乳母壹, 閣氏肆, 水賜壹.

恩彦君房, 乳母壹, 閣氏壹.

恩信君房, 乳母壹, 閣氏壹.

良娣壹分, 水母壹, 閣氏參.

三王孫房, 乳母壹, 閣氏壹.

縣主房, 乳母壹, 閣氏壹, 際. 掌務池.

6월 18일[70]

대전 장번내관, 세손궁 장번내관, 각 전궁의 출입번내관, 각 처소의 상직내관, 액정서 사알 이하가 문안을 드렸다. 각 처소에 각각 주머니 하나씩을 내리셨다.

승정원, 홍문관, 영의정 홍봉한, 오흥부원군 김한구, 광은부위 김두성, 별군직, 의관, 노인(老人)[71]이 문안을 드렸다.

답하셨다. "알았다." 각각 주머니 하나를 내리셨다.

상의원에서 생일 옷을 진상하였다. 당상관 한 명과 낭청 한 명에게 각각 주머니 하나를, 서리 한 명과 장인 한 명에게 각각 버선감을 내리셨다.

六月十八日.

大殿長番, 世孫宮長番, 各殿宮出入番內官, 各處上直內官, 掖庭署司謁以下, 問安爲之. 各處囊子各一部, 賜給.

政院, 玉堂, 洪領相, 鰲興府院君, 光恩副尉, 別軍職, 醫官, 老人, 問安.

答曰, 知道. 各囊子一部, 賜給.

尙衣院, 誕日表裡, 進上. 堂上一員, 郎廳一員, 各囊子一部, 書吏一人, 匠人一名, 各足巾次.

---

70 이날은 혜빈궁의 생일이다.

71 노인: 누구를 지칭한 것인지는 분명하지 않지만, 그냥 나이 많은 사람이라기보다 노인직(老人職)을 받은 사람으로 보인다. 노인직은 80세 이상의 사람들에게 신분에 따라 명예직을 내리거나 벼슬 품계를 높여주는 것이다.

6월 25일

은언군과 은신군의 관례 때[72] 우리 궁 승언빗 이흥록이 배행하도록 임금께서 명령하셨다.

임금이 침을 맞으실 때 승정원, 홍문관, 내의원에서 문안을 드렸다.

은언군과 은신군이 임금에게 사은한 후 문안을 왔다. 각각 자적토주 한 필과 번홍정주(緐紅鼎紬) 한 필을 내리셨다.

은언군과 은신군이 임금에게 사은할 때 만든 이조의 거안.

이조좌랑 한 명에게 색주 한 필, 정색집리서리(政色執吏書吏) 한 명, 정색서리 두 명, 녹패색서리(祿牌色書吏) 두 명, 정청지기 두 명, 도사령 한 명에게 모두 합쳐서 무명 다섯 필과 삼베 세 필을 줌.

六月二十五日.

恩彦君恩信君冠禮時, 本宮承言色李興祿陪行事, 命下[73].

大殿受針教是時, 政院玉堂藥房, 問安爲之.

恩彦君恩信君謝恩後, 問安. 各紫的吐紬一匹, 緐紅鼎紬一匹, 賜給.

恩彦君恩信君謝恩時, 吏曹擧案.

吏曹佐郎一員, 色紬一匹, 政色執吏書吏一人, 政色書吏二人, 祿牌色書吏二人, 政廳直二人, 都使令一名, 以木五疋布三疋, 都給.

---

72 『영조실록』 같은 날 기사에 영조가 은언군과 은신군의 관례를 행하고 다음 날 아침에 사은하라고 명하였다는 기록이 있다.

73 명령의 주체가 분명하지 않으나 혜빈궁의 명령이라면 '令下'라고 했을 것이다.

6월 26일

승정원, 홍문관, 내의원에서 익일문안(翌日問安)[74]을 드렸다.

임금이 침을 맞으신 후 승정원, 홍문관, 내의원에서 문안을 드렸다.

二十六日.
政院玉堂藥房, 翌日問安爲之.
大殿受針後, 政院玉堂藥房, 問安爲之.

6월 27일

승정원, 홍문관에서 익일문안을 드렸다.

별군직 박상복이 외직을 맡아 하직 인사를 드리니, 주머니 하나를 내리셨다.

二十七日.
政院玉堂, 翌日問安爲之.
別軍職朴尙復, 外任下直, 囊子一部, 賜給.

---

74 익일문안: 문안 인사의 한 종류로, 임금이 궁궐 밖을 다녀오거나 어떤 행사에 참여했을 때 그 다음 날에 드리는 인사.

7월

7월 1일

사옹원에서 사기를 진상하였다. 당상관 한 사람에게 황색 주머니 하나, 낭청 한 사람에게 청색 주머니 하나를 내리셨다.

乙酉七月初一日.
司饔院沙器進上. 堂上一員, 黃囊一部, 郞廳一員, 靑囊一部, 賜給.

7월 5일

내의원에서 일차문안을 드렸다.

七月初五日.
藥房, 日次問安爲之.

7월 7일

승언빗 박봉흥.

"달, 내일 임금이 종묘에 거둥하실 때, 출환궁문안패와 자비내관이 탈 말 두 마리, 별감이 탈 말 두 마리, 모두 네 마리 말의 마패를 내주십사 아뢰나이다."

七月初初七日[75].
承言色朴鳳興.
達, 明日大駕宗廟擧動敎是時, 出還宮問安牌, 及差備內官所騎馬二匹, 別監所騎馬二匹, 合四馬牌請出之[76], 敢達.

---

75 '初' 자가 중복되어 잘못 들어간 것으로 보인다.
76 '之' 다음에 '意' 자가 빠진 듯하다.

7월 8일

승언빗 이흥록.

"달, 오늘 임금이 종묘와 선원전에 거둥하실 때, 출궁문안 자비내관 최석징이 나가며 하직하고 돌아와 복명하나이다."

"달, 오늘 임금이 종묘와 선원전에 거둥하실 때, 환궁문안 자비내관 김흥재가 나가며 하직하고 돌아와 복명하나이다."

승언빗 이흥록.

"달, 오늘 임금이 육상궁에 들르실 때, 별문안으로 어느 내관을 보낼지 아뢰나이다."

답하셨다. "섬니내관 가라."

승언빗 이흥록.

"달, 오늘 임금이 육상궁에 들르실 때, 별문안 내관이 탈 말 한 마리, 별감이 탈 말 한 마리, 모두 두 마리 말의 마패를 내주십사 아뢰나이다."

"달, 오늘 임금이 육상궁에 들르실 때, 별문안 섬니내관 김중윤이 나가며 하직하고 돌아와 복명하나이다."

乙酉七月初八日.

承言色李興祿.

達, 今日大駕宗廟璿源殿擧動教是時, 出宮問安差備內官崔錫徵, 進去下直往還復命.

達, 今日大駕宗廟璿源殿擧動教是時, 還宮問安差備內官金興載, 進去下直往還復命.

承言色李興祿.

達, 今日大駕歷臨毓祥宮教是時, 別問安何內官進去乎, 敢達.

답, 셤니너관 가라.

承言色李興祿.

達, 今日大駕歷臨毓祥宮教是時, 別問安內官所騎馬一匹, 別監所騎馬一匹, 合二馬牌請出之意, 敢達.

達, 今日大駕歷臨毓祥宮教是時, 別問安薛里內官金重潤, 進去下直往還復命.

7월 10일

승언빗 이흥록.

"달, 내일 혜빈궁이 선희궁 사당에 가실 때, 옥인자비 섬니내관이 탈 말 한 마리, 선행내인이 탈 말 일곱 마리, 시녀가 탈 말 스무 마리, 수라 그릇을 올릴 섬니내관이 탈 말 한 마리, 내인을 데리고 갈 장무내관이 탈 말 한 마리, 각 자비내관이 탈 말 네 마리, 인자비(印差備) 별감이 탈 말 한 마리, 의녀가 탈 말 두 마리, 모두 서른일곱 마리 말의 마패를 내주십사 청하나이다.

乙酉七月初十日.
承言色李興祿.
達, 明日宮詣義烈宮敎是時, 玉印差備薛里內官所騎馬一匹, 先行內人所騎馬七匹, 侍女所騎馬二十匹, 水剌器皿陪進薛里內官所騎馬一匹, 內人領去掌務所騎馬一匹, 各差備內官所騎馬四匹, 印差備別監所騎馬一匹, 醫女所騎馬二匹, 合請出三十七馬牌.

7월 11일

혜빈궁이 선희궁 사당에 가실 때,[77] 광지문(廣智門)[78] 밖에서 가마를 타고 홍명문을 경유하여 연광문으로 나갔다. 협시승언빗 이흥록과 박봉흥, 인자비 섬니내관 김중윤, 양산자비내관 김응서, 선자비(扇差備) 내관 두 사람으로 김홍재와 최석징, 내인을 데리고 갈 장무내관 지응한, 제사 음식을 올릴 섬니내관 최석담, 중궁전 별련시 박재원, 세손궁 배위(陪衛)[79]로 보검(寶劍)[80], 오장(烏杖), 귀유치(歸遊赤)를 전교에 따라 두었다.

---

77 『영조실록』 같은 날 기사는 다음과 같다. "임금이 대신과 예조 당상에게 문의하여 특별히 영빈(暎嬪) 이씨에게 의열(義烈)이라 증시(贈諡)하고 교서와 제문을 몸소 지어서 본궁에 거둥하여 시호를 내리는 예(禮)를 행하니, 혜빈궁과 왕세손도 따라서 갔다. 저녁에 환궁하였다." 그런데 '의열'이라는 이름은 이미 전년 9월 26일 『영조실록』에서 확인되며 '의열묘', '의열궁'이라는 이름이 『혜빈궁일기』는 물론 『승정원일기』에도 이날 이전에 이미 사용되고 있음이 확인된다. 이날 '의열'이라고 증시한 것은 공식화한 것으로 이해된다.

78 광지문: 경희궁에 있는 문. 아래의 홍명문과 연광문도 모두 경희궁에 있다.

79 배위: 세손이 나들이할 때 모시고 따르던 일. 후궁이나 군주, 왕손 등에게는 '배행(陪行)'이라는 말을 쓰고, 임금과 왕비에게는 '시위(侍衛)'라는 말을 쓴다.

80 보검: 운검(雲劍)과 함께 지존의 곁을 지키는 무관.

七月十一日.

宮詣義烈宮敎是時, 自廣智門外乘輦, 由興明門, 出延光門. 挾侍承言色李興祿朴鳳興, 印差備薛里金重潤, 陽傘差備金應西, 扇差備二, 金輿載崔錫徵, 內人領去掌務池應漢, 祭物陪進薛里崔錫聃, 中宮殿別輦侍朴梓元, 世孫宮陪衛與寶劍烏杖歸遊赤, 因傳敎置之.

7월 14일

승언빗 박봉흥.

"달, 내일 사도세자 사당 봉심에 승언빗내관이 탈 말 한 마리의 마패를 내주십사 청하나이다."

"달, 오늘 사도세자 사당 봉심에 나가며 하직하나이다."

7월 11일. 혜빈궁 섬니내관 보고문.

선희궁 사당 별다례에 제물을 운반할 갸자꾼 스물다섯 명을 운반이 끝나고 문이 열리기를 기다렸다가 수라간에 보낼 것.

병조와 위장소에 명령을 내릴 것.

건륭 30년 7월일. 섬니내관 김중윤.

乙酉七月十四日.

承言色朴鳳興.

達, 明日祠廟奉審, 承言色內官所騎馬一匹, 請出一馬牌.

達, 今日祠廟奉審事, 進去下直.

七月十一日. 惠嬪宮薛里內官手本.

義烈宮別茶禮祭物輸運架子軍二十五名, 畢運間, 待開門定送于水剌間事.

兵曺及衛將所良中, 行下向敎是事.

乾隆三十年七月日. 薛里內官金重潤.

7월 17일

혜빈궁 섬니내관 보고문.

내일 선희궁 생신에 다례 제물을 운반할 갸자꾼 스물다섯 명을 운반이 끝나고 문이 열리기를 기다렸다가 수라간에 보낼 것.

병조와 위장소에 명령을 내릴 것.

건륭 30년 7월일. 섬니내관 최석담.

7월 17일. 승언빗 박봉흥.

"달, 황공하오되 이번에 거둥하실 때, 해마다 배설하는 차일과 휘장 등 물건이 불결하고 부정하여 극히 황송하올 뿐 아니라, 매년 연말에 배설을 차릴 때 약간은 스스로 장만할 만한데, 대령할 좌우번 사약에게 단단히 타일렀으나 종시 거행하는 일이 없고, 혹 임금이 거둥하실 때나 우리 궁 안에서 배설할 일을 당해도, 자신들이 장만하지 않고 배설을 배설방(排設房)[81]에서 얻어서 쓰니, 극히 놀라워서 좌우번 사약을 약간 벌했더니, 한두추(韓斗樞)[82]는 즉시 말을 따라 거행했으나, 사약 차달운은 끝내 말을 따라 거행하지 않고 불순한 일이 많았습니다. 소인[83]으로서는 아랫사람을 단단히 타이를 길 없고, 기강이 극히 한심하여 아뢰니, 사약 차달운을 종중추고(從重推考)[84]하여 이후 배설 등등을 단단히 타이를 것으로 아뢰나이다."

답하셨다. "알았다."

같은 날.

"달, 선희궁 사당에 제물을 올릴 섬니내관이 탈 말 한마리, 향배등촉빗이 탈 말 한마리, 모두 두 마리 말의 마패를 내주십사 청하나이다."

---

81 배설방: 대궐에서 차일(遮日), 휘장 따위를 치는 일을 맡아보던 부서.

82 한두추: 『승정원일기』 1777년 8월 20일 기사에 한두추의 이름이 보인다.

83 소인: 여기서는 승언빗 박봉흥.

84 종중추고: 여러 죄를 지은 경우에 그중 무거운 죄에 따라 처벌하는 것.

惠嬪宮薛里內官手本. 七月十七日.

明日義烈宮生辰, 茶禮祭物輪運架子軍二十五名, 畢運間, 待開門定送于水剌間事.

兵曺及衛將所良中, 行下向教是事.

乾隆三十年七月日. 薛里內官崔錫聃.

七月十七日. 承言色朴鳳興.

달, 황공ᄒᆞᄋᆞ오ᄃᆡ 이번 거동ᄒᆞᄋᆞ옵실 씌의, 년(年) ᄇᆡ셜(排設) 챠일 휘댱 등물이 불결(不潔) 부졍(不淨)ᄒᆞᄋᆞ오ᄆᆡ 극히 황송ᄒᆞᄋᆞ올 분 아니오라, ᄆᆡ년 셰말(歲末)의 ᄇᆡ셜 ᄎᆞ리옵ᄂᆞᆫ 거시 족히 약간 ᄇᆡ셜은 쟝만ᄒᆞᄋᆞ올 만ᄒᆞᄋᆞ오매, ᄃᆡ령ᄒᆞᄋᆞ ᄃᆡ령ᄒᆞᄋᆞ올 줄[85] 좌우번 ᄉᆞ약(司鑰)의게 신틱(申飭)ᄒᆞᄋᆞ오되 죵시 거힝ᄒᆞᄋᆞ옵ᄂᆞᆫ 일 업ᄉᆞᆸ고, 혹 거동ᄒᆞᄋᆞ옵실 씌를 당ᄒᆞᄋᆞ오나 안의 ᄇᆡ셜ᄒᆞᄋᆞ올 일을 당ᄒᆞᄋᆞ오나, ᄇᆡ셜을 ᄇᆡ셜방(排設房)의 엇ᄉᆞ와 ᄡᅳ오니, 극히 ᄒᆡ연(駭然)ᄒᆞᄋᆞ, 좌우번 사약을 약간 시벌ᄒᆞ온즉, 사약 한두츄ᄂᆞᆫ 즉시 거힝ᄒᆞᄋᆞ옵고, 사약 차달운은 죵시 거힝티 아니ᄒᆞᄋᆞ옵고 불슌ᄒᆞᄋᆞ온 일 만사오니, 쇼인으로 ᄒᆞ와도 ᄌᆞ하신틱(自下申飭)ᄒᆞᄋᆞ올 길 업ᄉᆞᆸ고, 긔강 소ᄌᆡ(所在)에 극히 한심ᄒᆞᄋᆞ오와 알외오니, ᄉᆞ약 차달운을 죵즁츄고(從重推考)ᄒᆞᄋᆞ옵고, 일후 ᄇᆡ셜 등물 각별 신틱ᄒᆞᄋᆞ올 ᄉᆞ연 젼차로 알오시긔 알외ᄋᆞ옵ᄂᆞ이다.

답, 알괘라.

同日.

達, 義烈宮祭物陪進薛里內官所騎馬一匹, 香陪燈燭色所騎馬一匹, 合二馬牌請出.

7월 18일

승언빗 박봉흥.

"달, 오늘 선희궁 사당에 제물을 올릴 섭니내관 최석담이 나가며 하직하나이다."

乙酉七月十八日.

承言色朴鳳興.

達, 今日義烈宮祭物陪進薛里內官崔錫聃, 進去下直.

---

85 ᄃᆡ령ᄒᆞᄋᆞ ᄃᆡ령ᄒᆞᄋᆞ올 줄: 'ᄃᆡ령ᄒᆞᄋᆞ올'의 오기인 듯.

7월 19일

❁ 제사상 준비를 소홀히 한 수모

1765년 7월 18일은 1764년 7월 26일 선희궁이 죽은 뒤 처음 맞는 생일이다. 생일 차례에 혼령이 드실 제수를 수모가 제대로 차리지 않아서 제사를 그르친 듯하다. 혜빈궁은 중요하게 여기는 일을 평소부터 마음에 들지 않았던 여종이 그르치자, 태형과 수감 외에 궁 밖으로 방출하는 절차까지 밟게 했다.

"수모(手母) 작은년이 평소 소행이 버릇이 없으되 중죄를 범하지 않아서 그냥 두었더니, 이번 막중하신 다례에 잡숫는 것을 제대로 하지 않아 신령께서 잡숫지 못하게 한 죄상이 변명의 여지가 없으니, 장 사십 대를 치고 옥에 가두어 엄히 죄를 다스린 후 영원히 궁 밖으로 내보내라."

같은 날.

승언빗 박봉흥.

"달, 혜빈궁 명령에 따라 수모 작은년을 장 사십 대를 쳐 각별히 죄를 묻고 영원히 궁 밖으로 내보냈음을 아뢰나이다."

능성위 구민화(具敏和)[86]가 관례 후 문안을 드렸다. 색토주와 번홍주(翻紅紬)를 각한 필씩 내리셨다.

七月十九日.

슈모 자근년이 상히 소힝이 무상ᄒᆞ되, 듕죄를 범티 아녀시니 짐쟉ᄒᆞ여[87] 두엇더니, 이번 막즁ᄒᆞᄋᆞ오신 다례의 잡ᄉᆞ올 거ᄉᆞᆯ 불근(不謹)이 ᄒᆞ야 잡ᄉᆞᆸ지 못ᄒᆞ게 ᄒᆞᆫ 죄상이 만만무거(萬萬無據)ᄒᆞ니, 댱(杖) 사십, 단의옥슈(單議獄囚)[88]로 엄히 티죄(治罪)ᄒᆞ야 영츌(永出)ᄒᆞ라.

---

86 구민화: 영조와 숙의 문씨 사이의 소생인 화길옹주(和吉翁主)의 남편. 화길옹주는 사도세자가 광증으로 어려운 상황에서 숙의 문씨가 낳은 자식으로, 혜빈궁은 문씨가 아들을 낳아 왕통이 바뀌지 않을까 걱정했다고 한다. 화길은 1754년 태어나 1772년에 죽었고, 구민화는 1800년에 죽었다. 『영조실록』 1765년 7월 12일 조를 보면 "임금이 주강을 행하고, 이어 삼간택을 몸소 행하여, 화길옹주의 혼례를 호군 구현겸(具顯謙)의 아들 구민화에게 정하고, 위호(尉號)를 능성(綾城)이라 하였다."고 했다. 구민화는 결혼이 정해지자 그 준비로 관례를 치렀던 것이다.

87 짐쟉ᄒᆞ여: '생각하다'의 뜻인데, 여기서는 '알고도 묻어두다' 정도의 의미로 쓰였다.

同日. 승언빗 박봉홍.

달, ᄂᆡ령(內令) 므로와 슈모 자근년이 옥슈단의로 장 ᄉᆞ십 각별 치죄ᄒᆞᄋᆞ오와 녕츌ᄒᆞᄋᆞ온 ᄉᆞ연 젼차로 아ᄋᆞ오시긔 알외ᄋᆞ옵ᄂᆞ이다.

綾城尉冠禮後, 問安. 色吐紬翻紅紬, 各一疋, 賜給.

7월 24일

승언빗 이흥록.

"달, 내일 청연군주가 선희궁 사당으로 나갈 때,[89] 어느 내관으로 배행하게 할지 아뢰나이다."

답하셨다. "자비내관으로 가라."

二十四日.

承言色李興祿.

達, 明日淸衍郡主自家, 義烈宮進去敎是時, 陪行內官何內官進去, 敢達.

답, ᄌᆞ비ᄂᆡ관으로 가라.

7월 25일

승언빗 이흥록.

"달, 오늘 청연군주가 선희궁 사당에 가실 때, 배행 자비내관 최석징이 나가며 하직하고 돌아와 복명하나이다."

내의원에서 문안을 드렸다.

乙酉七月二十五日.

承言色李興祿.

達, 今日淸衍郡主自家, 詣義烈宮敎是時, 陪行差備內官崔錫徵, 進去下直往還復命.

藥房問安爲之.

---

88 단의옥슈: 바로 아래에는 '옥슈단의'로 나온다. '한 번 의논하여 수감시킨다' 정도의 의미로 이해된다.

89 청연군주가 다음 날 의열궁에 가는 것은 26일이 선희궁의 첫 번째 기일(忌日)이기 때문이다.

7월 28일

승언빗 박봉흥.

"달, 이번에 왕세손이 임금을 수가할 때, 배위(陪衛)는 어느 내관으로 할지 아뢰나이다."

답하셨다. "승언빗내관으로 가라."

乙酉七月二十八日.
承言色朴鳳興.
達, 今此王世孫隨駕敎是時, 陪衛何內官進去乎, 敢達.
答, 승언빗닉관으로 가라.

7월 30일

승언빗 이홍록.

"달, 이번에 임금이 명릉(영조의 부왕인 숙종의 무덤)에 거둥하실 때, 출환궁문안패와 자비내관이 탈 말 두 마리, 별감이 탈 말 두 마리, 왕세손 배위 승언빗내관이 탈 말 한 마리, 합지이를 가지고 갈 섬니내관이 탈 말 한 마리, 반감이 탈 말 한 마리, 모두 일곱 마리 말의 마패를 내주십사 청하나이다."

내의원에서 문안을 드렸다.

승언빗 이홍록.

"달, 오늘 임금이 명릉에 거둥하실 때, 출궁문안, 주정소문안 겸 능소 도착 문안 자비내관 김응서가 나가며 하직하고 돌아와 복명하나이다."

승언빗 박봉흥.

"달, 오늘 왕세손이 임금을 수가하실 때, 소인이 모시고 나가며 하직하고 돌아와 복명하나이다."

"달, 오늘 임금이 명릉에 거둥하실 때, 합지이를 가지고 갈 섬니내관 최석담이 나가며 하직하나이다."

왕세손이 궁관을 보내 문안을 드렸다. 음식을 먹였다.

"달, 오늘 임금이 명릉에 거둥하실 때, 환궁문안 겸 주정소문안 자비내관 정덕해가 나가며 하직하고 돌아와 복명하나이다."

七月三十日.

承言色李興祿.

達, 今此大駕明陵擧動敎是時, 出還宮問安[90], 及差備內官所騎馬二匹, 別監所騎[91]二匹, 王世孫陪衛承言色內官所騎馬一匹, 盒只伊陪進薛里內官所騎馬一匹, 飯監所騎馬一匹, 合七馬牌請出.

藥房問安爲之.

承言色李興祿.

達, 今日大駕明陵幸行敎是時, 出宮問安, 兼安否, 兼晝停所, 到陵所問安, 兼安否差備內官金應西, 進去下直往還復令.

承言色朴鳳興.

達, 今日王世孫隨駕敎是時, 小人陪衛, 進去下直往還復令.

達, 今日大駕明陵幸行敎是時, 盒只伊陪進薛里內官崔錫聃, 進去下直.

王世孫, 遣宮官問安. 饋茶啖.

達, 今日大駕明陵幸行敎是時, 還宮問安, 兼安否晝停所問安, 兼安否差備內官鄭德海, 進去下直往還復令.

90 出還宮問安: '出還宮問安牌'의 마지막 글자가 빠진 듯.

91 바로 다음에 '馬' 자가 빠진 듯.

8월

8월 6일

승언빗 이흥록.

"달, 오늘 임금이 거동비각(車洞碑閣)[92]에 거둥하실 때, 출환궁문안패와 자비내관이 탈 말 두 마리, 별감이 탈 말 두 마리, 모두 네 마리 말의 마패를 내주십사 청하나이다."

"달, 오늘 임금이 거동비각에 거둥하실 때, 출궁문안 겸 환궁문안 자비내관 우홍귀가 나가며 하직하고 돌아와 복명하나이다."

임금이 환궁하실 때, 서학동(西學洞)[93] 여경방(餘慶坊)[94]의 육상궁(영조의 생모 숙빈 최씨) 탄생하신 집에 들러 봉심하셨다.

八月初六日.

承言色李興祿.

達, 今日大駕車洞碑閣擧動敎是時, 出還宮問安牌, 及差備內官所騎馬二匹, 別監所騎馬二匹, 請出四馬牌.

達, 今日大駕車洞碑閣擧動敎是時, 出宮問安兼還宮問安差備內官禹洪龜, 進去下直往還復命.

大駕還宮敎是時, 歷臨西學洞餘慶坊舊基, 奉審爲之.

---

92 거동비각: 추모동(追慕洞) 비각(碑閣). 영조가 1761년에 서울 서대문 부근의 반송방(盤松坊) 거동(車洞)의 인현왕후(仁顯王后) 옛집을 방문하여 그곳에 비석을 세우고 동네의 이름을 추모동이라고 고쳤다. 인현왕후는 숙종의 초비다.

93 서학동: 서울 광화문 남쪽에 위치한, 조선시대 중등교육기관인 사학(四學) 가운데 서학(西學)이 있던 마을.

94 여경방: 한성 서부 9방 중 하나로, 세종대로 남쪽에 있던 곳의 지명.

8월 8일

종실 밀춘군 이준이 품계를 올려 받고 임금께 숙배한 후 별문안을 드리기에,[95] 주머니 하나를 내리셨다.

종실 능창군 이숙[96]이 소분한다고 하직하며 별문안을 드리기에, 주머니 하나를 내리셨다.

八月初八日.
宗室密春君焌, 加資肅拜後別問安, 囊子一部, 賜給.
宗室綾昌君橚, 掃墳下直別問安, 囊子一部, 賜給.

8월 10일

내의원에서 문안을 드렸다.
혜빈궁 섬니내관 보고문.
연례 김치, 유모 1, 세자궁 유모 1.
연례 김치 만드는 데 소용되는 잡물을 정례대로 진상할 것.
호조, 공조 및 자문감, 선공감, 각 해당 관아에 명령을 내릴 것.
건륭 30년 8월 초10일. 섬니내관 김중윤.

혜빈궁 섬니내관 보고문.
청연군주방 연례 김치, 유모 1, 보모 1.
청선군주방 연례 김치, 유모 1, 보모 1.
김치 만드는 데 소용되는 잡물을 정례대로 진상할 것.
호조, 공조 및 자문감, 선공감, 각 해당 관아에 명령을 내릴 것.
건륭 30년 8월 초10일. 섬니내관 김중윤.

---

95 『승정원일기』 전날(8월 7일) 기록에 "밀춘군 준은 중의대부(中義大夫)인데 오늘 승헌대부(承憲大夫)를 가자(加資)하였다."라는 내용이 있다. 중의대부는 조선시대 종친계(宗親階) 종이품 상계(上階)의 위호(位號)이고, 승헌대부는 정이품 하계의 위호이다. 밀춘군은 당시 60세였다.

96 능창군 이숙: 선조의 증손자. 선조 - 인성군(仁城君) - 해원군(海原君) - 화산군(花山君) - 능창군으로 이어진다. 능창군은 당시 75세였다.

혜빈궁 섬니내관 보고문.
양제방 연례 김치.
은언군방 연례 김치, 유모 1.
은신군방 연례 김치, 유모 1.
왕손방 연례 김치, 유모 1.
현주방 연례 김치, 유모 1.
김치 만드는 데 소용되는 잡물을 정례대로 진상할 것.
호조, 공조 및 자문감, 선공감, 각 해당 관아에 명령을 내릴 것.
건륭 30년 8월 초10일. 섬니내관 김중윤.

八月初十日.
藥房問安爲之.
惠嬪宮薛里內官手本.
年例沉葅, 及阿只一, 世子宮阿只一.
年例沉葅所用一應雜物, 依定例進排事.
戶曺工曺及紫門監繕工監, 各該司良中, 行下向敎是事.
乾隆三十年八月初十日. 薛里內官金重潤.

惠嬪宮薛里內官手本.
淸衍郡主房, 年例沉葅, 及乳母一, 保母一.
淸璿郡主房, 年例沉葅, 及乳母一, 保母一.
沉葅所用一應雜物, 依定例進排事.
戶曺工曺及紫門監繕工監, 各該司良中, 行下向敎是事.
乾隆三十年八月初十日. 薛里內官金重潤.

惠嬪宮薛里內官手本.
良娣房, 年例沉葅.
及恩彦君房, 年例沉葅, 及乳母一.
恩信君房, 年例沉葅, 及乳母一.
王孫房, 年例沉葅, 及乳母一.
縣主房, 年例沉葅, 及乳母一.
沉葅所用一應雜物, 依定例進排事.
戶曺工曺及紫門監繕工監, 各該司良中, 行下向敎是事.
乾隆三十年八月初十日. 薛里內官金中潤.

8월 13일

상의원에서 옷감과 각종 옷을 임금의 명령에 따라 먼저 들여왔다. 온혜 한 켤레도 우리 궁으로 들였다.

八月十三日.

尙衣院表裏各色衣襨次, 仍傳敎先入爲之. 韞鞋一部, 亦爲內入.

8월 14일

승언빗 박봉흥.

"달, 내일 세손빈궁이 종묘에서 묘현례(廟見禮)[97]를 할 때,[98] 별련시로 어느 내관을 보낼지 아뢰나이다."

"승언빗 가라."

같은 날.

"달, 내일 임금이 종묘에 거둥하실 때, 출환궁문안패와 자비내관이 탈 말 두 마리, 별감이 탈 말 두 마리, 모두 네 마리 말의 마패를 내주십사 아뢰나이다."

乙酉八月十四日.

承言色朴鳳興.

達, 明日嬪宮廟見禮敎是時, 別輦侍何內官進去乎, 敢達.

승언빗 가라.

同日.

達, 明日大駕宗廟擧動敎是時, 出還宮問安牌, 及差備內官所騎馬二匹, 別監所騎馬二匹, 合四馬牌請出之意, 敢達.

---

97 묘현례: 조상을 모신 사당을 찾아가 올리는 예식.

98 『영조실록』의 다음 날(8월 15일) 기록을 보면 세손빈궁이 처음으로 종묘에 참배했다는 말이 있다. 사도세자의 경우에는 혜빈궁의 묘현례가 결혼식과 동시에 있었으나, 정조비 효의왕후의 경우는 결혼 당시에 아직 동궁의 부인이 아니었으니 묘현례를 하지 못했을 것이고, 사도세자가 죽은 다음에 남편 정조가 동궁이 되었지만 시아버지의 삼년상 기간이었으니 하지 못했을 것이다. 따라서 약간 시간을 두고 삼년상이 끝난 이듬해에 했던 듯하다.

8월 15일

승언빗 박봉흥.

"달, 오늘 임금이 종묘에 거둥하실 때, 출궁문안 자비내관 최석징이 나가며 하직하고 돌아와 복명하나이다."

"달, 오늘 임금이 종묘와 육상궁에 거둥하실 때, 환궁문안 자비내관 정덕해가 나가며 하직하고 돌아와 복명하나이다."

14일.[99] 승언빗 박봉흥.

"달, 황공하오되 우리 궁 별감 조순득(趙順得)이 항상 처신이 극히 불근하기로 단단히 타일렀더니, 지난밤 포도대장이 친히 순찰하였는데 무뢰배와 작당하여 통금을 범하였을 뿐만 아니라 편지를 전한다고 속이고, 술에 취해 행패를 부리는 무뢰배를 포도대장이 친히 심문하려고 포졸들에게 맡겨 두었더니,[100] 별감이 임의로 사사로이 풀어주어, 포도청에서 작성한 문서에 이런 말이 들어 있다고 하니, 들으니 참으로 놀랍고 괴이하기 짝이 없을 따름입니다. 이런 별감을 궁궐과 같은 지엄한 곳에 두지 못할 것이니, 보고서를 작성하여 내쫓을 것을 아뢰나이다."

"알았다. 별감 조순득의 죄상은 극히 무상할 뿐만 아니라 죄를 범한 것이 대단하여 궁궐에 두지 못할 것이니 보고서를 작성하게 하라."

을유 8월 15일. 승언빗 이홍록.

"달, 오늘 세손빈궁이 묘현례에 거둥하실 때 별련시로 나가며 하직하고 돌아와 복명하나이다."

"달, 오늘 임금이 종묘와 육상궁에 거둥하실 때 환궁문안 자비내관 정덕해가 갔다가 돌아와 복명하나이다."

---

99 15일 기록 중간에 14일 기록이 나오는데, 전날 일을 나중에 들었기에 소급해서 기록한 것으로 짐작된다.

100 『승정원일기』 다음 날(8월 16일) 조항에 우포도청의 계문을 소개하고 있는데, 여기에 금주법을 어기고 술을 빚은 죄인 귀매와 술을 마신 죄인 조순득 등을 형조로 보내라는 말이 있다. 형조에서는 임금의 명령에 따라 한 차례 엄형을 가한 뒤 평해로 유배 보냈다. 『승정원일기』에서 말한 주된 죄목은 금주령을 어기고 술을 마신 것인데, 『혜빈궁일기』에서는 통금을 어겼을 뿐만 아니라 거짓으로 보고하고 또 사사로이 죄인을 풀어준 죄가 있다고 했다.

十五日.

承言色朴鳳興.

達, 今日大駕宗廟擧動教是時, 出宮問安差備內官崔錫徵, 進去下直往還復令.

達, 今日大駕宗廟毓祥宮擧動教是時, 還宮問安差備內官鄭德海, 進去下直往還復令.

十四日. 承言色朴鳳興.

달, 황공ᄒᆞᄋᆞ오ᄃᆡ 본궁별감(本宮別監) 됴슌득 상시 ᄒᆡᆼ신(行身)이 극히 불근(不勤)ᄒᆞᄋᆞ옵기로 각별 신칙(申飭)ᄒᆞᄋᆞ옵더니, 거야(去夜)의 포도ᄃᆡ쟝 친히 슌검(巡檢)ᄒᆞ옵ᄂᆞᆫᄃᆡ 무뢰ᄇᆡ로 작당ᄒᆞ다가 범야(犯夜)[101]ᄒᆞᄋᆞ올 ᄲᅮᆫ 아니오라, 가칭(假稱) 봉셔(封書) 뫼앗노라 ᄒᆞᄋᆞ옵고, 쥬취(酒醉)[102]ᄉᆞᆸᄂᆞᆫ 무뢰ᄇᆡ를 ᄃᆡ장이 친문허려 ᄒᆞ옵고 교졸(校卒) 맛지온 거슬 별감이 ᄉᆞᄌᆞ방송(私自放送)ᄒᆞ아와ᄉᆞᆸ기로, 포청 초긔(草記)[103] 들엇다 ᄒᆞ아오니, 듯자아오ᄆᆡ 블승경히(不勝驚駭)하아올 ᄲᅮᆫ 아니오라, 이러ᄒᆞ아온 별감은 ᄌᆞ연 지엄디지(至嚴之地)에 두아옵지 못하아올 거시오ᄆᆡ, 슈본(手本) 졔하(除下)[104]ᄒᆞ아옵 사연 젼ᄎᆞ로 아ᄋᆞ오시긔 알외아옵ᄂᆞ이다.

알괘라. 별감 됴슌득의 죄상은 극히 무상ᄒᆞ고 범죄ᄒᆞ기를 ᄃᆡ단이 하얏스니 두지 못ᄒᆞᆯ 거시니 슈본ᄒᆞ게 ᄒᆞ라.

乙酉八月十五日. 承言色李興祿.

達, 今日嬪宮廟見禮擧動教是時, 別輦侍, 進去下直往還復令.

達, 今日大駕宗廟毓祥宮擧動教是時, 還宮問安差備內官鄭德海, 往還復令.

---

101 범야: 야간 통행금지 시간인 초경과 5경 사이에 함부로 다니는 것.

102 원본에는 '쥬취' 다음에 두 글자가 들어갈 정도의 공간이 비워져 있다. 영조 때 금주법이 극히 엄했으니 그 때문에 제대로 적지 못한 것 아닐까 하는 의심이 드는 부분이다.

103 초긔: 관아에서 그리 중요하지 않은 사실을 간단히 적은 문서.

104 졔하: '아랫사람에게 물건 등을 나누어주다'의 뜻도 있으나, 여기서는 '제외시키다'의 뜻으로 쓰였다. 『승정원일기』에 '제하수본(除下手本)'의 용례가 여럿 보인다.

8월 17일

승언빗 박봉흥.

"달, 장무내관 지응한을 경질한 다음 교대한 내관 신만이 연일 입직하였는데, 신만이 돌연 병을 얻어 부득이 일을 하지 못하니, 자비내관 정덕해를 임시로 장무내관을 겸하게 함으로 아뢰나이다."

"알았다."

17일. 승언빗 박봉흥.

"달, 임금이 우리 궁 별감 조순득을 내쫓은 일로 크게 꾸짖었음을 아뢰나이다."[105]

답하셨다. "알았다."

종실 전은군 이돈[全恩君墩]이 소분하려고 하직하니, 주머니 하나를 내리셨다.

종실 전춘군 이계[全春君堦][106]가 소분하려고 하직하니, 주머니 하나를 내리셨다.

八月十七日.

승언빗 박봉흥.

달, 장무ᄂᆡ관(掌務內官) 디응한 체ᄎᆞ(遞差)ᄒᆞ아옵고 교ᄃᆡᄂᆡ관(交代內官) 신만니 연일 입직ᄒᆞ아옵다가 졸득신병(猝得身病)ᄒᆞᄋᆞ오와 부득찰임(不得察任)ᄒᆞ아오니, 자비ᄂᆡ관(差備內官) 정덕히로 가장무겸찰(假掌務兼察)ᄒᆞ아옵ᄂᆞᆫ ᄉᆞ연 전ᄎᆞ로 아ᄋᆞ오시긔 알외아옵ᄂᆡ이다.

알괘라.

十七日. 承言色朴鳳興.

달, ᄃᆡ전겨ᄋᆞ오셔 본궁별감 됴슌득 제하, ᄃᆡ전 셩대(盛大) ᄎᆡᆨ하(責下)ᄒᆞ오와 겨아오시ᄆᆡ 젼ᄎᆞ로 아ᄋᆞ오시긔 알외아옵ᄂᆞ이다.

답, 알괘라.

宗室全恩君墩, 掃墳下直, 囊子一部, 賜給.

宗室全春君堦, 掃墳下直, 囊子一部, 賜給.

105 원문에는 영조의 질책 이유가 분명히 나와 있지 않지만 『승정원일기』를 참조할 때 이렇게 해석할 수 있다.

106 전춘군 이계: 이돈의 동생이다.

8월 28일

승언빗 박봉홍.

"달, 오늘 임금이 영수각(靈壽閣)[107]에 거둥하실 때, 출환궁문안패와 자비내관이 탈 말 두 마리, 별감이 탈 말 두 마리, 왕세손 배위 내관이 탈 말 한 마리, 모두 다섯 마리 말의 마패를 내주십사 청하나이다."

같은 날. 승언빗 박봉홍.

"달, 오늘 임금이 영수각에 거둥하실 때, 출궁문안 자비내관 최석징이 나가며 하직하나이다."

같은 날. 승언빗 박봉홍.

"달, 오늘 왕세손이 임금을 수가하실 때, 배위를 어느 내관으로 할지 아뢰나이다."

같은 날. 승언빗 박봉홍.

"달, 오늘 임금이 영수각에 거둥하실 때, 환궁문안 자비내관 정덕해가 나가며 하직하나이다."

같은 날. 승언빗 박봉홍.

"달, 오늘 임금이 영수각에 거둥하실 때, 출궁문안 자비내관 최석징이 갔다가 돌아와 복명하나이다."

같은 날. 승언빗 박봉홍.

"달, 오늘 임금이 영수각에 거둥하실 때, 환궁문안 자비내관 정덕해가 갔다가 돌아와 복명하나이다."

같은 날. 승언빗 박봉홍.

"달, 오늘 왕세손이 임금을 수가하실 때, 소인이 배위하고 갔다가 돌아와 복명하나이다."

"달, 오늘 임금이 육상궁에 들르실 때, 별문안을 드릴 자비내관 정덕해가 나가며 하직하나이다."

왕세손이 궁관을 보내 문안을 드렸다.

---

107 영수각: 1719년 숙종이 기로소(耆老所) 안에 만든 누각. 이때부터 어첩(御帖)을 보관하는 장소로 쓰였다.

二十八日.

承言色朴鳳興.

達, 今日大駕靈壽閣擧動教是時, 出還宮問安牌, 及差備內官所騎馬二匹, 別監所騎馬二匹, 王世孫陪衛內官所騎馬一匹, 合五馬牌請出.

同日. 承言色朴鳳興.

達, 今日大駕靈壽閣擧動教是時, 出宮問安差備內官崔錫徵, 進去下直.

同日. 承言色朴鳳興.

達, 今日王世孫隨駕教是時, 陪衛何內官進去乎, 敢達.

同日. 承言色朴鳳興.

達, 今日大駕靈壽閣擧動教是時, 還宮問安差備內官鄭德海, 進去下直.

同日. 承言色朴鳳興.

達, 今日大駕靈壽閣擧動教是時, 出宮問安差備內官崔錫徵, 往還復令.

同日. 承言色朴鳳興.

達, 今日大駕靈壽閣擧動教是時, 還宮問安差備內官鄭德海, 往還復令.

同日. 承言色朴鳳興.

達, 今日王世孫隨駕教是時, 小人陪衛, 往還復令.

達, 今日毓祥宮歷臨教是時, 別問安差備內官鄭德海, 進去下直.

王世孫, 遣宮官問安.

8월 29일

내의원에서 문안을 드렸다.

혜빈궁 섬니내관 보고문.

내일 선희궁 사당 삭다례(朔茶禮)[108]에 제물을 운반할 갸자꾼 스무 명을 운반이 끝나고 문이 열리기를 기다렸다가 수라간에 보낼 것.

병조와 위장소에 명령을 내릴 것.

건륭 30년 8월 30일. 섬니내관 최석담.

108 삭다례: 매월 음력 초하룻날에 지내는 다례.

乙酉八月二十九日.

藥房問安爲之.

惠嬪宮薛里內官手本.

明日義烈宮朔茶禮, 祭物輸運架子軍貳拾名, 畢運間, 待開門定送于水剌間事.

兵曺及衛將所良中, 行下向教是事.

乾隆三十年八月三十日. 薛里內官崔錫聃.

8월 30일

승언빗 박봉흥.

"달, 내일 선희궁 사당 삭다례에 제물을 올릴 섬니내관이 탈 말 한 마리, 향배등촉빗이 탈 말 한 마리, 모두 두 마리 말의 마패를 내주십사 아뢰나이다."

八月三十日. 承言色朴鳳興.

達, 明日義烈宮朔茶禮, 祭物陪進薛里內官所騎馬一匹, 香陪燈燭色所騎馬一匹, 合二馬牌請出之意, 敢達.

9월

9월 1일

승언빗 박봉흥.

“달, 오늘 선희궁 사당에 제물을 올린 섬니내관 최석담이 나가며 하직하고 돌아와 복명하나이다.”

별군직 박사검이 소분하려고 하직하니, 주머니 하나를 내리셨다.

乙酉九月初一日.
承言色朴鳳興.
達, 今日義烈宮祭物陪進薛里內官崔錫聃, 進去下直往還復令.
別軍職朴思儉, 掃墳下直, 囊子一部, 賜給.

9월 8일

장원서(掌苑署)에서 국화를 진상하였다. 낭청 한 명에게 청색 주머니 하나를, 서원 한 명과 별감 네 명에게 각각 버선감을 내리셨다.

九月初八日.
掌院署[109]菊花, 進上. 郎廳一員, 靑囊一部, 書員一人, 別監四人, 各足巾次, 賜給.

9월 9일

승언빗 박봉흥.

“달, 내일 임금이 모화관(慕華館)[110]에 거둥하실 때, 출환궁문안패와 자비내관이 탈 말 두 마리, 별감이 탈 말 두 마리, 모두 네 마리 말의 마패를 내주십사 청하나이다.”

---

109 掌院署: 掌苑署의 오기.

110 모화관: 조선시대에 중국 사신을 맞이하던 곳. 1407년에 서울 서대문 밖에 영은문과 함께 세웠다.

九月初九日.

承言色朴鳳興.

達, 明日大駕慕華館擧動教是時, 出還宮問安牌, 及差備內官所騎馬二匹, 別監所騎馬二匹, 請出四馬牌.

9월 10일

승언빗 박봉흥.

"달, 오늘 임금이 모화관에 거둥하실 때, 출궁문안 자비내관 최석징이 나가며 하직하고 돌아와 복명하나이다."

"달, 오늘 임금이 모화관에 거둥하실 때, 환궁문안 자비내관 김응서가 나가며 하직하고 돌아와 복명하나이다."

9월 초10일. 승언빗 박봉흥.

"달, 오늘 왕세손이 임금을 수가하실 때, 배위를 어느 내관으로 할지 아뢰나이다."

"이홍록 가라."

"달, 오늘 임금이 모화관에 거둥하실 때, 출환궁문안패와 배위내관이 탈 말 한 마리, 모두 다섯 마리 말의 마패를 내주십사 청하나이다."

승언빗 이홍록.

"달, 오늘 왕세손이 임금을 수가하실 때, 배위로 소인이 나가며 하직하나이다."

"달, 오늘 임금이 모화관에 거둥하실 때, 출궁문안 자비내관 우홍귀가 나가며 하직하고 돌아와 복명하나이다."

왕세손이 궁관을 보내 문안을 드렸다. 음식을 먹였다.

환궁문안 자비내관 김응서가 나가며 하직하고 돌아와 복명하였다.

九月初十日.

承言色朴鳳興.

達, 今日大駕慕華館擧動教是時, 出宮問安差備內官崔錫徵, 進去下直往還復令.

達, 今日大駕慕華館擧動教是時, 還宮問安差備內官金應西, 進去下直往還復令.

九月初十日. 承言色朴鳳興.

達, 今日王世孫隨駕敎是時, 陪衛何內官進去乎, 敢達.
니홍녹 가라.
達, 今日大駕慕華館擧動敎是時, 出還宮問安牌, 及陪衛內官所騎馬一匹, 合請出五馬牌.
承言色李興祿.
達, 今日王世孫隨駕敎是時, 陪衛小人進去下直.
達, 今日大駕慕華館擧動敎是時, 出宮問安差備內官禹洪龜, 進去下直往還復令.
王世孫, 遣宮官問安. 饋茶爲之.
還宮問安差備內官金應西, 進去下直往還復令.

9월 14일

내의원에서 문안을 드렸다.
별군직 전득우가 소분하려고 하직하니, 주머니 하나를 내리셨다.
별군직 이성묵이 부모를 찾아뵈려고 하직하니, 주머니 하나를 내리셨다.

乙酉九月十四日.
藥房問安爲之.
別軍職田得雨, 掃墳下直, 囊子一部, 賜給.
別軍職李性默, 覲親下直, 囊子一部, 賜給.

9월 20일

승언빗 이홍록.
"달, 황공하오되 섬니내관 김중윤의 병이 갑자기 위중하고, 교대 섬니내관 최석담이 연일 입직하다가 또한 병을 얻어 임무를 맡을 수 없게 되오니, 장무내관 김성흠으로 임시 섬니내관을 겸하게 하였음을 아뢰나이다."
"알았다."
우리 궁 문자비내관(門差備內官) 김응서가 고향으로 내려간다기에 세 가지 음식을 내리셨다.

二十日.

承言色李興祿.

달, 황공ᄒᆞ아오ᄃᆡ 셤니ᄂᆡ관(薛里內官) 김듕윤 신병(身病)이 졸듕(猝重)ᄒᆞᄋᆞ옵고, 교ᄃᆡ 셤니ᄂᆡ관(薛里內官) 최석담 년일(連日) 입직(入直)ᄒᆞ아옵다가 졸득 신병(猝得身病)ᄒᆞᄋᆞ오와 부득찰임(不得察任)ᄒᆞ아오니, 장무ᄂᆡ관(掌務內官) 김셩흠으로 가셤니(假薛里) 겸찰(兼察)ᄒᆞᄋᆞ옵ᄂᆞᆫ 사연 젼ᄎᆞ로 아ᄋᆞ오시긔 알외ᄋᆞ옵ᄂᆡ이다.

알괘라.

本宮門差備內官金應西下鄕, 饌物三種, 賜給.

9월 26일

승언빗 이흥록.

"달, 내일 임금이 창덕궁에 거둥하실 때 출환궁문안패와 자비내관이 탈 말 두 마리, 왕세손이 임금을 수가하실 때 별련시내관이 탈 말 한 마리, 별감이 탈 말 두 마리, 모두 다섯 마리 말의 마패를 내주십사 아뢰나이다."

승언빗 이흥록.

"달, 내일 왕세손이 임금을 수가하실 때, 별련시를 어느 내관으로 가게 할지 아뢰나이다."

답하셨다. "승언빗 박봉홍 가라."

승언빗 이흥록.

"달, 황공하오되 승언빗 박봉홍의 병이 갑자기 중하여 내일 왕세손 별련시로 참여할 수가 없으니, 어느 내관으로 대행하게 할지 아뢰나이다."

"알았다. 별련시위는 이흥록으로 가게 하고 그 사이 승언빗은 섬니내관이 겸하게 하라."

승언빗 이흥록.

"달, 오늘 왕세손이 수가하실 때, 배위로 소인이 나가며 하직하고 돌아와 복명하나이다."

가승언빗 김중윤.

"달, 오늘 임금이 창덕궁에 거둥하실 때, 출궁문안 자비내관 우홍귀가 나가며 하직하고 돌아와 복명하나이다."

가승언빗 김중윤.

"달, 오늘 임금이 창덕궁에 거둥하실 때, 환궁문안 자비내관 정덕해가 나가며 하직하고 돌아와 복명하나이다."

왕세손이 궁관을 보내 문안을 드렸다. 이후 음식을 먹였다.

乙酉九月二十六日.

承言色李興祿.

達, 明日大駕昌德宮擧動教是時, 出還宮問安牌, 及差備內官所騎馬二匹, 王世孫隨駕教是時, 別輦陪衛內官所騎馬一匹, 別監所騎馬二匹, 合五馬牌請出之意, 敢達.

承言色李興祿.

達, 明日王世孫隨駕教是時, 別輦陪衛, 何內官進去乎, 敢達.

答, 승언빗 박봉홍 가라.

承言色李興祿.

달, 황공ᄒᆞᄋᆞ오듸 승언빗 박봉홍 신병 졸듕(猝重)ᄒᆞᄋᆞ오와, 내일 왕셰손(王世孫) 별년시(別輦侍) 진참(進參)ᄒᆞᄋᆞ올길 업사오니, 하(何) 닉관으로 듸힝(代行)하ᄋᆞ올넌지 사연 젼차로 알외아옵닉이다.

알괘라. 별년시위(別輦侍衛) 이흥녹(李興祿) 가게 ᄒᆞ고 승언빗춘 셤니닉관으로 그 사이 겸찰(兼察)ᄒᆞ긔 ᄒᆞ라.

承言色李興祿.

達, 今日王世孫隨駕教是時, 陪衛小人, 進去下直往還復令.

假承言色金重潤.

達, 今日大駕昌德宮擧動教是時, 出宮問安兼安否差備內官禹洪龜, 進去下直往還復令.

假承言色金重潤.

達, 今日大駕昌德宮擧動教是時, 還宮問安兼安否差備內官鄭德海, 進去下直往還復令.

王世孫, 遣宮官問安. 後饋茶.

9월 28일

내의원에서 익일문안을 드렸다.

답하셨다. "알았다."

乙酉九月二十八日.

藥房翌日問安.

答曰, 知道.

10월

10월 1일

내의원에서 연례 향고(香膏)[111]를 진상하였다. 당상관과 낭청에 황색 주머니와 청색 주머니를 각각 하나씩, 하인들에게는 각각 버선감 반 필을 내리셨다.

상의원에서 옷과 여성 모자용으로 당돈피 열다섯 개와 고쟁이에 쓸 당돈피 마흔 개를 진상하였다. 당상관에게 황색 주머니를, 낭청에게 청색 주머니를 하나씩, 하인들에게는 버선감 반 필을 내리셨다.

乙酉十月初一日.
藥房年例香膏, 進上. 堂上郎廳黃青各一部, 下人等處, 各足巾次一端[112], 賜給.
尙衣院, 衣襯女帽次, 唐獤皮十五領, 串衣次, 唐獤皮四十領, 進上. 堂上黃囊, 郎廳青囊一部, 下人等處, 足巾次一端, 賜給.

10월 5일

내의원에서 일차문안을 드렸다.
답하셨다. "알았다."

乙酉十月初五日.
日次藥房問安.
答曰, 知道.

---

111 향고: 1764년 10월 1일의 일기에는 육향고(六香膏)를 진상한다고 했다. 『승정원일기』 1625년 9월 21일 조를 보면 내의원에서 연례적으로 겨울에 육향고를 진상한다는 내용이 나온다. 육향고는 『오주연문장전산고』 「백안멸반향신변증설(白顔滅瘢香身辨證說)」에 제조법이 보이는데, 백단향과 정향 등을 꿀에 넣어서 만든다. 동상 치료 등에 이용하였다.

112 端: 길이의 단위. 한 단은 반 필(疋)이다.

10월 10일

내의원에서 일차문안을 드렸다.

답하셨다. "알았다."

乙酉十月初十日.
日次藥房問安.
答曰, 知道.

10월 12일

진연이 끝나고[113] 이튿날 내의원, 승정원, 홍문관에서 문안을 드렸다.

연례 김치에 쓸 소금 두 섬이 내수사에서 들어왔다. 출입번내관에게 소금 한 섬을 내리셨다.

을유년 10월 12일. 승언빗 박봉홍.

"달, 오늘 소완(昭媛)[114]과 화길옹주 출궁 때, 소완의 배행은 섬니내관이 가고, 화길옹주 배행은 승언빗내관이 갈 것인데, 어느 내관으로 가게 할지 명령을 내리신 전례가 있음을 아뢰나이다."

"알았다. 소완의 배행은 자비내관으로 가게 하고, 화길의 배행은 섬니내관으로 가게 하라."

"달, 오늘 소완과 화길옹주 출궁 때, 배행 내관이 탈 말 두 마리의 마패를 내주십사 청하나이다."

승언빗 박봉홍.

---

113 『영조실록』 1765년 10월 11일 조에 진연을 열었다는 기록이 있다. 이는 9월 28일부터 세손 정조가 할아버지의 망팔(望八)을 축하하는 잔치를 열자는 간청을 올렸는데, 이를 거듭 사양하다가 성사된 것이다. '망팔'은 팔순을 바라본다는 뜻으로, 1694년생인 영조는 이해 9월 11일의 생일을 지나 그야말로 팔순으로 향해 가는 시점이었다.

114 소완: 영조의 후궁인 숙의 문씨(淑儀文氏). 숙의 문씨는 화령옹주(和寧翁主)와 화길옹주(和吉翁主)를 낳았다. 여기서 昭媛을 '소원'으로 읽지 않고 '소완'으로 읽는 데 주목할 필요가 있다. '소완(昭媛)'은 왕이 후궁에게 내린 작호(爵號)로, 조선시대 정사품 내명부의 위호(位號)이다. 『승정원일기』 1753년 2월 7일 조에 영조가 문씨를 소완으로 삼는다는 말이 있다.

"달, 소완 출궁 시 배행 자비내관 최석징이 나가며 하직하나이다.

화길옹주 출궁 시 배행 섬니내관 김중윤이 나가며 하직하나이다."

"달, 우리 궁의 가난한 별감인 전성대, 이동복(李東馥), 박중겸(朴重謙),[115] 김대흥에게 각각 무명을 두 필씩 주셨던 전례가 있음을 아뢰나이다."

"알았다."

전(前) 무예별감 최치성이 남촌별장이 되어 별문안을 드리기에, 주머니 하나를 내리셨다.[116]

"달, 가난한 자비내관에게 무명을 두 필씩 주셨던 전례가 있으니, 자비내관 최성직이 극히 가난하니 황공하오되 아뢰나이다."

"알았다."

승언빗 박봉흥.

"달, 오늘 소완이 자기 궁으로 돌아갈 때 배행한 자비내관 최석징과, 화길옹주가 소완방(昭媛房)으로 갈 때 배행한 섬니내관 김중윤이 갔다가 돌아와 복명함으로 아뢰나이다."

순의군(順義君) 이훤(李烜)과 순제군(順悌君) 이달(李炟)이 소분한다며 하직하기에, 각각 황색 주머니 하나를 내리셨다.

능성위가 혼례 후 문안을 드리니 색토주 한 필과 번홍주 한 필을 내리셨다.

十月十二日.

進宴後翌日, 藥房政院玉堂, 問安爲之.

年例沉菹塩二石, 自內司來納. 出入番內官處, 塩一石, 賜給.

乙酉十月十二日. 承言色朴鳳興.

達, 금일 쇼완ᄌᆞ가(昭媛自家) 화길옹쥬ᄌᆞ가(和吉翁主自家) 츌궁 시 쇼완ᄌᆞ가 ᄇᆡ힝(陪行)은 셤니ᄂᆡ관(薛里內官) 가아옵고 화길옹쥬ᄌᆞ가 ᄇᆡ힝은 승언빗ᄂᆡ관 가ᄋᆞ올 거시오니, 어ᄂᆡ ᄂᆡ관이 가ᄋᆞ올ᄂᆞᆫ지 하령ᄒᆞ아오신 젼녜 잇사오매 젼ᄎᆞ로 아아오시긔 알외아옵ᄂᆞ이다.

알괘라. 쇼완 ᄇᆡ힝은 ᄌᆞ비ᄂᆡ관으로 가고 화길 ᄇᆡ힝 셤니ᄂᆡ관으로 가긔 하라.

達, 今日昭媛自家和吉翁主自家出宮時, 陪行內官所騎馬二匹, 請出二馬牌.

---

115 이들 별감 중에 이동복과 박중겸은 『승정원일기』에 1760년 사도세자를 따라 온양온천에 간 별감의 명단에 이름이 보인다.

116 1765년 9월 24일 『승정원일기』에 최치성을 남촌별장으로 삼았다는 기사가 있다.

承言色朴鳳興.

達, 昭媛自家出宮時, 陪行差備內官崔錫徵, 進去下直.

和吉翁主自家出宮時, 陪行薛里內官金重潤, 進去下直.

달, 본궁 빙잔(貧殘)ᄒᆞ아온 별감 젼셩ᄃᆡ, 니동복, 박즁겸, 김대흥 각(各) 목(木) 이필(二匹)식 주아옵신 젼네 잇ᄉᆞ오〃매 젼차 아로시긔 알외ᄋᆞ옵ᄂᆞ이다.

알괘라.

前武藝別監崔致成, 南村別將別問安, 囊子一部, 賜給.

달, 빈잔ᄒᆞ아온 지비ᄂᆡ관 목(木) 이필식 쥬아옵신 젼네 잇사오ᄆᆡ, 자비ᄂᆡ관 최셩딕 디빈(至貧)ᄒᆞ오니 황공ᄒᆞ아오ᄃᆡ 젼차로 알로시긔 알외아옵나이다.

알괘라.

承言色朴鳳興.

達, 今日昭媛自家下當宮[117]時, 陪行差備內官崔錫徵, 和吉翁主自家下昭媛房時, 陪行薛里內官金重潤, 往還復令之意, 敢達.

君烜[118], 順悌君烜, 掃墳下直, 各黃囊一部, 賜給.

綾城尉婚禮後問安, 色土紬一疋, 纁紅紬一疋, 賜給.

10월 20일

내의원에서 문안을 드렸다.

운남군 이진이 가토(加土)[119]를 한다고 하직하기에[120] 주머니 하나를 내리셨다.

二十日.

藥房問安.

雲南君晋, 加土下直, 囊子一部, 賜給.

117 當宮: 소완 문씨의 처소를 가리키는 말.

118 君烜: 순의군(順義君) 이훤(李烜). 순제군(順悌君) 이달(李炟)의 형이다.

119 가토: 무덤에 흙을 더 덮어 주는 등 보수하는 일.

120 『승정원일기』 같은 달 11일 조를 보면, 운남군이 부총관의 벼슬을 받았음을 볼 수 있다. 벼슬을 받고 난 다음 선조 무덤에 경사를 알리러 가기 위해 하직 인사를 드렸다고 이해할 수 있다. 『승정원일기』는 운남군의 이름을 일관되게 '榗'으로 적고 있다. 『혜빈궁일기』의 오류로 보인다.

10월 25일

내의원에서 문안을 드렸다.

별군직 이훈이 소분한다며 하직하기에, 주머니 하나를 내리셨다.

乙酉十月二十五日.

藥房問安爲之.

別軍職李薰, 掃墳下直, 囊子一部, 賜給.

11월

11월 2일

동지정사(冬至正使)[121]가 된 순의군이 하직 인사를 오니, 색주 한 필을 내리셨다.

十一月初二日.
冬至正使順義君, 下直時, 色紬一疋, 賜給.

11월 4일

승언빗 박봉흥.
"달, 내일 육상궁에 거둥하실 때, 출환궁문안패와 출궁문안 자비내관이 탈 말 한 마리, 별감이 탈 말 한 마리, 신시문안, 경야문안 및 환궁문안 자비내관이 탈 말 네 마리, 별감이 탈 말 네 마리, 모두 열 마리 말의 마패를 내주십사 아뢰나이다."

十一月初四日.
承言色朴鳳興.
達, 明日毓祥宮擧動教是時, 出還宮問安牌, 及出宮問安差備內官所騎馬一匹, 別監所騎馬一匹, 申時經夜及還宮問安差備內官所騎馬四匹, 別監所騎馬四匹, 合十馬牌請出之意, 敢達.

11월 5일

승언빗 박봉흥.
"달, 오늘 임금이 육상궁에 거둥하실 때, 출궁문안 자비내관 우홍귀가 나가며 하직하고 돌아와 복명하나이다."

---

121 동지정사: 동짓날 즈음에 중국으로 보내는 사신단의 우두머리. 동짓날을 전후하여 출발한 동지사행은 그 해가 지나기 전에 북경에 도착하여 두 달 가까이 묵은 다음 3월 말이나 4월 초에 돌아오는 것이 통례였다. 구성 인원은 250명 내외였다.

"달, 오늘 임금이 육상궁에 거둥하실 때, 경야문안과 환궁문안, 그리고 효장궁에 들르실 때 별문안을 드린 자비내관 정덕해가 나가며 하직하고 돌아와 복명하나이다."

十一月初五日.

承言色朴鳳興.

達, 今日大駕毓祥宮擧動教是時, 出宮問安差備內官禹洪龜, 進去下直往還復令.

達, 今日大駕毓祥宮擧動教是時, 經夜問安兼還宮問安, 及歷臨孝章宮別問安差備內官鄭德海, 進去下直往還復令.

11월 6일

승언빗 박봉흥.

"달, 사도세자 사당 수궁내관과 우리 궁 승언빗내관 이하 섬니내관과 자비내관에게 한겨울에 사용할 숯과 땔나무를 내리신 전례가 있음을 아뢰나이다."

"알았다."

의소세손 사당에 제물을 가지고 간 섬니내관 최석담이 나가며 하직하였다.

十一月初六日.

승언빗 박봉흥.

달, 사묘 슈궁닉관(守宮內官) 급 본궁 승언빗 이하 셤니 자비 닉관쳐의 늉동(隆冬) 탄(炭) 쇼목(燒木) 사급ᄒᆞ아오신 젼네 잇사오ᄆᆡ 젼차로 아아오시긔 알외ᄋᆞ옵ᄂᆞ이다.

알괘라.

懿昭廟祭物陪進薛里內官崔錫聃, 進去下直.

11월 8일

한겨울에 맞추어 상을 내리는 것.

사도세자 사당 수궁내관에게 땔나무 스무 단과 숯 네 섬, 우리 궁 승언빗내관에게 땔나무 각 다섯 단과 숯 세 섬, 섬니내관 이하 자비내관에게 각 땔나무 세 단과 숯 세 섬을 내리셨다.

初八日.

隆冬賞格.

祠廟守宮內官處, 燒木二十丹, 炭四石, 本宮承言色內官處, 燒木各五丹, 炭三石, 薛里以下 差備內官處, 各燒木三丹, 炭三石.

11월 10일

동지 팥죽을 내려 주었다. 우리 궁 승언빗내관 이하에 팥죽 두 그릇과 꿀 두 되를 내리셨다.

대전 장번내관, 세손궁 장번내관, 우리 궁 출입번내관, 각 전궁의 출입번내관, 각 처소의 상직내관과 의관, 별군직, 액정서 사알 이하가 문안을 드렸다.

답하셨다. "알았다."

승정원, 홍문관, 오흥부원군, 종반, 부마도위가 문안을 드렸다.

답하셨다. "알았다."

내의원에서 전약(煎藥)[122]을 봉진하였다. 제조(提調), 낭청, 감동관(監董官)[123]에게 각각 주머니 하나, 서원 한 명에게 버선 한 켤레를 내리셨다.

관상감을 통해 일과백장력(日課白粧曆)[124] 한 부와 백력(白曆) 서른 부를 내리셨다.

건수는 여든네 건.

다인이 일과백력(日課白曆) 각 한 부, 중력(中曆)[125] 스물네 부를 진상하였다.

낭청에게 주머니 하나, 짐꾼에게 각 버선감 둘을 내리셨다.

상의원에서 옷감을 진상하였다. 당상관과 낭청에게 각각 주머니 하나를 내리셨다. 하인에게 버선감 둘, 내섬시에 팥죽 한 그릇, 꿀 한 되 다섯 홉, 물건을 가지고 온 사람에게 버선감 둘, 낭청 한 명에게 청색 주머니 하나를 내리셨다.

---

122 전약: 동짓날 먹던 음식의 하나. 쇠가죽을 진하게 고아서 만든 아교에 꿀, 생강, 정향(丁香), 후추 따위를 넣어 다시 고은 뒤 식어서 굳으면 썰어 먹는다.

123 감동관: 토목 공사나 서적 간행 등 특정 사업을 감독하기 위해 임명된 관원.

124 일과백장력: 일과를 적은 흰색 표지를 둔 역서. 일과는 매일 해와 달이 뜨고 지는 시각과 24절기 등을 적은 것. 동지가 되면 관상감에서 새해 달력을 만들어 올려 모든 관원에게 나누어 주는 풍속이 있었다.

125 중력: 겉장을 잘 꾸미지 않은 책력(冊曆).

乙酉十一月初十日.

冬至豆湯[126], 頒賜. 本處承言色以下, 豆湯二器, 清蜜二升, 賜給.

大殿長番內官, 世孫宮長番內官, 本處出入番內官, 各殿宮出入番內官, 各處上直內官, 及醫官, 別軍職, 掖庭署司謁以下, 問安.

答曰, 知道.

政院玉堂府院君宗班都尉, 問安.

答曰, 知道.

藥房煎藥, 奉進. 提[127], 郎廳, 監董官, 各囊子一部, 書員一人, 足巾一, 賜給.

觀象監, 日課白粧曆一件, 白曆三十件, 頒賜.

件[128]八十四件.

多人供上, 日課白曆, 各一件, 中曆, 二十四件, 奉進.

郎廳, 囊子一部, 負持軍, 各足巾次二件, 賜給.

尙衣院, 表裏封進. 堂上郎廳, 各囊子一部, 賜給. 下人足巾次二, 內贍寺豆湯一器, 淸蜜一升五合, 領來人處, 足巾次二, 郎廳一員, 靑囊一部, 賜給.

11월 12일

내의원에서 문안을 드렸다.

十一月十二日.

藥房問安爲之.

---

126 豆湯: 팥죽. 팥죽을 두탕(豆湯) 또는 두탕적두(豆湯赤豆)라고 한다. 동지 팥죽에 대해서는 고려시대 이색(李穡, 1328~1396)의 「팥죽[豆粥]」이라는 시에 가장 먼저 보인다. "동지에 시골에서 진한 팥죽을 쑤는데(冬至鄕風豆粥濃), 비취 주발에 담으니 팥죽색이 공중에 떠 있는 듯(盈盈翠鉢色浮空), 꿀로 맛을 내어 목으로 흘려 넣으니(調來崖蜜流喉吻), 나쁜 기운 다 씻고 뱃속까지 채우네(洗盡陰邪潤腹中)."

127 提: 제조(提調)를 가리키는 말인 듯. 1765년 12월 5일 조에도 같은 용례가 있다. 여기서 제조는 내의원의 당상관을 가리킨다.

128 잘못 들어간 글자인 듯하며, 이 부분에 어떤 말이 빠진 듯하다.

11월 17일

내의원에서 문안을 드렸다.

우리 궁 승언빗내관에게 각 백력 두 부, 섬니내관 이하로 각 백력 한 부를 내리셨다.

十七日.
藥房問安爲之.
本宮承言色內官處, 各白曆二件, 薛里以下, 各白曆一件, 賜給.

11월 22일

내의원에서 문안을 드렸다.

二十二日.
藥房問安爲之.

11월 23일

승언빗 이흥록.

"달, 황공하오되 승언빗내관 박봉흥이 병으로 휴가를 받아 소인이 연일 입직하였더니, 저 또한 병이 갑자기 위중해졌으니, 섬니내관 김중윤으로 승언빗의 일을 겸하게 하는 것으로 아뢰나이다."

"알았다."

二十三日.
承言色李興祿.
달, 황공ᄒᆞ아오ᄃᆡ 승언빗ᄂᆡ관 박봉홍 신병(身病) 슈유(受由)ᄒᆞ아옵고, 소인 연일 입직ᄒᆞ아옵더니 신병이 졸즁ᄒᆞ아오니, 셤니ᄂᆡ관 김즁윤으로 겸찰ᄒᆞ아옵ᄂᆞᆫ ᄉᆞ연 젼ᄎᆞ로 아〃오시긔 알외옵ᄂᆡ이다.
알괘라.

12월

12월 5일

납약(臘藥)을 올렸다. 제조 한 명, 감제낭청(監劑郎廳) 한 명, 장무관 한 명에게 각각 주머니 하나를 내리셨다. 서리 한 명과 짐꾼 한 명에게 각각 버선감을 내리셨다.

을유년 12월 5일.

내년 병술년 봄여름 대비 옷의 필요량 거안.

수은궁(垂恩宮)[129], 아지 1, 배비 1.

혜빈궁, 오품 상궁 10분, 육품 시녀 11분, 수사 5, 수모 8, 파지 2, 방자 15, 아지 1, 배비 1, 별도로 차출한 오품 상궁 7분, 육품 시녀 9분, 수사 2, 수모 3, 파지 2, 방자 9.

청연군주방, 보모 1, 유모 1, 각씨 4, 수사 1.

청선군주방, 보모 1, 유모 1, 각씨 4, 수사 1.

은언군방, 유모 1, 각씨 1.

은신군방, 유모 1, 각씨 1.

양제방 1분, 수모 1, 각씨 3.

왕손방, 유모 1, 각씨 1.

현주방, 유모 1 각씨 1. 끝. 장무관 신아무개.

乙酉十二月初五日.

臘藥, 封進. 提一員, 監劑郎廳一員, 掌務官一員, 各囊子一部, 賜給. 書吏一人, 負持軍一人處, 各足巾次, 賜給.

乙酉十二月五日.

來丙戌春夏等衣纏擧案.

垂恩宮, 阿之壹, 陪婢壹.

惠嬪宮, 五品尙宮拾分, 六品侍女拾壹分, 水賜伍, 水母捌, 巴只貳, 房子拾伍, 阿之壹, 陪婢壹, 加出五品尙宮柒分, 六品侍女玖分, 水賜貳, 水母參, 巴只貳, 房子玖.

129 수은궁: 사도세자 궁호의 하나.

淸衍君主房, 保母壹, 乳母一, 閣氏肆, 水賜壹.

淸璿君主房, 保母壹, 乳母一, 閣氏肆, 水賜壹.

恩彦君房, 乳母一, 閣氏壹.

恩信君房, 乳母一, 閣氏壹.

良娣房壹分, 水母壹, 閣氏參.

王孫房, 乳母壹, 閣氏壹.

縣主房, 乳母壹, 閣氏壹. 際. 掌務申.

12월 12일

승언빗 이흥록.

"달, 내일 임금이 창덕궁에 거둥하실 때,[130] 출환궁문안패와 자비내관이 탈 말 두 마리, 별감이 탈 말 두 마리, 모두 네 마리 말의 마패를 내주십사 아뢰나이다."

乙酉十二月十二日.

承言色李興祿.

達, 明日大駕昌德宮擧動敎是時, 出還宮問安牌, 及差備內官所騎馬二匹, 別監所騎馬二匹, 合四馬牌請出之意, 敢達.

---

130 『영조실록』 1765년 12월 13일 조에 영조가 창덕궁 선원전(璿源殿)에 가서 귤을 올리고, 육상궁(毓祥宮)에 거둥하였다는 내용이 있다.

12월 13일

승언빗 박봉홍.

"달, 오늘 창덕궁에 거둥하실 때 출궁문안 자비내관 최석담이 나가며 하직하고 돌아와 복명하나이다."

"달, 우리 궁 사약(司鑰) 한두추(韓斗樞)가 결근하였음을 아뢰나이다."

"알았다."

"달, 오늘 임금이 육상궁에 들르실 때, 별문안으로 어느 내관을 보낼지 아뢰나이다."

"섬니내관 가라."

"달, 오늘 임금이 육상궁에 들르실 때 별문안을 드린 섬니내관 최석담이 나가며 하직하고 돌아와 복명하나이다."

十二月十三日.

承言色朴鳳興.

達, 今日昌德宮擧動教是時, 出宮問安差備內官崔錫聃, 進去下直往還復令.

달, 본궁 ᄉᆡ약(司鑰) 한두츄 유궐(有闕)ᄒᆞ아온 사연 아ᄋᆞ오시긔 젼차로 알외ᄋᆞᆸᄂᆡ이다.

알괘라.

達, 今日大駕毓祥宮歷臨教是時, 別問安, 何內官進去乎, 敢達.

셤니ᄂᆡ관 가라.

達, 今日大駕毓祥宮歷臨教是時, 別問安, 薛里內官崔錫聃, 進去下直往還復令.

참고문헌

『경도잡지』(유득공 지음, 국립민속박물관 제공 온라인판).

『낙선재일지』(한국학중앙연구원 장서각 소장).

『만기요람』(한국고전번역원 제공 온라인판).

『승정원일기』(국사편찬위원회 제공 온라인판).

『양세계보』(국립중앙도서관 소장).

『여관제도연혁(女官制度沿革)』(한국학중앙연구원 장서각 소장).

『조선왕조실록』(국사편찬위원회 제공 온라인판).

『한국민족문화대백과사전』(네이버 제공 온라인판, 한국학진흥사업단).

『한양가』(이민희, 『마지막 서적중개상 송신용 연구』, 보고사, 2009 수록).

『한중록』(혜경궁 홍씨 지음, 정병설 옮김, 문학동네, 2010).

『효안전일기』(한국학중앙연구원 제공 온라인판).

김용숙, 『조선조 궁중풍속 연구』, 일지사, 1987.

장필기, 「조선후기 별군직의 조직과 그 활동」, 『사학연구』 40, 한국사학회, 1989.

장희흥, 「조선시대 환관 연구」, 동국대학교 박사학위논문, 2003.

정병설, 『권력과 인간: 사도세자의 죽음과 조선왕실』, 문학동네, 2012.

홍순민, 「조선시대 궁녀의 위상」, 『역사비평』 68, 역사비평사, 2004.

______, 「조선왕조 내시부의 구성과 내시 수효의 변천」, 『역사와 현실』 52, 한국역사연구회, 2004.

찾아보기

[ㅇ]

[ㅈ]

[ㅊ]

[ㅌ]

Abstract

A Palace Journal of the Crown Princess Hyebin [Hyegyeong]

Jung, Byung Sul

Hyebingungilgi is a palace journal of the Crown Princess Hyebin [Hyegyeong (1735-1815)] who was the mother of the King Jeongjo and the wife of Crown Prince Sado. She was appointed as a Crown Princess in 1744 and bestowed with the title of Hyebin after her husband's famous death in 1762, and also bestowed with the title of Hyegyeong upon her son's enthronement as King in 1776. She is famous for a writing *Hanjoongrok* (Memoirs of Lady Hyegyeong, 閑中錄) which is one of the most famous works in the Korean literary history.

Hyebingungilgi is the official journal written by eunuchs working on the Palace. It is the only one document as a official journal in premodern period made by the palace owned by a female. It is held in the Kyujanggak Institute for Korean Studies, Seoul National University. It is a literary Chinese and Hangeul manuscript book, total 2 volumes, one in each year 1764 and 1765.

Hyebingungilgi which tells us what kind of things happened in Hyebingung palace, such as greetings and rituals and daily life. There are a lot of interesting contents such as making soy sauce and kimchi in the palace. And there are not many content that rarely can be seen in other records as to how the officers and staffs worked and how they lived. It is a very important material for the research of the history of the Joseon palace, especially the history of the female in Joseon palace.

발간사

'한국학'은 이제 학문의 한 분야로 자리잡았다. 한국학을 전공으로 하는 학과도 생겨나고 한국학 연구자들의 국제학술대회도 자주 접할 수 있다. 한국사회가 짧은 시기에 보여 준 역동적인 변화에 대한 학문적 관심이 나라 안팎으로 증대된 결과일 것이다. 한국의 역사와 문화, 사회적 경험에 점점 더 많은 연구자들이 관심을 기울이는 것은 매우 반가운 일이다.

한국학이란 고정된 분과학문 체계 내의 한 부분 영역이 아니라 다양한 분과학문들이 함께 참여하는 학제적 연구의 성격을 지닌다. 한국학은 과거의 전통에 깊은 관심을 갖지만 현재의 문제들에도 주목하며 미래의 전망을 모색하는 작업도 포함한다. 인문학적 논의와 사회과학적 관심은 물론이고 자연과학적 문제의식과 예술적 시각이 함께 어우러지는 곳이다. 당연히 한국학은 국내의 연구자들이 자신의 특수성만을 부각시키는 폐쇄적인 장이 아니라 전 세계의 학자들이 자유롭게 참여하는 지적 토론의 공간이 되어야 한다. 한국을 대상으로 한 다양한 연구를 지원하며 진지한 논의와 지적 실험을 뒷받침하는 것이야말로 한국학의 가장 중요한 역할이라 할 것이다.

이런 의미에서 한국학은 한국의 문화와 역사적 경험을 전 인류의 문화유산과 역사적 경험의 한 부분으로 바라보는, 전 지구적 시각을 요구받고 있다. 한국학은 한국사회의 경험을 연구하되, 그것을 21세기 세계사적 과제들과 더불어 사고함으로써 새로운 문명적 대안을 모색하는 세계 학계의 논의에 적극적으로 동참하는 작업이 되어야 한다. 이런 종합적이고 개방적인 연구의 집적이 이루어질 때 한국의 특수성만을 절대화하는 오류에서 벗어나면서 동시에 서구의 눈으로 한국을 대상화, 타자화하는 오리엔탈리즘적 지역학의 한계도 극복할 수 있는 길이 열릴 것이다.

한국의 학문 발전에 큰 책임을 지고 있는 서울대학교 규장각한국학연구원은 한국학의 바람직한 발전을 위해 적극적인 역할을 하고자 한다. 이를 위해 별도의 연구재원을 마련하여 '21세기 신규장각 자료구축사업'을 추진하고, 이 사업의 결과물들을 모아 연구총서, 자료총서, 모노그래프를 출간하고 있다. 한국학 연구자들의 연구역량과 진지한 문제의식들이 결집됨으로써 한국학의 연구 수준이 더욱 높아지고 내용이 보다 풍부해지리라 믿는다. 이 연구 사업이 해를 거듭할수록 한국사회에 대한 이해가 깊어짐은 물론이고 한국의 경험을 통해 세계 학계의 시각과 논의도 더욱 풍성해질 것을 기대해 마지않는다.

2015년 2월

서울대학교 규장각한국학연구원 한국학연구사업위원회

정병설(鄭炳說)

서울대학교 인문대학 국어국문학과 교수.
『완월회맹연』과 같은 한글고전소설로부터 출발하여 다양한 문학작품을 통해 조선시대의 인간과 문화를 탐구해 왔다. 기생의 삶과 문학을 다룬 『나는 기생이다』(문학동네, 2007), 그림과 소설의 관계를 연구한 『구운몽도』(문학동네, 2010), 음담에 나타난 저층문화의 성격을 밝힌 『조선의 음담패설』(예옥, 2010), 사도세자의 죽음을 통해 조선정치사의 이면을 살핀 『권력과 인간』(문학동네, 2012), 조선 후기 천주교 수용을 다룬 『죽음을 넘어서』(민음사, 2014) 외에 『조선시대 소설의 생산과 유통』(서울대학교출판문화원, 2016), 『한국고전문학 수업』(서울대학교출판문화원, 2019) 등의 책을 펴냈으며, 『한중록』과 『구운몽』을 새롭게 해석하고 번역한 책을 출간하기도 했다. 현재 한국문화의 위상과 성격에 대한 연구를 진행하고 있다.

서울대학교 규장각한국학연구원 한국학자료총서

古代國語 語彙表記 漢字의 字別 用例 研究 | 송기중

한국철학자료집: 불교편1-삼국과 통일신라의 불교사상 | 허남진 외 편역

한국철학자료집: 불교편2-고려시대의 불교사상 | 심재룡 외 편역

서울대학교 중앙도서관 고문헌자료실 소장 『경제문고』 해제집 | 권태억 외

한글본 이언 연구 | 민현식

원문 교주 구운몽 | 김만중 원작, 김병국 교주

현대역 구운몽 | 김만중 원작, 김병국 옮김

해방 이후 한국기업의 진화 I: 1976-2005년간의 통계의 구축과 기초분석 | 이근 외

해방 이후 한국기업의 진화 II: 1956-1977년간의 통계의 구축과 기초분석 | 이근 외

서울대학교박물관 소장 식민지시기 유리건판 | 이문웅·강정원·선일 편

풍자 우화 그리고 계몽담론 | 권영민

한국근현대문학의 프랑스문학수용 | 이건우·이규현·김용기·박성창·김종웅·문혜원

한국 근대도면의 원점: 서울대학교 규장각한국학연구원 소장 근대 측량도와 건축도 1861-1910 | 전봉희·이규철·서영희

유원총보역주 1 | 허성도·김창환·강성위 역주

유원총보역주 2 | 허성도·김창환·강성위 역주

유원총보역주 4 | 이영주·허성도·김창환 역주

유원총보역주 5 | 이영주·김창환·이남종 역주

식민권력과 근대지식: 경성제국대학 연구 | 정근식·정진성·박명규·정준영·조정우·김미정

근대한국 국제정치관 자료집: 제1권 개항·대한제국기 | 장인성·김현철·김종학 엮음

근대한국 국제정치관 자료집: 제2권 제국-식민지기 | 장인성·김태진·이경미 엮음

1880년대 조선-청 국경회담 관련 자료 선역 | 김형종 편역

한국 근대문학의 러시아 문학 수용 | 권영민·박종소·오원교·이지연

18세기 통신사 필담 1: 1711·1719년 | 박희병·이효원 외

韓國 書誌學의 先鞭: 마에마 교사쿠의 작업을 중심으로 | 한재영·이현희·가와사키 케이고

사도세자의 죽음과 그 후의 기억: 『현고기(玄皐記)』 번역과 주해 | 김용흠·원재린·김정신·정두영·최성환 역주

손와만록(巽窩謾錄): 조선후기 향리 출신 선비 김경천의 인생이야기 | 김경천 지음, 이대형·이미라·박상석 역주

충역의 시비를 정하다: 『정변록(定辨錄)』 역주 | 김용흠·원재린·김정신·정두영 역주

금오헌록(金吾憲錄) 역주 | 박명양·이의현 편, 김영석 역주

교점역해(校點譯解) 정원고사(政院故事) | 김태웅·이강욱 감수·해설, 진현·하명준 교열·해제, 조은미 외 표점·번역

혜빈궁일기: 현전 유일의 궁궐 여성처소 일지 | 정병설 역주

서울대학교 규장각한국학연구원 한국학연구총서

지방문학사: 연구의 방향과 과제 | 조동일

한국 근대과학 형성과정 자료 | 문만용·김영식

목석의 울음: 손창섭 문학의 정신분석 | 조두영

통일한국의 농업 | 김완배 외

현대 한국사회의 철학적 문제: 사회운영원리 | 백종현

한국유교의 과제 | 금장태

韓國 古代·中世初期 土地制度史: 古朝鮮~新羅·渤海 | 이경식

『무과총요』 연구 | 나영일

북한 주요 산업지역의 토지이용 변화와 개방지역에 관한 연구 | 황만익·이기석

재벌체제와 다국적기업: 경제개발의 두 가지 유형 | 이승훈

붉은악마와 월드컵 | 이순형

『조선왕조실록』 보존을 위한 기초 조사연구(1) | 송기중·신병주·박지선·이인성

한국 근대의 사회복지 | 안상훈·조성은·길현종

한국어 체언의 음변화 연구 | 이상억

조선 중기 무예서 연구 | 나영일·노영구·양정호·최복규

1950년대 사회주의 건설기의 북한 보건의료 | 황상익

후발 산업화와 국가의 동학: 탈관료화와 강성국가의 공동화 | 하용출

조선 후기의 기술도: 서양 과학의 도입과 미술의 변화 | 정형민·김영식

韓國 中世 土地制度史: 朝鮮前期 | 이경식

남북 언어의 문법 표준화 | 권재일

50권본 『화엄경』 연구 | 이승재

한·중 소화의 비교 | 서대석

고려전기의 전시과 | 이경식

개항기 전후 경상도의 육상교통 | 허우긍·도도로키 히로시

한국어의 주제와 통사 분석: 주제 개념의 새로운 전개 | 임홍빈

한국적 패션 디자인의 제다움 찾기: 전통미와 현대적 활용을 중심으로 | 김민자

한국 근대문학교육사 연구 | 우한용

『조선왕조실록』의 여진족 족명과 인명 | 김주원

중앙아시아 고려말의 문법 | 권재일

삼국통일전쟁사 | 노태돈

한국의 사회운동과 진보정당 | 임현진

한국 행락문화의 변천과정 | 황기원

노래의 상상계: '수사'와 존재생태 기호학 | 신범순

한국의 언어 민속지: 전라남북도편 | 왕한석

주시경의 언어이론과 표기법 | 송철의

일제강점기의 철도 수송 | 허우긍

인권으로 읽는 동아시아: 한국과 일본의 인권 개선조건 | 정진성·공석기·구정우

정조와 정조시대 | 김인걸 외

문화의 정치와 지역사회의 권력구조: 안동과 안동김씨 | 김광억

한국어 명사구의 의미론: 한정성/특정성, 총칭성, 복수성 | 전영철

한국의 건강 불평등 | 김창엽·김명희·이태진·손정인

한국어의 재구조화 1·2 | 임홍빈

서울대학교 규장각한국학연구원 한국학모노그래프

예빈도에 보인 고구려: 당 이현묘 예빈도의 조우관을 쓴 사절에 대하여 | 노태돈

현대 한국유교와 전통 | 금장태

살인의 진화심리학 | 최재천·한영우·김호·황희선·홍승효·장대익

무협소설의 문화적 의미 | 전형준

정조시대의 무예 | 나영일

벼락도끼와 돌도끼: 고고자료에 대한 전통적 인식 연구 | 이선복

한국 옛 경관 속의 생태지혜 | 이도원

식민권력과 통계: 조선총독부의 통계체계와 센서스 | 박명규·서호철

한국의 천연염료: 전통염료와 천연염색기술 | 김재필·이정진

북한의 의학교육 | 박재형·김옥주·황상익

국문 글쓰기의 재탄생 | 권영민

사할린 귀환자 | 이순형

조선시대의 간척지 개발: 국토 확장과정과 이용의 문제 | 박영한·오상학

3칸×3칸: 한국 건축의 유형학적 접근 | 전봉희·이강민

위성영상을 이용한 북한지역의 해안습지연구: 평안남도를 사례로 | 유근배

한국 구비문학에 수용된 재담 연구 | 서대석

한국 자본자유화와 금융자유화의 근년변화 | 이천표

구어 한국어의 의향법 실현방법 | 권재일

조선시대 복식에 나타난 적색계 색명의 의미 | 남윤자·김순영·박성실

우리나라 인체기생충 및 의용절지동물의 동물상과 개요 | 채종일

경제개방이 우리나라 노동시장에 미친 효과 | 김대일

한국 고소설에 나타난 오이디푸스 콤플렉스: 〈심청전〉·〈콩쥐팥쥐전〉 | 류인균

남북한 경제의 이질성: 경제통합에 관한 함의 | 이지순

한국에서 마르크스주의 경제학의 도입과 전개과정 | 김수행

한국 장수인의 개체적 특성과 사회환경적 요인 | 박상철·이미숙·이정재·한경혜

전통마을 경관요소들의 생태적 의미 | 이도원

한국의 중산층 | 홍두승

한국 여성의 건강증진행위 | 윤순녕·김숙영·이지윤

心과 性: 茶山의 『孟子』 해석 | 금장태

20세기 초기 국어의 문법 | 권재일

한국의 고령노동: 경제활동과 고용구조의 장기적 변화 | 이철희

웃음으로 눈물 닦기: 한국 언어문화의 한 특질 | 김대행

한국의 좌파 경제학자들 | 김수행·김공회

온돌과 한국인의 수면 생활: 침상 기후를 중심으로 | 최정화·김문숙

한국 고대의 온돌: 북옥저, 고구려, 발해 | 송기호

한국 시민단체의 내부의사결정과정에 관한 연구 | 김준기

한국문화를 쓴다: 강용흘의 『초당』과 이미륵의 『압록강은 흐른다』 비교연구 | 최윤영

정약용 사상 속의 과학기술: 유가 전통, 실용성, 과학기술 | 김영식

仁과 禮: 다산의 『논어』 해석 | 금장태

서양인의 한국 종교 연구 | 김종서

韓國詩話에 보이는 杜詩 | 이영주

한국의 소득불평등과 빈곤: 소득분배 악화와 사회보장정책의 과제 | 구인회

한국인 치매환자의 행동 및 심리 증상의 횡문화적 특성 | 조맹제·김진영

한국사회복지 네트워크의 구성과 효과성: 지역종합사회복지관의 네트워크 구성과 조직 효과성을 중심으로 | 김준기

근대한국의 국제관념에 나타난 도덕과 권력 | 장인성

한국의 의료체제: 제도와 지배구조 | 송호근

몽골제국과 고려: 쿠빌라이 정권의 탄생과 고려의 정치적 위상 | 김호동

한국무협소설의 작가와 작품 | 전형준

한국 근대소설에 나타난 오이디푸스 콤플렉스의 이해: 이광수, 김동인, 염상섭, 이상을 중심으로 | 류인균

한국의 하구역: 하구둑 건설 이후의 지형변화 | 유근배·김성환·신영호

한국의 신용평가제도 | 이인호

전통 마을숲의 생태계 서비스 | 이도원·고인수·박찬열

두 개의 예외적인 복제체제 비교 연구: 한국 복지국가 모형의 탐색 | 김태성

박정희 체제의 성립과 전개 및 몰락: 국제적·국내적 계급관계의 관점 | 김수행·박승호

한국 서해안의 해안사구: 지형학적 관점을 중심으로 | 유근배·류호상

『기우제등록』과 기후의례: 기우제, 기청제, 기설제 | 최종성

한국어 술어의 사건 구조와 논항 구조 | 남승호

舊韓末의 韓獨 外交文書 '德案' 硏究 | 권오현

현대 한국어의 공시 형태론: 경주지역어를 실례로 | 최명옥

서양문화를 쓴다: 강용흘의 〈동양 서양에 가다〉와 이미륵의 〈압록강에서 이자르강까지〉 | 최윤영

시장발전과 경제개발 | 이승훈

고려국가와 집단의식 | 노명호

근현대 한국미술과 '동양' 개념 | 정형민

현대 한국복지국가의 제도적 전환 | 안상훈

순응과 저항을 넘어서: 이승만과 박정희의 대미정책 | 신욱희

생태서식처로서 한국 서해안 해안사구 | 유근배·신영호·김대현·김성환

한국 정신보건서비스의 전개 과정: 사회서비스의 관점에서 | 강상경

일제의 한국 식민지화와 문명화(1904-1919) | 권태억

이즈미 세이이치와 군속인류학: 뉴기니 조사를 중심으로 | 전경수

조선후기 공론정치의 새로운 전개: 18, 19세기 향회, 민회를 중심으로 | 김인걸